中国科协三峡科技出版资助计划

商业银行核心竞争力
影响因素与提升机制研究

梁力军　著

中国科学技术出版社
·北　京·

图书在版编目（CIP）数据

商业银行核心竞争力影响因素与提升机制研究／梁力军著．
—北京：中国科学技术出版社，2014.1
（中国科协三峡科技出版资助计划）
ISBN 978-7-5046-6508-9

Ⅰ．①商…　Ⅱ．①梁…　Ⅲ．①商业银行—核心竞争力—研究—中国
Ⅳ．①F832.33

中国版本图书馆 CIP 数据核字（2014）第 001003 号

总　策　划	沈爱民　林初学　刘兴平　孙志禹	责任编辑	高立波
项目策划	杨书宣　赵崇海	责任校对	何士如
出　版　人	苏　青	印刷监制	李春利
编辑组组长	吕建华　赵　晖	责任印制	张建农

出　　版	中国科学技术出版社
发　　行	科学普及出版社发行部
地　　址	北京市海淀区中关村南大街 16 号
邮　　编	100081
发行电话	010-62103349
传　　真	010-62103166
网　　址	http://www.cspbooks.com.cn

开　　本	787mm×1092mm　1/16
字　　数	240 千字
印　　张	13.25
版　　次	2014 年 1 月第 1 版
印　　次	2014 年 1 月第 1 次印刷
印　　刷	北京华联印刷有限公司

| 书　　号 | 978-7-5046-6508-9/F・770 |
| 定　　价 | 56.00 元 |

（凡购买本社图书，如有缺页、倒页、脱页者，本社发行部负责调换）

总　序

　　科技是人类智慧的伟大结晶，创新是文明进步的不竭动力。当今世界，科技日益深入影响经济社会发展和人们日常生活，科技创新发展水平深刻反映着一个国家的综合国力和核心竞争力。面对新形势、新要求，我们必须牢牢把握新的科技革命和产业变革机遇，大力实施科教兴国战略和人才强国战略，全面提高自主创新能力。

　　科技著作是科研成果和自主创新能力的重要体现形式。纵观世界科技发展历史，高水平学术论著的出版常常成为科技进步和科技创新的重要里程碑。1543 年，哥白尼的《天体运行论》在他逝世前夕出版，标志着人类在宇宙认识论上的一次革命，新的科学思想得以传遍欧洲，科学革命的序幕由此拉开。1687 年，牛顿的代表作《自然哲学的数学原理》问世，在物理学、数学、天文学和哲学等领域产生巨大影响，标志着牛顿力学三大定律和万有引力定律的诞生。1789 年，拉瓦锡出版了他的划时代名著《化学纲要》，为使化学确立为一门真正独立的学科奠定了基础，标志着化学新纪元的开端。1873 年，麦克斯韦出版的《论电和磁》标志着电磁场理论的创立，该理论将电学、磁学、光学统一起来，成为 19 世纪物理学发展的最光辉成果。

　　这些伟大的学术论著凝聚着科学巨匠们的伟大科学思想，标志着不同时代科学技术的革命性进展，成为支撑相应学科发展宽厚、坚实的奠基石。放眼全球，科技论著的出版数量和质量，集中体现了各国科技工作者的原始创新能力，一个国家但凡拥有强大的自主创新能力，无一例外也反映到其出版的科技论著数量、质量和影响力上。出版高水平、高质量的学术著作，成为科技工作者的奋斗目标和出版工作者的不懈追求。

中国科学技术协会是中国科技工作者的群众组织，是党和政府联系科技工作者的桥梁和纽带，在组织开展学术交流、科学普及、人才举荐、决策咨询等方面，具有独特的学科智力优势和组织网络优势。中国长江三峡集团公司是中国特大型国有独资企业，是推动我国经济发展、社会进步、民生改善、科技创新和国家安全的重要力量。2011 年 12 月，中国科学技术协会和中国长江三峡集团公司签订战略合作协议，联合设立"中国科协三峡科技出版资助计划"，资助全国从事基础研究、应用基础研究或技术开发、改造和产品研发的科技工作者出版高水平的科技学术著作，并向 45 岁以下青年科技工作者、中国青年科技奖获得者和全国百篇优秀博士论文获得者倾斜，重点资助科技人员出版首部学术专著。

我由衷地希望，"中国科协三峡科技出版资助计划"的实施，对更好地聚集原创科研成果，推动国家科技创新和学科发展，促进科技工作者学术成长，繁荣科技出版，打造中国科学技术出版社学术出版品牌，产生积极的、重要的作用。

是为序。

中国长江三峡集团公司董事长

2012 年 12 月

内容简介

什么是商业银行核心竞争力？其组成要素、构成维度、特征和影响因素是什么？商业银行核心竞争力的生成路径是如何形成的？如何提升商业银行的核心竞争力，其提升和措施都有哪些？这些都是银行业界和理论界需要面对和迫切解决的重要问题。在现有的研究中，对于商业银行核心竞争力的概念、内涵及维度体系众说纷纭，但基于金融生态理论和复杂适应系统理论，并结合机制理论、知识价值链理论对商业银行的核心竞争力进行综合性分析的研究尚不够全面和深入；同时，现有研究中对商业银行核心竞争力的层次性认识还不够全面，一般认为核心竞争力是由若干单一能力的简单集合体，但并未能解释不同组成能力之间的内在联系。另外，如何将定性和定量研究方法有机结合，更加全面、科学的对商业银行的核心竞争力的形成及演进规律、核心竞争力影响因素和提升机制进行客观分析，也是金融学术界的研究重点之一。

本研究将基于商业银行的组织特点和服务特点——经营金融风险的特殊知识型金融机构，充分考虑商业银行组织的复杂性特点和所处的金融生态环境，以核心能力理论、动态能力理论、技术能力理论为研究理论基础，深入分析我国商业银行能够保持持续性竞争的优势根源——核心竞争力的内涵、构成维度、影响因素、演进路径和提升路径。同时，本研究将基于商业银行核心竞争力构成要素、影响因素，运用系统动力学方法，构建起核心竞争力提升路径，并运用 VENSIM 仿真工具，对商业银行核心竞争力提升的趋势进行仿真分析，更加深入和客观的分析核心竞争力的内在规律，以便为具体提升措施的提出做好研究基础。

通过本研究，将系统性的总结出商业银行核心竞争力的内涵，即：它是商业银行组织在复杂金融环境中，为应对金融竞争和实现其经营目标，对所获取和拥有的内部和外部优势竞争资源要素，进行有效整合和吸收，使其转化并成为商业银行的显著竞争优势、并具有其独特特点的系统性动态能力，并可划分为内在核心竞争力和外显核心竞争力两层次。同时，分析可得出结论：商业银行核心竞争力是实现商业银行持续和有序发展的决定性力量；它的有效培育提升，是通过对人力及人才资源要素、信息及科技资源要素、经营及管理资源要素、市场及客户资源要素等四类竞争资源要素进行有效积累并合理适配的耦合结果。

The Brief Introduction

What is the core competitiveness of commercial banks? And what are the elements, dimensions, characteristics and influence factors of the core competitiveness? Could we seek for generated path of the core competence of the commercial banks? How to enhance the core competitiveness of commercial banks and to find enhance ways and measures? These are important problems to be faced and be solved urgently by theoretical circles and banking industry. Public opinions about concepts, connotation and dimension of the core competitiveness of commercial banksare divergentand different in the current research. But the research on the core competitiveness of commercial banks based on financial ecological niche theory and complex adaptive system theory, combined with and the mechanism theory and knowledge chain theory are not comprehensive and thorough. At the same time, the layer division of the core competitiveness of commercial banks is not comprehensive in the existing research. The original research commonly focused on simple aggregation of kind of single ability, that kind of research way could not explain the relationship between different composition ability. In addition, it is one of key research points for financial academia to analyze how to combine the qualitative and the quantitative research methods to realize deep analysis on the formation, the evolution, influence factors and the mechanism of the core competitiveness of commercial banks.

The research would deeply analyze the connotation,the dimension, influence factors, evolution path and the path of ascension of the core competitiveness which could let commercial banks keep sustainable competitive advantage based on the analysis on complex characteristics of financial institutions and financialecological environment. The theoretical basis would include core competence theory, dynamic capability theory, technology capability theory. At the same time, the research would mainly focus on inherent law of the core competence according to employ SD (System Dynamics) theory and VENSIM simulation tool based on the study about influence factors, elements and enhance trend of the core competitiveness, so as to make foundation for specific improvement measurement.

The connotation of the core competence of commercial banks could be defined by study:it is a kind of systemic and dynamic capacity, who has unique characteristic and could absorb and integrate all owned competitive resource from internal and external financial ecological environment into significant competitive advantage, to winfinancial competition and realize its business target in complex financial environment. And it could be divided into intrinsic core competitiveness and explicit core competitiveness. Concludes could be made from the research:the core Competence is the decisive and effective measurement that could realize commercial banks' sustainable and orderly development, stable operation and management objectives. Its cultivation and promotion would depend on effective accumulation and reasonable combination of kinds of competitive resource including information and technology resources, human resources, operation and management resources, market and customer resource.

作者简介

梁力军，男，河北省石家庄市人。北京理工大学管理与经济学院工商管理博士后，北京交通大学中国产业安全研究中心工商管理博士后，管理学博士，高级经济师。曾先后在河北银行、华夏银行石家庄分行、北京农村商业银行等金融机构工作多年，并在东南融通公司Algorithmics公司、IBM公司从事IT及风险管理咨询工作。主要研究领域为金融安全、操作风险管理、内控及合规风险管理、税务风险管理及知识吸收能力等，先后在《管理评论》《科学学与科学技术管理》《管理学家》等经济类核心期刊以及国际国内学术会议公开发表学术性文章等30余篇，并著有《商业银行操作风险管理能力：评价与提升机制研究》专著。

Lijun, Liang, male, senior economist he was born in Shijiazhuang City of Hebei Province. He is business administration postdoctor and Ph.D of management of Beijing Institute of Technology & business administration postdoctor of CCISR of Beijing Jiaotong University. He ever worked in Hebei Bank, Huaxia Bank, Beijing Rural Commercial Bank for many years, also worked in longtop company, Algorithmics, IBM. The main research field include finance security, operational risk management, internal controland compliance risk management, taxation risk and knowledge absorptive capacity, etc. He has contributed more than 30 articles in *management review*, *Science of sciences and management of S & T*, *Management Magazine* and other economic kernel journals, as well as in domestic and international academic conferences. He has published a monograph for commercial banks' operational risk.

目　录

第1章 绪 论

1.1 研究背景与选题意义

1.1.1 研究背景

在激烈的国际金融竞争中，为什么有的银行表现出强大的生机与活力，体现出与其他竞争对手所不同的竞争状态和经营能力，并能够平稳抵御剧烈的市场变动和突发事件，而有的银行却会陷入困境，甚至在竞争中倒下？这其中，起决定性作用的因素是什么？它就是核心竞争力。

那么，我国不同商业银行（国有商业、股份制商业银行、城市商业银行等）的核心竞争力水平及金融竞争状况如何？规模不同和经营特点不同的商业银行的核心竞争力是否一致？不同类型商业银行的核心竞争力内涵及特点都是什么？同一类型中不同商业银行核心竞争力如何比较？不同类型商业银行核心竞争力如何相互借鉴？对于不同类型的商业银行，究竟需要如何去做才能形成具有竞争优势的核心竞争力？

商业银行核心竞争力历来是银行业界及学术界研究和关注的重点。什么是商业么银行核心竞争力？其组成要素、构成维度和影响因素是什么？如何科学评价我国各类商业银行的核心竞争力？如何提升商业银行的核心竞争力，提升路径和措施有哪些？这些都是银行业界和理论界需要面对和迫切解决的重要问题。

1.1.2 选题意义

现代商业银行是一个复杂组织系统，同时也是一个集多种能力于一身的综合体，它处于复杂的金融生态系统中。核心竞争力既反映商业银行现时的竞争状态，也反映了商业银行未来的可持续发展能力。同时，核心竞争力是商业银行自身独有的、其他竞争对手不易复制的专有知识和动态能力。

由于现代商业银行处于高度复杂的金融生态系统中，多层次的客户群体、竞争主体、监管和管理机构，以及多重金融环境、社会环境、市场环境均会对商业银行施加多重非线性影响，任何微观和宏观因素的变动都有可能对商业银行的经营活动和持续健康发展产生冲击和影响，也会直接和间接影响竞争力。故在复杂金融生态系统和金融生态环境中研究核心竞争力是非常必要和重要的。

目前在学术界，商业银行核心竞争力研究尚缺乏比较系统、统一的理论体系，缺乏将商业银行置于金融生态系统和复杂性组织中研究核心竞争力的方法，在要素组成和构成维度方面也众说纷纭；同时，亦缺乏科学的商业银行核心竞争力评价指标和评价模型；在核心竞争力的演进路径和提升机制的系统性分析方面，现有研究还不够深入。

因此，深入剖析符合我国金融业特点的商业银行核心竞争力理论体系，构建科学客观的评价体系和提升机制，不仅可以深入揭示我国商业银行核心竞争力的现状、特点和发展规律，而且对于完善核心竞争力理论体系方面有着重要的价值；对于客观评价商业银行核心竞争力、引导商业银行培育和提升核心竞争力方面，亦有着十分重要的科学意义和应用价值。

1.1.3　写作目的

（1）在现有的研究中，对于商业银行核心竞争力的概念、内涵及维度体系众说纷纭，但基于金融生态生态位理论和复杂适应系统理论，并结合机制理论、知识价值链理论对商业银行的核心竞争力进行综合性分析的研究尚不够全面和深入；同时，现有研究中对商业银行核心竞争力的层次性认识还不够全面，一般是将核心竞争力划分若干种能力的集合体，但并未能解释不同组成能力之间的内在联系。故本书的重点将构建清晰的商业银行核心竞争力内涵体系、构成维度和能力层次。

（2）现有对商业银行核心竞争力评价研究中，一类研究方式为主观定性研究，从银行发展规划及经营方向、组织学习方面方向去分析核心竞争力；另一类研究方式为财务经营指标定量研究，将商业银行的某几年或某一年的财务报表数据进行分类计算分析，得出实质为绩效性的比较。以上两种方式能够从一定程度上和从一定视角分析和反映商业银行核心竞争力的内含和外在表现。如何更好的将定性和定量研究方法有机结合，更加全面、科学地对商业银行的核心竞争力的形成及演进规律、核心竞争力影响因素和提升机制进行客观分析，将是本书中所期望达到的重要目的之一。

（3）现有对商业银行核心竞争力提升的研究中，理论性探讨居多，尚缺乏运用相关提升机制理论及系统动力学模型研究商业银行核心竞争力的提升规律的研究方法。本书基于商业银行核心竞争力构成要素、影响因素，运用系统动力学方法，构建起核心竞争力提升路径；同时，运用 VENSIM 仿真工具，对商业银行核心竞争力提升的趋势进行仿真分析，更加深入和客观地分析核心竞争力的内在规律，以便为具体措施的提出做好研究基础。

1.2 竞争力及核心竞争力相关研究综述

1.2.1 复杂组织及金融生态环境分析

1.2.1.1 复杂理论与复杂组织

复杂理论是 20 世纪 80 年代提出的，主要研究复杂性和复杂系统。以考夫曼（Kauffman，2004）为代表的学者对复杂理论进行了深入研究，并进一步深化了复杂理论的内涵和研究领域，其研究受到广泛关注。[1]1994 年，美国学者约翰·霍兰（John Holland）在桑塔费企业管理研究所（Santa Fe Institute）的演讲中，首次提出了"适应性造就复杂性"的论断，提出了著名的复杂适应系统理论（complex adaptive system，CAS），标志着现代系统思想进入到了以生物系统与社会系统为主要研究对象的新阶段。[2]

1999 年 4 月 2 日，世界著名期刊 *Science* 出版了《复杂系统》（*Complex System*）专刊，分别讨论了生命科学、经济等研究领域中的复杂问题。[3]复杂性的研究主要涉及熵和系统复杂性，复杂性科学认为：世界并不是"存在的"，而是发生和演化着的；世界并不是一种静止的稳定态，而是一种不断发生和演化的动态过程。纷繁的世界、生命系统是一个不可侵害的整体，社会系统、经济系统、个人与组织系统，它们构成了有机的生命体，人的行为不是孤立的，而是以复杂方式相互作用，相互影响；整体管理系统的行为不可将其组成部分机械地拼在一起进行理解，要运用整体性思考去研究。[4]

哈拉（Halal，1996）指出，"复杂性的大增加将需要做出变革，因为人们不可能通过自上而下的中心控制体制对复杂的环境加以控制；我们需要建立能够适应各种环境的体制……我们是通过复杂性和混沌理论的新领域认识到这一点。"[5]现代企业组织是复杂性组织系统，是一个开放的系统，它处于复杂环境之中；企业组织系统也是能力的集合体，其能力系统具有高复杂性和高维度的特性。成思危（1999）提出，应将复杂理论应用于管理科学的研究中，复杂理论可以被广泛应用于群体决策、管理创新、企业组织、经济发展等微观和宏观管理研究[6]。

由于金融产品性质的独特性、风险度量方法的差异性、金融系统关联性强化及金融资产定价的特殊性，使得金融市场成为一个自组织、自演化的复杂性系统；而现代商业银行组织正处于高度复杂的系统和环境之中，多层次的客户群体、竞争主体、监管和管理机构，以及金融环境、社会环境、市场环境等对商业银行组织施加多重非线性影响。现代商业银行是一个联动性、复杂性极强的行业,任何微观和宏观因素的变动都有可能对商业银行组织的经营活动产生冲击和影响。基于组织复杂性系统和金融复杂性角度,综合、全面地分析商业银行核心竞争力,为如何有效提升核心竞争力提供一个新的思路,也更加具有实践意义。

1.2.1.2 金融生态与金融环境

商业银行是一种特殊的企业组织,是社会生态系统中的一类特殊的生态群落或种群;其经营体系是典型的层级体系。同时,商业银行具备企业组织和企业能力的通常特点。[7]金融生态理论是在借鉴英国生态学家坦斯利(Tansley,1935)的生态系统(ecosystem)基础上提出的。白钦先(2001)较早地对金融生态环境进行了详细分析和描述,他认为金融资源的开发利用过程和效率状态构成一国经济的金融生态环境,特定的金融生态环境以其环境容量和"净化"能力对经济活动会产生约束性影响。[8]人民银行行长周小川(2004)将生态学概念系统地引申到金融领域,强调用生态学的方法来考察金融发展问题,他认为金融生态即为微观层面的金融环境,金融环境包括诸如社会信用体系、会计与审计准则、中介服务体系、市场体系、银企关系及法律制度等方面的内容,其中法律制度环境是金融生态的主要构成要素。[9]

杨子强(2005)认为对于金融生态环境概念应从广义和狭义两个角度去理解,广义上的金融生态环境指与金融业生存、发展具有互动关系的各类社会因素、自然因素的总和,它是金融业生存和发展的外在基础;狭义上的金融生态环境指微观层面的金融环境,包括法律制度、社会信用体系、中介服务体系等要素,它是金融业发展的内在基础;内外因素相互依赖、相互作用,共同构成一个有机整体(即金融生态链)。[10]邹平座(2005)认为,金融生态系统是经济生态的"血液循环"系统,一方面,金融生态的特征和规律服从于经济生态的规律的原则;另一方面金融生态为经济发展提供和输送各种价值要素,这些因素所构成的环境条件对金融机构的业务行为、经营效果、绩效评价有着各种各样的牵制和影响;他还认为,如果不能保持良好的金融生态状态,将威胁金融业的有序竞争和稳定,对经济发展造成阻碍。[11]

需要指出的是,金融生态环境的改善需要政府和整个社会来推进。良好的金融生态环境将有利于商业银行培育和提升核心竞争力。本书将基于复杂金融生态系统背景下,深入分析我国商业银行的核心竞争力状况,探究和分析影响因素及评价指标体系,并构建科学的提升机制及提升机制仿真模型,全面分析提升商业银行的核心竞争力的措施与路径。

1.2.2 企业竞争与企业能力研究进展

《庄子齐物论》曰:"有竞有争"。《新帕尔格雷夫经济学大辞典》中将"竞争"定义为：个人（或集团或国家之间）的角逐。[12]竞争是现代社会分工和合作的必然产物，同时也是企业生态能够实现优胜劣汰的法则。在经济学理论中，竞争的实质是市场主体为了追求和共聚自身利益而力图胜过其他市场主体的行为和过程，而企业竞争的根源则是：资源的稀缺性。

故从经济学原理角度，可以将企业竞争的实质理解为：企业基于持续性生存基本目的，为了实现其可持续发展战略和利益最大化的企业目标，在竞争资源有限和获得机会有限的情况下，对内部资源和外部资源进行有效整合和配置，实现企业资源的最优化价值，从而获取比其他竞争对手更多机会的发展和生存机会——竞争优势。竞争优势实质上是企业在产业中所处的地位能够使其在应对竞争和吸收客户方面，具有一种超越竞争对手的优先态势；同时，能够在特定的业务经营中，能够超越竞争对手所向客户群体提供的价值量，从而获取的超额利润。[13]

竞争力则是泛指在自由竞争条件下，一个个体或社会实体致使其制胜的能力。竞争力的概念是竞争主体在与竞争对手在市场竞争过程中产生的。对竞争力的研究最早始于实业界和政府[14]。竞争力是指竞争主体在竞争中比其对手更有效地获取竞争物的能力[15]。从概念中可以看出，对于企业竞争力的研究是与企业能力理论的研究及发展紧密相关的。

近年来，关于企业资源（company resource）、竞争资源（competence resource）、竞争优势（competence advantage）等竞争类研究概念，以及动态能力（dynamics competence）、核心能力（core competence）、技术能力（technological competence）、能力模型（competence model）等企业能力理论，以及组织学习（organizational learning）、价值链（value chain）和知识链（knowledge chain）等知识吸收能力术语，不断出现管理学界和经济学、金融学研究体系中，经济学界和管理学界运用各类学科知识与理论去不断探究和诠释竞争力之源及其规律。

1.2.2.1　企业能力理论体系

企业能力理论体系的形成和研究，主要可以划分为四个阶段：

第一阶段，20 世纪 50 年代末至 80 年代末。该阶段学术界和管理学界对企业能力的认知和研究重心，主要集中于企业资源观以及相关理论。该阶段主要代表人物为波特（Porter）。企业资源观的主要研究结论为：资源是企业中最为重要的组成部分，它是企业的物质基础和发展基础，而企业竞争是以资源为基础的；企业资源能否形成优势，取决于企业的资源结构，其中核心资源最为重要；企业获取战略资源的获取渠道分为外部获取和内部积累培育。

第二阶段，20 世纪 80 年代末到 90 年代中期。该阶段对企业能力的研究认知程度和深度得到了升华，其研究重心从企业资源转移到使用资源的技能和知识层面——核心竞争力。该阶段主要代表人物为提出核心竞争力理论（core competence）的普拉哈拉德和哈默尔（Prahalad & Hamel），核心竞争力理论的主要研究成果为：企业竞争是以能力为基础的，企业是能力的集合体；核心能力是企业资源应用过程中的技能和知识的整合，核心能力是企业实现和保持持续竞争优势的源泉和根本；它的形成是企业通过不断的积累和吸收而形成的。

第三阶段，20世纪90年代中期至90年代末期。在该阶段，企业界及学术界对企业能力的认知和研究进一步深化，其研究特点为强调企业能力的动态性——动态能力。该阶段的代表人物为以蒂斯（Teece）为首的动态能力理论等学者。动态能力理论的主要观点为：企业能力是动态的，企业必须在不断的变革和创新中才能取得持续性的竞争优势；企业能力的基础和实质是一种知识，组织学习是企业的根本，企业的学习能力直接决定和影响企业的知识积累，从而决定企业的竞争优势；企业知识结构和学习能力的差异性，将直接决定企业在竞争中的机会把握能力，从而最终影响其竞争力。

第四阶段，20世纪90年代末期至今。企业能力的研究更加突出了知识性的研究，有机结合组织学习理论、知识吸收能力理论、价值链和知识链理论、系统动力学理论，在能力演进及能力模型方面进行更为深入的研究和探讨，更注重研究企业能力的演进规律和内在特性。同时，针对企业的生命周期，深入研究了企业能力的周期性特点，认为企业竞争力会随企业的生命周期变化而变化，核心竞争力也会有一个从创生到消亡的周期历程。

1.2.2.2 企业能力外生观

美国哈佛大学波特（Porter）教授于20世纪80年代时，在其代表作《竞争战略》和《竞争优势》书中提出了以产业（市场）结构分析为基础的竞争战略理论思想。[16-17]波特认为：企业所处的产业结构决定企业的行为，故企业的市场绩效则是产业结构的函数。他认为，企业获得竞争优势的原因主要来源两方面：一是产业结构问题，即企业选择行业时，要重点考虑产业的长期营利能力和决定长期营利能力因素；二是竞争地位问题，即企业在选定产业后和在一定的竞争规则下，如何在产业内取得企业的竞争优势地位。同时，他还提出了企业获取竞争优势的两种主要战略方法——高特质差异性和低成本战略。

波特依据产业经济学的研究成果，在其《竞争战略》一书中提出了竞争优势模型——"五力"模型，用于分析企业的竞争环境。"五力"是指：行业内竞争状况（市场地位和竞争优势）、供应商的议价能力、购买者的议价能力、潜在竞争者的威胁、替代品或服务的威胁。如图1-1所示。

波特的理论重点关注企业的投入和产出，将企业视为"黑箱"，即企业均为同质化的，企业竞争优势的获取取决于企业与外部力量的比较，而非企业自身的内部力量。

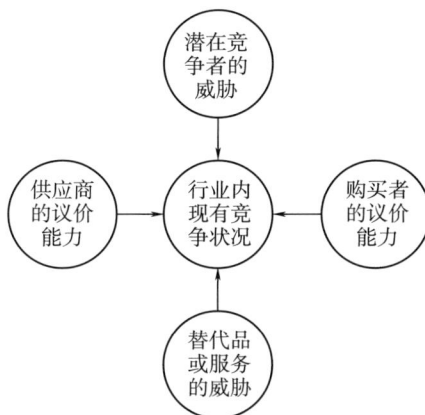

图 1-1 波特竞争力模型

该理论从企业发展的外部视角和外部因素分析企业竞争优势获取的根源，而并未从内部因素和内部力量来分析企业发展和竞争的动力，存在一定的缺陷和不足。但从客观角度上看，该理论强调了企业外部环境和外部因素对企业发展和竞争所起到的重要作用。

1. 2. 2. 3 企业能力内生观

企业能力内生观认为，企业组织自身的内部环境、内部因素或所拥有的要素是形成和构建企业能力的根源和动因，其主要代表理论有企业战略与组织控制论、资源基础论和资源优势论，以及文化战略和文化控制论等。

（1）企业战略与组织控制论

企业战略理论形成于 20 世纪 60 年代，企业战略理论成为主流企业理论流派，比较有代表性的是组织控制论。代表人物主要有纽曼（Newman）、安索夫（Ansoff）等。安索夫（Ansoff，1965）在其出版的《公司战略论》一书中，集中阐述了这一理论的核心思想。他提出，战略应当包括四个构成要素：一是产品与市场范围，即确定企业在所处行业中的产品与市场地位；二是增长向量，即企业经营的方向和趋势；三是协商效果，即"大于公司各部分独立创造的总和的联合资源回报效果"，强调企业运行中在资源、技术、管理和价值链等各主要业务的相互匹配关系的作用，产生 1+1>2 的效果；四是竞争优势，即企业及产品和市场所具备的区别于竞争对手并能为企业带来竞争优势的要素。[18]

组织控制论的主要思想为：企业战略的制定必须是一个能够控制、有目的、规范化和清晰化的过程，战略目标必须是明确、长期和不易变更的，在制定过程中需要遵循完整的治理程序和组织流程，并通过企业的高级管理层承担执行；战略应具有能够指导整个组织的效力和系统的特性，企业需能够清晰阐述其形成过程和战略意图，并能够在整个组织内、责任明确的、系统性的落实战略目标、预算程序和行动计划。[19]

与其他战略思想相比较，组织控制理论更注重战略方法的确立、战略时间的规划、战略预算的计划和战略程序的确定。组织控制论认为，企业战略的职责和任务在实施过程中需要被分解，经过组织的系统循环后，在战略实施完成时即汇集成为一个完整的系统，而这一汇集过程的完成是通过战略目标体系联结起来的。组织控制论的重要贡献是，强调企业具有思考和创造突出竞争能力的能动性和主动性，即企业自身能够通过主动性的分析和周密的思考，去制定和实施能够创造突出竞争能力的战略。该理论的主要缺点是，过分强调和依赖模式化的设计，客观上使战略规划成为了一种目的，而非实现企业战略目标的工具。

（2）资源基础和资源优势论

资源基础论源是企业能力理论的重要组成部分和流派之一。潘罗斯（Penrose）于1959年出版了《企业成长论》，他认为，企业的成长过程实质是一种企业通过不断积累知识的方式，来拓展其生产领域的过程。在资源基础理论界，一般将潘罗斯的思想视为资源基础理论的理论发源。[20]

1982年，利普曼和鲁梅尔特（Lippman & Rumelt，1982）发表了《不确定模仿力：竞争条件下企业运行效率的差异分析》一文。他们认为，如果企业无法仿制或复制出优势企业产生特殊能力的源泉，各企业之间的效率差异状态将持续下去。这篇论文将企业的竞争优势指向企业独特的难于被模仿的资源，开创了把企业战略作为企业固有的可以产生"理查德租金"的资源进行精确经济分析的先河。[21]资源基础理论的正式诞生是以沃纳菲尔特（Wemtefelt，1984）发表的《企业资源基础论》一文为标志的，此后，巴尼（Barney）、皮特拉夫（Petelaf）、艾米特（Amit）和格兰特（Grant）等人也为资源基础论作出了重要贡献。

资源基础论认为，由于企业产生优势的根源在于企业是否能够具备竞争优势，并通过内部的变革向竞争市场能否提供高质量的产品或价值效用，即是否能够具有较低的市场成本，从而获利；企业竞争优势的获取，并非企业外部的市场结构与市场机会直接作用的结果。资源基础论将企业的竞争优势能力视为企业竞争优势的源泉，它强调"公司资源的独一无二，才是企业长期持续成功的源泉"，即企业资源必须具有价值性，才能成为企业持续竞争优势的源泉。企业所拥有的资源必须具有价值性、短缺性和不可仿制性和以低于价值的价格获取等特征。[22]同时，资源基础论认为，在形成竞争优势的多项因素中，资源是最基本也是最重要的，它是物质基础，如果这一基础丧失，其他因素的作用都将不存在。[23]

需要指出的是，企业资源基础论其实质是研究企业竞争优势如何存续和维持的问题，而并非内部竞争优势的产生根源问题。

（3） 文化战略和文化控制论

文化战略学派于 20 世纪 80 年代开始崛起，其代表人物为汤姆·彼得斯（Tom Peters）和罗伯特·沃特曼（Rober Waterman），在二人合著的代表作《追求卓越——美国企业成功的秘诀》一书中通过对日本独具特色的管理文化的研究后认为，成功的企业具有稳定的战略和观念；企业文化对促成战略变革，维持企业的持续竞争优势和长久发展具有重要作用。[24]

文化控制论的主要思想为：

1） 每个社会都有独特的传统和价值观，包括显性的意识形态和隐形的集体意识，它们共同决定着社会的行为准则和理想追求，进而也影响着企业的组织形式和文化理念。企业战略制定过程是集体行为的过程，建立在组织成员共同拥有的信仰和价值观上。企业战略充分体现了组成成员的意向，是其有意识行为方式的表现。

2） 企业的管理文化对经营效率有深层次的作用。在共同信仰的基础上，组织内的协调控制是规范的、程序化的和一致的。在企业内部，有着相同文化背景和信仰的管理者会有效尊重企业的制度规范，起到难以估量的作用。而在企业外部，文化体现出企业独有的奋勉和发展轨迹，有力突出企业形象。

3） 文化鼓励和维持着企业现有的战略模式，反对进行大战略变革，即使是战略的调整也不会走出或违背企业的存在战略观念和文化基础。因为文化的培养和塑造是长时期的，根深蒂固的，打破和培育一种全新的文化需要时间和毅力。

4） 文化是企业可持续发展的源泉和动力，拥有良好的企业文化是企业长期积累的结果，是企业最宝贵的遗产。核心竞争力理论强调的企业能力形成的路径依赖，不仅仅是指知识的隐含性，还有企业文化建设的特殊性等企业独特遗产。

文化控制理论的重要贡献是，从企业文化角度完善了企业核心竞争力的研究体系，补充了重要的理论支撑环节，进一步推动了企业能力理论的发展。由于企业核心竞争力的培育和发展需要有机结合企业文化培育和构建时，核心竞争力才能起到支撑竞争优势的作用。文化控制论尚需要进一步研究和探讨的薄弱之处主要在于：由于企业文化本身属于一种抽象概念，具有非透明性、不可复制性和非通用性；在研究企业文化对核心竞争力的支持路径和影响程度方面，也存在研究困难，过于强调企业文化也会导致企业发展的"刚性"思维，从而有可能转化成为企业发展的障碍。

1.2.2.4 企业能力权变论

企业能力权变论的主要代表理论有环境影响论、权势组织论和资源控制论等。企业能力权变论认为企业能力的生成和发展，既然企业内部的动因和因素，亦有外部的作用和影响，需要将内部和外部结合起来分析企业组织和企业能力，二者不可偏废，缺一不可。

（1）环境影响论

环境影响论的主要理论模型基础是 SWOT（strength，weakness，opportunity，threaten）战略分析模型。环境影响论借助该模型，从外部因素和组织内部因素两个层次分析企业战略形成的原因，并对两层次之间的关联关系和匹配作用进行了深入分析。正如安德鲁斯（Andrews，1997）认为，"战略是对公司的实力和机会的匹配，这种匹配将一个公司定位于它所处的环境之中"。[25]

SWOT 战略分析模型重点从外因层次——企业所面临的威胁和机会，以及内因层次——企业自身优势和劣势，对企业所处的环境及企业发展内在动因进行综合性分析，在研究中具有全面性和系统性，能够从全局性角度分析企业能力的影响因素。同时，环境影响论借助 SWOT 模型，将企业战略明确划分战略制定和战略实施两个不同阶段，认为：战略制定的目的，即是以培育和提升核心能力为终极目标的；战略实施的过程，即是企业对内外部影响因素进行平衡，实现匹配的过程。

环境影响论对企业管理和企业能力理论重要贡献主要是：构建了 SWOT 战略分析模型，从全局性和系统性视角分析企业组织的内外部因素和匹配关系；同时，环境影响论将研究重心注意力从组织内容转移到了组织外部，强调企业组织所处的外部环境对企业战略的制定和实施具有重要影响，强调外界环境因素对企业的影响是决定性的。环境影响论的主要不足在于：它将战略管理简单划分为两个不同阶段，虽然在研究层次方面较为清晰，但从战略管理和企业能力发展的动态过程，却实质上割裂了两个层次之间的内在关联和互馈过程。[26]

（2）权势组织论

权势组织理论的主要观点为：指运用除经济力量之外的企业竞争行为。权势既可以在企业内部，也可以存在于企业外部，它是通过对企业内部和外部的双重影响来发生作用的。权势理论将存在于企业内部、由不同组织所形成的特定内部权力关系的权势称为微观权势，将存在于企业外部的由企业运用进行非正当竞争活动的权势称为宏观权势。权势通过发生在企业内部和外部的双重作用，影响企业战略的制定与实施，是保持企业可持续竞争优势的关键要素。

权势理论的代表人物为阿里森（Graham Allison，1971）通过对政府权力模型建立的分析，详细阐述了企业战略制定时内部权势的作用过程。[27]皮夫和斯兰尼克（Pfeffer & Salanik，1978）在其代表作《组织的外部控制——对组织资源依赖的分析》一书中，系统地分析了权势组织的特点。[28]权势理论的主要观点如下：

1）战略制定过程实际上是企业各种权势作用的过程，企业组织运用合法和非法手段，甚至可能导致冲突。权势作用可以发生在企业内部，也可以是企业用于外部环境。

2）在企业内部的权势斗争中，不是某个人起支配作用，而是由企业内的一些人通过相互争夺对企业的控制权而发生的。当企业由于外部或内部的原因造成组织权力系统改组，或是原有影响关系破裂，使组织处于重大变革时，微观权势的影响最为重要。

3）企业为尽快发展，总是希望通过采取利用外部权势的做法来实现自己的利益。因此，当企业经营的外部环境处于剧烈地动荡变化时，宏观权势的影响对企业的发展最为重要。

4）随着企业规模的扩大，内部的权力分布和力量对比发生变化，各种潜在的矛盾和冲突均显现出来。在这时，利用权势的力量占据组织的领导权是十分重要的。另外，环境的变化无常，各种力量在政治上的互不妥协对企业变革造成阻力，进而使得企业无法制定出有明确方向的发展战略。政治形势变化更为剧烈，一些地区和国家发生政治动荡，各种经济关系也更加复杂。

（3）资源控制论

钱德勒（Chandler，1962）则对基础资源论中未解决的问题——内部竞争优势的产生原因进行了分析和解决。他在其所著的《战略与结构》一书中从企业资源要素控制的角度谈了企业战略和结构发展等问题。他认为，企业的经营战略要适应环境的变化，组织结构形成必须随企业的战略需求的变化而变化。[29] 其核心思想主要如下：

1）企业的建立是资源积累的结果。通过初期积累并经受住建立伊始的压力，不断壮大，在市场上获得立足之地。企业经营战略应当适应环境和满足市场需要，而组织结构必须适应企业战略，随着战略变化而变化。

2）企业的发展是资源的合理化使用。企业生存的根本是资源在企业内的各项合理分配。即企业内各项关系的确立和稳定，保证资源能够在企业运行中的合理使用。如果企业确立的新的发展目标，要对现有的资源分配及使用效果进行新的分析和资源的重新分配，使资源能够配置在产生最大效益的业务领域。同时，企业对扩充资源的合理使用是保持持续竞争优势的关键要素。企业资源的扩充是建立在新业务充分分析的基础上的，并舍弃那些实际上不能为企业提供较高效益的业务内容，以便企业不断适应外界变化，获得长期发展。

资源控制论认为企业的发展是由内部和外部因素交互影响的结果。企业是资源要素的积累和配置的载体，资源要素能否在企业内部合理配置与使用是企业优势确立的内在动因。但企业的外部环境是不断变化的，企业优势的确立和保持还在于，企业是否能够根据不断变化的外界环境及时调整企业的目标和战略，使企业的资源进行及时的再分配，否则，就不能避免逐渐衰退的结果。[30]

综上所述，从企业能力生成的根源来看，现代企业理论可以划分为：外生论、内生论及权变论等，而企业核心竞争力理论是基于企业成长内生论的企业理论，即企业内在的核心竞争力是企业可持续竞争优势的源泉，企业能力内生论是本研究构建商业银行核心竞争力分析体系的重要理论基础之一。

1.2.3 核心竞争力理论及模型研究

1.2.3.1 核心竞争力理论研究进展

（1）国外核心竞争力理论内涵研究

最早提出核心竞争力概念的是塞尔兹尼克（Selznick，1957），他在其《行政管理中的领导艺术》一文中明确提出"特殊能力"概念；他认为，一个企业之所以区别于其他企业，比其他企业做得更好的原因即企业的特殊物质——特殊能力，并在研究制度承诺的角色中引入了该概念。[31]

世界经济论坛（World Economy Forum，WEF）于 1985 年发布的《关于竞争力的报告》中对企业竞争力做出如下定义："企业目前和未来在各自的环境中，以比它们国内和国外竞争者更具吸引力的价格和质量，进行设计、生产并销售货物以及提供服务的能力和机会。"[32]

普拉哈拉德和哈默尔（Prahalad & Hamel，1990）首次提出核心竞争力理论（core competence），以区分企业的核心与非核心竞争力，从而揭示企业胜败的决定性力量；他们认为核心竞争力是："在一个组织内部经过整合了的知识和技能，尤其是关于怎样协调多种生产技能和整合不同技术的知识和技能。"核心竞争力是一种协调能力，是一个组织中的集合性知识，特别是关于协调多种不同生产技能和有机结合多种技术源流的常识，需要整个组织的学习才能具备这种核心竞争力。他们认为，企业核心竞争力是建立在企业核心资源基础上的企业技术、产品、管理、文化等综合优势在市场上的反映，是企业在经营过程中形成的、不易被竞争对手仿效、并能带来超额利润的独特能力。在激烈的竞争中，企业只有具有核心竞争力，才能获得持久的竞争优势，保持长盛不衰。[33]

萨布林和平森奈奥特（Sabourin & Pinsonneault，1997）分析了核心竞争力的内涵，认为核心竞争力是企业为创造独特竞争优势的技术及管理子系统，如果与组织目标相契合，即可形成企业独特的竞争优势。[34]法国国家统计局与经济研究所的国际管理学教授伊夫·多兹（Yves Doz，1999）提出了竞争力培育（competence cultivation）、竞争力扩散（competence diffusion）、竞争力整合（competence aggregation）、竞争力作用（competence leverage）和竞争力再生（competence renewal）等五个关键递进过程，对核心竞争力的生成和进程进行了重要探索，其五阶段的划分对系统性研究核心竞争力的演进和提升具有十分重要的启示和参考价值。[35]

（2）国内核心竞争力理论内涵研究

我国著名的经济学家吴敬琏（1999）认为，核心竞争力是企业获得长期稳定的竞争优势的基础，是将技能、资产和运作机制有机融合的企业自组织能力，是企业推行内部管理性战略与外部交易性战略的结果[36]。霍国庆教授（2007）认为，核心竞争力是一个企业所拥有的价值观主导的、制度化的、和谐的、能够长期获取超额利润和可持续竞争优势的综合素质，它与可持续竞争优势密切相关，其实质是一种可持续发展的能力。[37]

李正中和韩智勇（2001）指出，企业所拥有的每一种资源都能形成一种企业能力，但在这些企业能力之中，只有那些能为顾客创造价值、为市场所认可，并且为企业组织提供进入现实市场或潜在市场机会，才能真正形成企业的竞争能力；而当这些独特竞争力同时具有难以被仿制和替代的性质时，即成为企业真正的核心能力。[38]

王毅（2002）认为，核心竞争力由战略核心能力、组织核心能力、技术核心能力构成。其中，战略核心能力是企业整合外部环境网络的知识与技能的集合，主要是企业对环境的认知与反应能力，具体可以包括政策整合能力、竞争环境整合能力、技术环境整合能力、战略营销能力、战略预测能力以及战略领导能力等；组织核心能力是企业对内部网络的整合能力，可以划分为职能能力、子公司/事业部能力、功能之间的界面整合能力、子公司/事业部之间的界面整合能力、内部管理意识、核心人才管理能力等六个方面；技术核心能力是企业整合各种技术单元的知识与技能的集合，可以分为学科整合能力、单元技术核心能力、产品整合能力和产品子系统整合能力。[39]

许正良、徐颖、王利政（2004）从核心竞争力的内在形成视角，提出了三个层面的核心竞争力，即企业文化力、学习力、创新力，分析核心竞争力形成的动因。[40]赵宏军（2004）认为企业核心竞争力包括三大体系：制度体系、能力体系及文化体系，其中：制度体系主要是指以企业财产权利或产权关系为基础的一系列规范、条例等约束下的组织制度框架；能力体系主要是指企业以智力、技术资本为基础，拥有的对各类资源的整合、创新、放大等的转换能力，它是以智力资本为基础的。支撑企业能力体系的主要因素有：技术、人员和组织等，它们是企业智力资本的载体；文化体系是指企业组织中居主导地位的价值观、管理哲学、道德观念，以及表现这些理念的经营思想、经营作风和经营方式。[41]

综上所述，核心竞争力是一个企业所拥有的价值观主导的、制度化的、和谐的、能够长期获取超额利润和持续竞争优势的综合素质。核心竞争力是卓越价值观、先进管理体系和创新业务整合的产物。核心竞争力也是一种动态能力，是知识与能力的不断积累和有效组合，既包括个人能力，亦包含组织能力，同时包括核心专长，也包含辅助能力。

1.2.3.2 核心竞争力形成机理进展

对于核心竞争力形成机理的研究，主要包括知识观、技术创新观、企业资源观，以及组织和系统观等方面。

（1）基于知识视角的核心竞争力研究

哈默尔和普拉哈拉德（Prahalad & Hame，1990）所构建的核心竞争力（core competence）模型是一个著名的企业战略模型，其战略流程的出发点是企业的核心力量。他们认为，随着世界的发展变化，竞争加剧，产品生命周期的缩短以及全球经济一体化的加强，企业的成功不再归功于短暂的或偶然的产品开发，或灵机一动的市场战略，而是企业核心竞争力的外在表现。根据其所给出的定义，核心竞争力是能使公司为客户带来特殊利益的一种独有技能或技术。[33]

伦纳德-巴顿（Leonad-Barton）基于知识的观点出发，将核心竞争力界定为使企业具有特色并为企业带来竞争优势的知识体系，并认为企业的研发活动和自身的核心竞争力是相互作用的。这种知识体系包括四个维度：一是员工的知识和技能，包括企业特殊技能和知识；二是技术系统，该维度的知识主要来自对个人头脑中的缄默性知识的长期积累、整理和构造，包括信息系统和生产程序；三是管理系统，主要指知识创建和知识控制的正式和非正式的途径；四是价值观和规范，它将贯穿核心竞争力知识体系的前三个维度，蕴涵于企业的知识内容、知识结构以及知识收集与知识控制方式中。[42]

（2）基于技术创新观的核心竞争力研究

普拉哈拉德和哈默尔（Prahalad & Hamel，1990）在《企业核心竞争力》一书中基于产品和技术创新视角对核心竞争力进行了深入研究，认为企业核心竞争力的积累过程始终贯穿于企业的核心产品、核心技术的发展过程中；而且他们指出，产品、技术平台是需要通过长期的学习和积累才能建立的，故核心竞争力是企业以往的投资和学习行为所积累的具有企业特定性的专长。作为组织的群体性学习，其过程涉及：企业中不同生产技巧的协调；企业不同技术的整合；组织中价值观的传递。通过学习和核心技术的积累，企业就可能尽早发现产品和市场机会。因而，企业的持续发展是与核心竞争力紧密联系的，企业必须不断提高其核心竞争力。[33]

（3）基于企业资源观的核心竞争力研究

资源观强调资源和能力对企业获取高额利润回报率和持续市场竞争优势的作用。[43]基于此观点，企业在获取和配置资源和能力的"异质性"决定了其获得高额经济回报率的可能性。这些长期的、能获取高于正常利润回报的特性，是企业在有"缺陷的"和"不完全的"要素市场中，获取并开发战略性资产的能力所决定的。故企业在选择和积累资源上的决策，是以在有限的信息、认知偏见、因果关系模糊等条件制约下，最经济性地合理配置这些资源为特征的。所以，不同企业之间在获取这些战略性资源时在决策和过程上的"异质性"形成了企业的核心竞争力。

（4）基于组织和系统观的核心竞争力

组织与系统观认为，核心竞争力是提供企业在特定经营中的竞争能力和竞争优势基础的多方面技能、互补性资产和运行机制的有机融合，体现在这种组织中的核心内涵是企业所专有的知识体系，正是企业的专有知识使核心能力表现得独一无二、与众不同和难以模仿。核心竞争力建立于企业战略和结构之上，以具备特殊技能的人为载体，涉及众多层次的人员和组织的全部职能，因而，核心竞争力必须有沟通、参与和跨越组织边界的共同视野和认同。[44]

库姆斯（Coombs，1996）认为，企业核心竞争力应包括企业的技术能力，以及能够将技术能力有效整合的组织能力。因此，企业核心竞争力既具有技术特性，又具有组织特性。[45]拉法和佐罗（Raffa & Zollo，1994）提出，企业核心竞争力不仅仅存在于企业的操作子系统中，而且存在于企业的文化子系统中；它贯穿于人与人，人与环境的复杂关系之中，真正的核心竞争力应是企业的技术核心能力、文化核心能力和组织核心能力的有机结合。[46]由于企业核心竞争力的积累是蕴藏于企业文化之中，以无形的力量贯穿于企业组织中，这也从另一方面为核心竞争力为什么难以被模仿提供了有说服力的依据。

1.2.3.3　核心竞争力分析主要模型

（1）"钻石"模型

"钻石模型"是由美国哈佛商学院著名的战略管理学家迈克尔·波特（1984）所提出，主要应用于分析和比较一个国家的产业国际竞争力情况。钻石模型亦称为"菱形模型"或"钻石理论"。[47]详见图1-2所示。

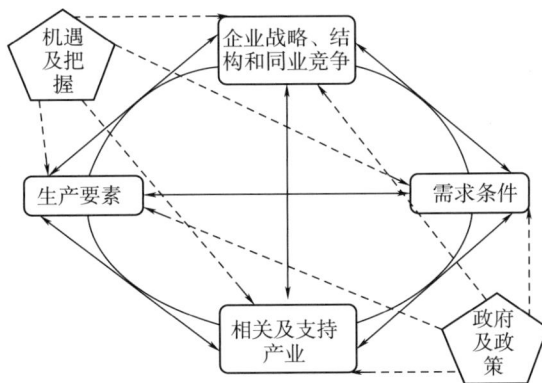

图1-2　波特产业国际竞争力钻石模型

波特认为，决定一个国家的某种产业国际竞争力的重要要素主要有四方面，包括生产要素、需求条件、相关产业和支持产业的表现，以及企业的战略、结构、竞争对手的表现；而对四要素产生影响作用的因素为政府政策及管理，以及发展机遇及机会把握等两大方面。钻石模型中的主要节点介绍及分析如下：

1）生产要素方面：波特将生产要素划分为初级生产要素和高级生产要素。初级生产要素是指天然资源、气候、地理位置、非技术工人、资金等；高级生产要素则是指现代通信、信息、交通等基础设施，受过高等教育的人力、研究机构等。由于科技的发展和市场营销网络体系的构建，现有国际化企业获取初级生产要素的难度呈持续降低态势，同时对人力和资本等高级生产要素的需求在持续上升。

2）需求条件方面：波特指出，国内需求市场是产业发展的动力。国内市场与国际市场的不同之处在于企业可以及时发现国内市场的客户需求，这是国外竞争对手所不及的，因此波特认为全球性的竞争并没有减少国内市场的重要性。波特分析指出，本地客户的本质非常重要，特别是内行而挑剔的客户。另一个重要方面是预期性需求，如果本地的顾客需求领先于其他国家，这也可以成为本地企业的一种优势，因为先进的产品需要前卫的需求来支持。

3）相关和支持产业方面：对形成国家竞争优势而言，相关和支持性产业与优势产业是一种休戚与共的关系。波特的研究提醒人们注意"产业集群"这种现象，就是一个优势产业不是单独存在的，它一定是同国内相关强势产业一同崛起。同时，本国供应商是产业创新和升级过程中不可缺少的一环，这也是它最大的优点所在，因为产业要形成竞争优势，就不能缺少世界一流的供应商，也不能缺少上下游产业的密切合作关系。另一方面，有竞争力的本国产业通常会带动相关产业的竞争力。波特指出，即使下游产业不在国际上竞争，但只要上游供应商具有国际竞争优势，对整个产业的影响仍然是正面的。

4）企业战略、结构和同业竞争方面：波特指出，推进企业走向国际化竞争的动力很重要。这种动力可能来自国际需求的拉力，也可能来自本地竞争者的压力或市场的推力。创造与持续产业竞争优势的最大关联因素是国内市场强有力的竞争对手。波特认为，强有力的国内竞争对手普遍存在于具有国际竞争力的产业中。在国际竞争中，成功的产业必然先经过国内市场的搏斗，迫使其进行改进和创新，海外市场则是竞争力的延伸。而在政府的保护和补贴下，放眼国内没有竞争对手的"超级明星企业"通常并不具有国际竞争能力。

5）机会方面：机会是可遇而不可求的，机会可以影响四大要素发生变化。波特指出，对企业发展而言，形成机会的可能情况大致有几种：基础科技的发明创造；传统技术出现断层；外因导致生产成本突然提高（如石油危机）；金融市场或汇率的重大变化；市场需求的剧增；政府的重大决策；战争。机会其实是双向的，它往往在新的竞争者获得优势的同时，使原有的竞争者优势丧失，只有能满足新需求的厂商才能有发展。

6）政府方面：波特指出，从事产业竞争的是企业，而非政府，竞争优势的创造最终必然要反映到企业上。即使拥有最优秀的公务员，也无从决定应该发展哪项产业，以及如何达到最适当的竞争优势。政府能做的只是提供企业所需要的资源，创造产业发展的环境。政府只有扮演好自己的角色，才能成为扩大钻石体系的力量；政府可以创造新的机会和压力，政府直接投入的应该是企业无法行动的领域，也就是外部成本，如发展基础设施、开放资本渠道、培养信息整合能力等。

（2）球论模型

复旦大学范宪（2003）基于国内外经济学家、管理学家及相关专业人士对于企业核心竞争力的研究成果，通过数理方法，运用系统动力学、数学和物理学研究中得出的球体运动特性和数学特性，构建了企业构成和核心竞争力之间关系的模型——"企业有核层状球模型"，即"球论模型"，其模型如图1-3所示。

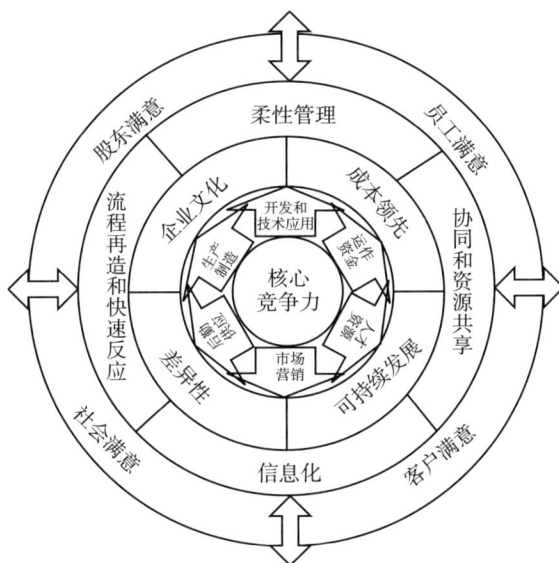

图 1-3　核心竞争力球论模型图

球论模型主要用于分析核心竞争力的构成、识别、培育和演化的系统过程，应用该模型对中国企业培育核心竞争力的特殊性进行了研究。同时，范宪提出，企业文化对于企业核心竞争力的构成、培育和演化具有非常重要的意义。[48]

该模型认为，企业的发展和演化过程的实质类似于星球的发展和演化过程，由里及外可以划分为核心层面、经营层面、战略层面、科学层面和目标层面五个层次。其中，"核心层"为内核，体现企业的"产品—人物—思想"；围绕核心层，企业经营不断的运转和经营，逐渐出现部门分工和职能部门划分，即形成"经营层"；经营层的功能与内核层中的经营思想和理念相结合后，形成企业竞争的战略方针，即为"战略层"；在对企业参与市场竞争的竞争战略为高级管理层所分析总结后，形成具有代表性和指导性的总结，即形成了"科学层"，该层上升到了理论总结和战略指导层面，体现了理论和实践相结合的优势，至此企业的发展形成一种相对恒定的状态；最外层即"目标层"，即企业经营的最终目标是为了满足股东等投资者、客户、员工、政府和社会等在内的利益相关者的需求，亦是将核心层中"产品—人物—思想"的意图体现并转化为利润（效益）的终极环节。

该模型借鉴了在对企业核心竞争力的系统性研究方面具有一定的新意，研究方法和研究工具新颖，对之后的核心竞争力理论研究具有重要的影响和帮助作用。

1.2.4 商业银行竞争力及核心竞争力研究

1.2.4.1 国内外银行竞争力理论系统性研究进展

（1）国际金融业界及专业机构研究情况

目前，国际上针对商业银行竞争力及核心竞争力相关的研究机构主要包括以下方面：

1）世界经济论坛（WEF）和国际管理发展学院（IMD）研究机构。WEF和IMD（International Institute for Management Development）提出了著名的竞争力方程思想，即竞争力=竞争力资产×上市银行竞争力过程，主要针对国家竞争力中的金融体系进行测评。在公式中，竞争力资产是指固有的（如自然资源等）或可创造的（如基础设施等）；竞争力过程指将资产转化为经济效果（如通过生产和制造），而后以国际化方式（在国际市场衡量的结果）产生国际竞争。该模型已在相关研究中被广泛应用，如产业竞争力分析模型，即产业竞争力=竞争力资产×竞争力环境×竞争力过程[49]，上市银行竞争力=上市银行竞争力×上市银行竞争力过程[50]。

2）《银行家》、《欧洲银行家》以及《亚洲货币》等国际金融专业杂志。以上国际金融专业杂志主要针对国际性大银行从量化指标方面进行竞争力排名和分析。如英国《银行家》杂志每年依据国际银行的一级资本、资产规模、经营稳健状况、收益率以及其他综合指标数据情况，对世界1000家大银行进行排名。通过该指标的评价数据和实力排序，可以从经营绩效视角，了解一个地域或地区的整体银行和单个银行在一定时段内的经营实力情况。该指标体系和评价方法广受银行业界和学术界重视，并被国际银行业界广泛认可。需要指出的是，该评价指标体系和数据计算方法仅是针对银行的可定量化指标（即经营指标和财务指标方面）进行计算分析，并未考虑影响银行竞争力的诸如治理结构、市场及客户营销策略等其他内在因素。

3）穆迪、标准普尔、惠誉等国际著名专业信用评级机构。穆迪、标准普尔等公司，每年均会对国际大型公司和商业银行进行信用等级评定。对商业银行信用评级，主要是基于商业银行所面临的各种风险因素（如经营风险、风险状况和风险管理等）和经营管理因素（如管理策略和管理质量、公司治理、盈利能力、业务价值等）数据信息基础上，运用定性和定量结合的方法，对商业银行的信用质量做出综合性评估和总体判断，并以字母加数字方式来表示其信用等级的高低（AAA、AA$^+$等）。该类机构对商业银行的评估，更为侧重银行风险和信用主体的违约概率。[51]

（2）国内金融业界及学术界研究情况

近年来，中国银监会及银行业界也十分关注和重视银行竞争力提升和竞争力评价问题。国内金融学术界针对银行竞争力的理论、内涵构成、评价指标体系构建和提升措施等各方面进行了深入的研究。

中国人民银行行长周小川在 2007 年 11 月的欧洲货币中国论坛上提出，今后中国金融业的重要任务就是提高竞争力，其提升途径需要做好五个方面：即国际舞台竞争（即国际竞争力），金融创新能力、适应经济周期波动（即抗风险能力）、提高风险定价能力、加强与战略投资者合作（经营战略能力）。他指出，一方面要通过管理、政策法规角度进一步适应金融创新要求；另一方面是金融机构提升金融创新意识，只有这样，才能拥有可持续发展的竞争力。[52]

在金融业界和学术界对银行竞争力和核心竞争力研究方面，中国人民银行焦瑾璞博士的研究成果具有较强的代表性和开创性。焦瑾璞（2001）年对银行竞争力进行了深入的分析和研究，他认为银行业竞争力是银行综合能力的体现，是在市场经济环境中相对于竞争对手而言所体现的生存能力和持续能力的总和；他还提出了关于中国银行业国际竞争力研究的经济分析框架，影响中国银行业国际竞争力的主要有现实竞争力、潜在竞争力、竞争环境和竞争态势等四个方面的因素，明确提出了现实竞争力和潜在竞争力概念，并对中外银行进行了竞争力因素比较。[53]同时，焦瑾璞对构成银行业现实竞争力、潜在竞争力、环境因素三方面内容的具体竞争力指标，在中外银行之间进行了比较分析，提供了中国银行业竞争力比较研究的重要方法和思路。

当前，我国国内金融学术界对于商业银行竞争力和核心竞争力的研究，主要集中于内涵构成、综合评价和提升机制及措施的持续研究方面。具体研究进展详见以下综述内容。

1.2.4.2　商业银行核心竞争力含义及构成研究

（1）国际金融业界及专业机构研究情况

世界经济论坛（WEF）在 1985 年发布的《全球竞争力报告》中对企业竞争力进行阐述，认为企业竞争力是"企业在目前和未来环境中以比其他国内外竞争者更有吸引力的价格和质量，设计和销售货物以及提供服务的能力和机会"；1994 年发布的《全球竞争力报告》中又进一步指出，企业竞争力是"一个公司在世界市场上均衡地生产出比竞争对手更多的财富。"[54]

波士顿咨询公司（The Boston Consulting Group，BCG）认为，商业银行竞争能力中最核心的是盈利能力管理要素与客户服务模式，其中盈利能力包括盈利能力的透明度、先进的盈利能力衡量标准以及组织模式，而客户服务模式要素则包括业务战略、细分市场的业务策略以及国际化水平程度，并构造了一系列指标参数来对两大类能力要素进行衡量，并作为绩效改进的基础。[55]

（2）国内金融业界及学术界研究情况

国内金融业界及学术界在商业银行核心竞争力的内涵方面主要有以下研究成果：

宋安平（2003）在其研究中认为，核心竞争力是一种动态能力，是知识、能力的不断积累和有效整合，而银行核心竞争力则是由银行家的素质能力、银行员工的素质能力、制度管理能力、战略管理能力、市场营销能力、人力资源能力以及风险控制能力、技术创新能力等多维度构成。[56]高斌（2006）则认为商业银行核心竞争力是银行竞争力中最为基础、能使总体银行组织维护可持续竞争优势，并获取稳定超额利润的能力，它主要应包括营销竞争力、研发竞争力、产品竞争力等。[57]

上海市城市金融学会（2008）在其出版的《银行核心竞争力透视》一书中对各类银行核心竞争力的观点和分析进行了汇总评述，对竞争优势、竞争力和核心竞争力进行了区分，认为核心竞争力是那些来自组织内部因素，即使在外部环境发生变化的情况下仍然能够保持或提升组织竞争优势的能力。[55]李文军（2008）认为商业银行的竞争力包括核心竞争力和基础竞争力，其中核心竞争力是指商业银行在特定的市场结构下，受供求关系、公共政策的影响，运用金融资源，设计、营销各项金融产品和提供金融服务，以获取比竞争对手更具市场吸引力和创造出更多财富的能力。[58]

在商业银行竞争力及核心竞争力的构成方面，主要有以下研究成果：

殷雷（2002）基于波特的竞争力理论研究成果，认为商业银行竞争力是指商业银行在实现社会价值和社会责任的前提下，进行市场拓展、开创未来的一种能力，这种能力由"三层次"和"六要素"组成。三层次指竞争行为能力层次、竞争战略管理能力层次和竞争潜在能力层次；六要素指组织形式、战略管理能力、营销管理能力、研究开发与人力资源管理能力、风险管理能力、资本运营与资产负债管理能力组成。他认为，商业银行竞争潜在能力是指竞争优势的重要来源和基础所在，而行为能力则是商业银行竞争力的外在表现。[59]

魏春旗和朱枫（2005）对处于复杂金融市场竞争形势下我国商业银行的市场竞争行为和竞争力要素进行了深入研究，他们认为：商业银行竞争力是一个由战略竞争力、组织竞争力、制度竞争力、流程竞争力、技术竞争力、人才竞争力和文化竞争力等七个要素形成的竞争能力体系，并基于七个维度分析我国商业银行竞争力培育和提升过程中所遇到的问题，并系统性地提出了竞争力提升策略和措施。[60]

朱纯福（2007）对商业银行核心竞争力进行了结构性解释。第一环为人才和组织结构竞争力；第二环为资本、风险和技术结构竞争力；第三环为业务结构竞争力，在核心竞争力的理论研究方向较为新意。[61]朱凤涛（2006）认为，核心竞争力不应是一个包罗万象的内涵，它应由最重要、最关键的竞争能力构成，它是由竞争力体系中技术、人力资源和组织结构三种基本要素构成。其中，技术能力是核心竞争力的核心；组织机构是核心竞争力的制度和机构保障；人力资源则是核心竞争力乃至所有资源的载体。[62]

以上研究综述主要考虑了核心竞争力的内在构成要素，重点分析了组织结构和组织管理、金融创新、市场竞争、人力资源等方面，并认为技术能力是商业银行核心竞争力的核心。但研究文献中对影响核心竞争力形成的金融环境方面及外在要素方面论述则不够充分，未将核心竞争力载体置于复杂系统和复杂环境中进行考虑，同时对于影响核心竞争力的多因素之间的相关关系作用分析尚不够深入。

1.2.4.3　商业银行核心竞争力评价及模型研究

（1）国际金融业界及专业机构研究情况

国际金融业界及相关专业机构在对银行进行综合评价时，往往将核心竞争力作为评价体系中的一个重要因素。这其中，比较具有代表性的有世界经济论坛（WEF）和国际管理发展学院（IMD）所构建的金融体系国际竞争力评价方法和 CAMELS 评级系统。

WEF 和 IMD 所构建的竞争力评价方法主要是基于金融业对于一国总体经济的作用和影响程度，来衡量一国金融业的总体竞争力。该方法将金融竞争力划分为四个评价要素：资本竞争力要素、资本效率要素、市场运行要素和金融服务效率要素，其中金融服务效率要素主要包括金融监管影响指标、银行经营规模指标、银行资产占 GDP 比率指标和存贷款利差指标等。

CAMELS 评级系统，即骆驼评价系统或称"统一金融机构评级系统"，是一种国际上通用的银行评级制度。其主要特点是：为满足金融监管机构的监管要求，即通过对金融机构的资本充足率（C）、资产质量（A）、管理能力（M）、盈利能力（E）、流动性（L）、对市场风险的敏感程度（S）等六项重要指标，来实现对银行经营状况的掌握和风险预警，同时通过这些指标数据信息，也可从侧面反映出银行的总体经营状况和竞争实力。

（2）国内金融业界及学术界研究情况

国内金融业界及学术界对商业银行的核心竞争力评价方面研究成果如下：

2001 年，中国银行监管当局（中国人民银行）结合国内银行业界实际经营情况和风险管理情况，参照国际风险评价模型"骆驼评级体系"—CAMELS，即资产充足率（capital requirement）、资产质量（assets quality）、管理能力（management）、盈利能力（earnings）、流动性（liquidity）、市场风险敏感性（sensitivity to market），开始设计国内商业银行的风险评级系统。2006年1月，中国银监会发布《商业银行风险监管核心指标》，将商业银行风险监管核心指标划分为三个指标层次，即风险水平、风险迁徙和风险抵补水平，并设置了一系列指标对每个层次的状况进行衡量。[63]

近年来，以王松奇为代表的金融业界对中国银行业竞争力进行了较为系统和全面的深入研究，并基于世界经济论坛（WEF）和国际管理发展学院（IMD）的竞争力方程设计了相关研究框架和指标体系，将竞争力指标划分为现实竞争力指标和潜在竞争力指标。现实竞争力指银行在当前条件下所表现出来的生存能力，包括市场规模、资本充足率、资产质量和安全性、资产盈利能力、资产流动性管理能力、国际化业务能力等；而潜在能力则代表了实现这一现实竞争进程是怎样的，即银行拥有竞争力或缺乏竞争力的原因，主要包括人力资源、科技能力、金融创新能力、服务竞争力、公司治理及内控机制等方面。在上述指标体系的基础上，本书以2003年年末各商业银行的经营和业务数据为基础，运用层次分析法AHP进行了综合评分和评价。[49]

夏嘉霖、孙芳（2003）针对我国股份制商业银行这类新兴金融力量的发展，从核心竞争力的衡量指标体系出发，对我国股份制商业银行的竞争力来源进行了探究，将核心竞争力有关指标划分为显性指标和非显性指标，显性指标中包括营利性、人员结构、市场份额等，非显性指标包括进入标准、研发水平、技术装备水平等。[64]陈洪转等（2004）在实现银行企业利润目标的基础上，根据核心竞争力评价体系构建的原则，从商业银行核心竞争力的增值性、延展性、整合性和难以模仿性，设计出4项一级指标、14项二级指标和35个辅助指标的评价体系。[65]李正（2006）基于技术创新能力、管理创新能力和价值创新能力等层面，构建商业银行创新的核心竞争力评价指标体系和评价模型，提出了核心竞争力培育和提升的思路。[66]

王丹丹（2007）引入了度量市场风险的风险值VaR指标，并使用评分法求得基于DEA效率指标和增长率指标的竞争力过程指标，运用"银行竞争力＝上市银行竞争力资产×上市银行竞争力过程"公式求得了竞争力指数，并对相关上市股份制商业银行的竞争力进行了评价分析。[50]梁力军（2008）构建了以经营实力、经营规模、经营稳健状况和经营效益等四类指标为基础的核心竞争力评价指标体系，运用灰色关联分析法对2007年的各股份制商业银行核心竞争力情况进行了计算和评价，并提出了相关措施和建议。[67]

另外，一些研究学者如刘荣（2002）应用动态经营绩效来代表商业银行的竞争力，建立了 $Y_i = \theta_i + \gamma X_i + \varepsilon_i$ 和 $X_i = \alpha\beta_i + R_i$ 的模型，其中 Y_i 表示银行市场竞争力，X_i 代表经营者努力程度，θ_i 代表经营者的能力，β_i 表示市场竞争程度。[68]该研究提出，银行竞争力主要取决于经营者的能力与努力水平，其主贡献是针对不同类型的银行对模型中的因素分别加以分析和比较，对定性分析影响银行竞争力的要素提供了一定的帮助，但由于该模型无法引入或获取并到定量分析的数据，难以对银行竞争力的现状做出整体的评价。

李文军（2008）基于竞争力方程，提出了商业银行竞争力框架，即商业银行竞争力由核心竞争力与基础竞争力构成，并构建了核心竞争力资产的具体指标体系（人力资本、金融创新），核心竞争力过程指标体系（经营管理水平、持续发展能力）。[58]

王宇和谢禹（2005）、赵子铱等（2006）认为管理有效性是商业银行竞争行为的一个有效度量，通过建立银行的参考指数与当前指数，运用数据包络分析（DEA）模型进行相对有效性测算，所得到的测算结果即为银行有效竞争行为的度量。[69,70]彭琦、邹康、赵子铱（2005）也采用数据包络分析法（DAE）构建符合我国银行产业的 BCC 模型的基础上，对中国银行业近年的经营绩效、技术效率、纯技术效率、规模效率的变迁进行了实证研究。[71]检验结果表明，国有商业银行除规模效率和范围效率外，还存在 X 效率，股份制银行内部效率也呈现出越来越大的差异性，完全的市场化未必一定带来银行的高效率和规模效益。

1.2.4.4 商业银行核心竞争力提升机制研究

（1）国际金融业界及专业机构研究情况

在核心竞争力的培育和提升方面，坦波（Tampoe，1994）认为，核心竞争力可以有效整合科技和流程，它是一种具有持续性和独特竞争优势，并可以协助组织创造附加价值的技术。[72]坎贝尔和卢克斯等（Campbel & Luchs，1999）在其出版的《核心竞争力策略：以核心竞争力为基础的战略》一文中提出，企业应从组织内部寻求竞争优势，要将核心竞争力应用于企业的发展战略中，并要从知识管理和学习型系统的角度寻找核心竞争力。[73]

（2）国内金融业界及学术界研究情况

侯刚（2005）、彭金城（2006）和张梦荣（2006）等人基于我国商业银行的实际情况，从银行外部环境层面分析了影响核心竞争力的因素，并提出提升国内商业银行核心竞争力的具体策略，具有较强的针对性。[74-75]陈小宪（2006）提出金融业的全面开放有利于促进商业银行核心竞争力的提升，并认为应将提升商业银行核心竞争力作为一项战略目标确定下来。[76]

宋安平（2005）对商业银行的核心竞争力维度进行了深入分析，提出应从战略联盟的构建、制度安排、战略决策、技术创新、人力资源管理以及构建学习型组织方面培育和提升核心竞争力。该研究中主要为定性分析，没有相关实证或定量分析数据进行辅证。[56]李镇西（2007）从商业银行管理者素质的提升、技术创新能力的提升、组织能力优化的提升以及金融生态环境发送等四方面，提出了提升核心竞争力的具体措施，并选取了流动性指标、盈利性指标、安全性指标和发展能力指标四方面进行实证分析，该研究中仅选取了 2002 年的报表数据，研究数据不够充分。[77]

杨金龙和揭筱纹（2007）认为，核心竞争力的培育和提升方法主要有演进、孕育和进取，商业银行核心竞争力是创造资本增值和股东回报的重要手段，是决定商业银行组织是否能实现可持续发展的决定性能力，这种能力必须是"从客户的角度出发，是有价值并不可替代的；从竞争者的角度出发，是独特并不可模仿的。"[78]吕彦昭（2008）基于价值链理论为研究基础，运用竞争优势理论、博弈论等理论，对我国商业银行的竞争优势进行系统分析和深入研究，从系统观点出发，构建了包括外部环境系统、产业价值链系统和内部价值链系统在内的竞争优势系统，对影响商业银行竞争优势的外部环境因素进行了分析和系统性梳理，并从业务流程的视角分析了商业银行基本活动和辅助活动的关联，研究商业银行的竞争优势形成和转化为核心竞争力的演进过程，对于研究商业银行核心竞争力的形成和提升具有较为重要的价值。[79]

1.3　研究方法与技术路线

1.3.1　研究框架

研究框架见图 1-4 所示。

1.3.2　研究方法

能力理论的研究是理论性较强的研究课题，而核心竞争力的评价与提升理论性较强。商业银行核心竞争力的研究应吸纳这两种理论研究的特色，既要强调研究成果的理论价值，又要强调研究成果的应用价值。从本研究的这种特点出发，本书有针对性地选取如下几种研究方法：

1.3.2.1　理论研究和实证研究相结合

目前，商业银行核心竞争力的理论目前尚不成熟，故完善商业银行核心竞争力的理论具有十分重要的意义。本研究在研究过程中，十分注重理论研究，通过对现代商业银行金融竞争现状的评述，基于企业能力理论和核心竞争力理论的研究成果，将商业银行复杂性组织放置于复杂金融生态环境中考虑商业银行核心竞争力的内涵及理论模型构建。本研究在研究过程中还十分注重实证研究，以商业银行核心竞争力及影响因素调查问卷和商业银行经营绩效数据为评价分析基础，研究影响核心竞争力的具体因素；同时，构建了分析其现状的评价方法和测度核心竞争力提升的仿真方法。通过

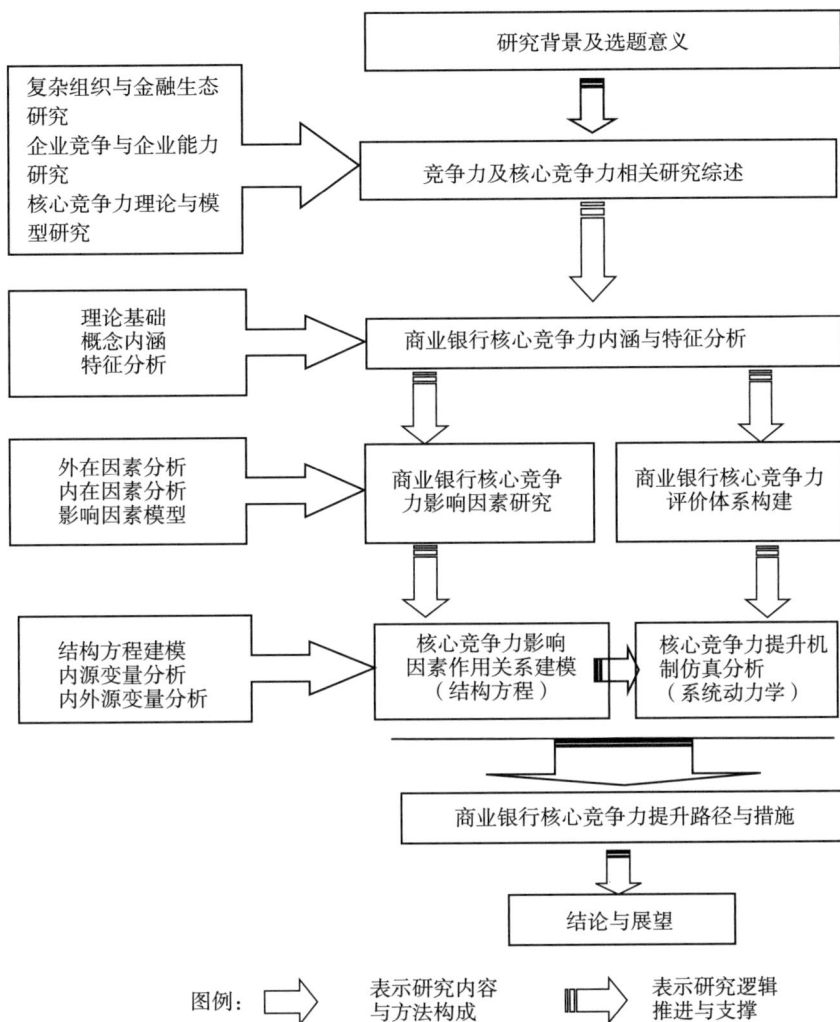

研究背景及选题意义

复杂组织与金融生态研究
企业竞争与企业能力研究
核心竞争力理论与模型研究

竞争力及核心竞争力相关研究综述

理论基础
概念内涵
特征分析

商业银行核心竞争力内涵与特征分析

外在因素分析
内在因素分析
影响因素模型

商业银行核心竞争力影响因素研究

商业银行核心竞争力评价体系构建

结构方程建模
内源变量分析
内外源变量分析

核心竞争力影响因素作用关系建模（结构方程）

核心竞争力提升机制仿真分析（系统动力学）

商业银行核心竞争力提升路径与措施

结论与展望

图例：⇨ 表示研究内容与方法构成　⇛ 表示研究逻辑推进与支撑

图 1-4　商业银行核心竞争力研究本书研究框架

这两种研究手段，使得本书的研究结论既能够产生具有理论创新的成果，又能够与商业银行经营与管理实践紧密结合，提高了研究成果的创新性与实用性。

1.3.2.2　文献分析与调查研究相结合

本书在研究过程中参考了大量国内外学者关于企业能力与核心竞争力方面的研究文献，并对复杂组织和金融生态环境进行了系统性的综述分析，在对这些理论及文献进行综合分析的基础上提出了所要研究的问题——商业银行核心竞争力的理论基础；为使研究结论贴近商业银行经营与管理实际情况，笔者还就相关核心竞争力培育、提升及影响因素等研究主题与商业银行相关人员、金融管理咨询机构进行了深入调研和座谈，并与不同层级的银行管理部门、分支行机构、基层网点银行人员进行信息沟通，得到了大量有价值的核心竞争力提升调研信息和银行相关资料数据。通过以上做法，将研究理论、文献综述与银行经营及管理实践紧密结合在一起，提升了研究成果的科学性与适用性。

1.3.2.3　定性分析与定量研究相结合

本书的研究对象是集复杂性组织、知识型组织和技术型组织于一身的商业银行组织，对于商业银行能力系统、竞争资源要素水平、核心竞争力竞争优势程度等而言，如果仅单纯用精确的数学模型是难以客观描述的，故本研究在研究过程中使用了定性分析与定量研究相结合的研究手段。对于难以定量研究的部分，主要通过定性分析来研究，如对商业银行核心竞争力的特点、内涵的分析，以及商业银行核心竞争力提升机制的分析等；同时，定性分析的结论需要与定量分析相结合，两者才能相互印证，更具有说服力。因此本研究通过运用统计及数学模型、计算机仿真模型等手段，对商业银行核心竞争力进行了定性加定量研究，提高了研究成果的精确性与可信性。

本书使用的主要定量方法及模型有：结构方程模型（SEM）——应用于核心竞争力影响因素分析模型中；熵权法——应用于核心竞争力的外显核心竞争力的竞争优势程度指标的权重确定上；系统动力学理论及仿真（SD-Vensim仿真工具）——应用于核心竞争力提升机制仿真模型中。

1.3.3　技术路线

本书的技术路线说明如图1-5所示。技术路线详细说明如下：

首先，基于企业能力理论和核心竞争力理论基础，并充分考虑商业银行所处的金融生态系统的复杂性，以及商业银行的经营管理特点和当前金融竞争特点，深入分析和归纳商业银行核心竞争力的内涵和构成维度，形成全面的、符合我国商业银行特点的核心竞争力理论架构。

其次，设计《商业银行核心竞争能力影响因素调查问卷》，向银行从业人员发放并获取银行业对核心竞争力的认知，并运用结构方程模型（SEM）分析调查因素及问卷结果，构建起影响因素变量相互作用的关系模型，了解和分析影响商业银行核心竞争力的关键因素和主要因素。

然后，基于前述理论架构和影响因素的分析基础上，运用机制理论和金融生态环境理论，从商业银行金融环境的内部环境、外部环境，以及核心竞争力的内部影响因素和外部影响因素两个层面，分析和探究商业银行核心竞争力的生成和演进路径。

接着，基于系统动力学理论为基础，将影响因素和提升路径有机结合，运用

| 商业银行核心竞争力理论基础 | → | 核心竞争力组成要素 | ⇠ | 企业能力理论 |

商业银行核心竞争力理论基础 → 核心竞争力组成要素 ⇠ 企业能力理论

→ 核心竞争力构成维度 ← 技术能力理论

商业银行核心竞争力影响因素分析 → 核心竞争力影响因素 ← 内在因素 / 外在因素

→ 影响因素作用关系模型 ← 结构方程模型

商业银行核心竞争力评价体系构建 → 内在核心竞争力评价

→ 外在核心竞争力评价 ⇠ 信息熵

商业银行核心竞争力提升机制研究 → 内外金融生态环境影响 ← 金融生态理论 / 系统演进理论

→ 核心竞争力提升路径 ← 吸收能力理论

商业银行核心竞争力提升机制仿真研究 → 核心竞争力提升趋势仿真 ← 系统动力学 / Vensim仿真

商业银行核心竞争力结论与展望 → 研究结论总结

→ 创新成果总结

→ 存在问题说明

→ 研究要点展望

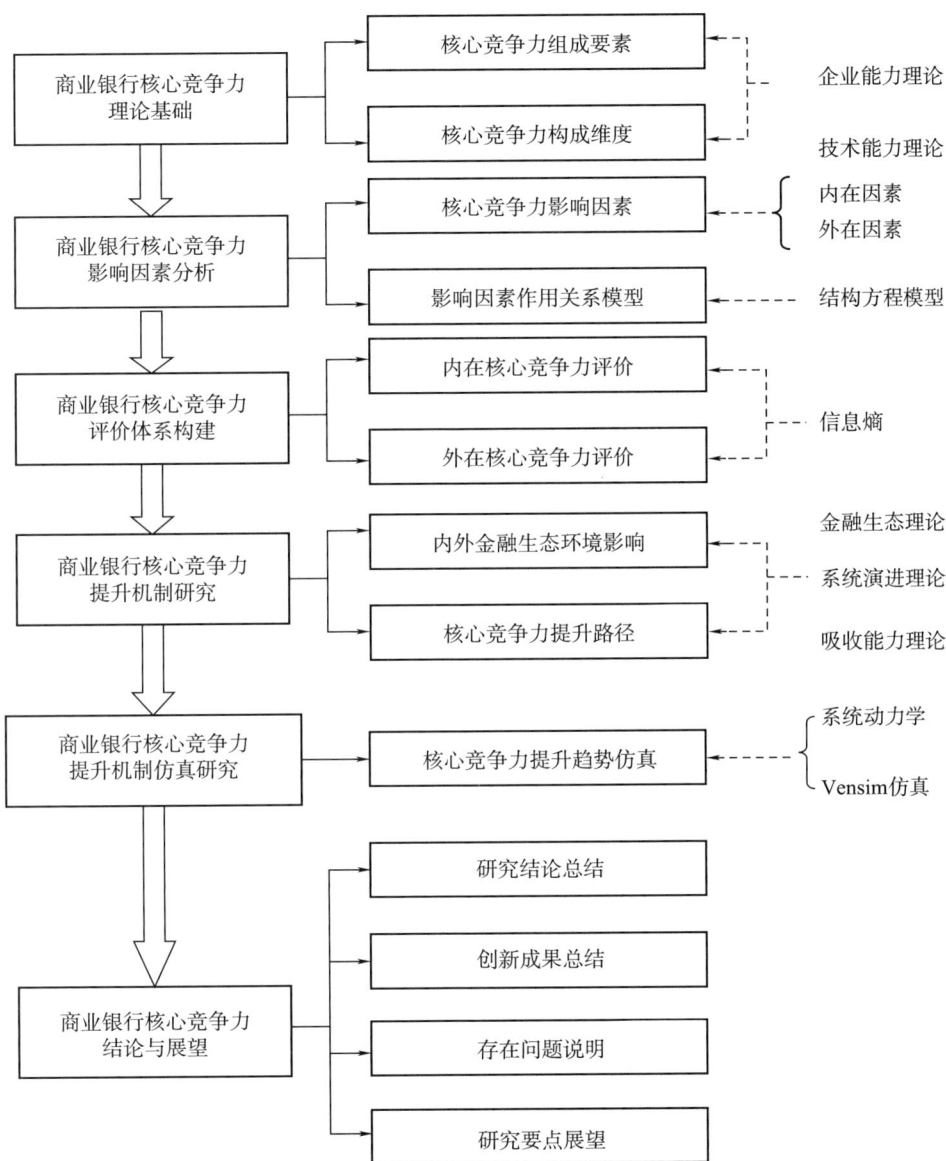

图 1-5 商业银行核心竞争力影响因素与提升机制研究技术路线

Vensim 工具构建商业银行核心竞争力的提升机制仿真模型。其中，仿真模型中既包括定性因素，亦包括定量因素，可以实现对核心竞争力的有效仿真分析。其中，初始定量数据将基于商业银行 2002 ~ 2012 年的经营性数据作为基础；对于定性数据，将通过影响因素之间的逻辑关系以及结构方程模型验证结果获取。

最后，根据结构方程模型、系统动力学仿真模型，以及核心竞争力提升路径所得到的数据结果和分析结果，针对性提出有效培育和提升商业银行核心竞争力的措施和途径。

1.4 本章小结

以处于复杂金融生态环境的现代商业银行的激烈金融竞争为研究背景和切入点，说明本研究的选题意义和写作目的。通过汇总和阐述竞争力及核心竞争力等相关理论的研究综述成果，系统分析了目前理论界和金融业界对商业银行核心竞争力的研究现状及进展。明确说明了本研究的研究框架及技术路线，并阐述和总结研究方法和研究创新点。本书认为：进一步深入剖析符合我国金融业特点的商业银行核心竞争力理论体系，构建科学客观的评价体系和提升机制，对于完善核心竞争力理论体系方面有着重要的理论价值和应用价值。

第2章 商业银行核心竞争力
内涵与特征

2.1 商业银行核心竞争力理论基础

商业银行组织为实现其价值最大化的经营目标，需要在复杂的金融环境中，面对激烈的金融竞争。在竞争中需要形成能够优于和超越竞争对手的显著竞争优势，这种优势的形成和转化即商业银行的核心竞争力。在构建商业银行核心竞争力体系时，需要基于相关企业能力理论，以此为基础分析商业银行核心竞争力的内涵和特征，以期形成符合我国商业银行特点的核心竞争力概念和能力层次。

目前，现有有关企业能力理论方面的研究主要有四个理论分支：沃纳菲尔特（Wernerfelt，1984）与巴尼（Barney，1986）的资源基础论、普拉哈德与哈默（Prahalad & Hame，1990）的核心能力理论、蒂斯（Teece，1997）的动态能力理论，斯彭德与野中郁次郎（Spender & Nonaka，1996）的基于隐性知识的企业能力理论。另外，目前学术界对于与技术创新紧密相关的企业技术能力理论的研究在不断深入进行，而商业银行核心竞争力中的重要组成和动因包含金融创新，故本章亦将结合企业能力和技术能力等理论内容构建商业银行核心竞争力理论基础。

2.1.1 资源基础理论

企业能力的资源基础论主要以1984年伯格·沃纳菲尔特（Birger Wernerfelt）发表的《企业资源基础论》一文为标志，该学派相关的经典著作有巴尼（Jay B. Barney）1991年发表的《公司资源和持续竞争优势》以及彼特瑞夫（Margaret A. Peteraf）1993年发表的《竞争优势的里程碑：一个基于资源的观点》等文章。

资源基础论认为，竞争优势是企业所拥有的一种特质。竞争优势是企业竞争力强与弱的直接体现。一般而言，竞争力是企业的一种综合能力，如果企业在其能力体系中的某一方面（如创新能力、品牌竞争力、知识产权等）具有与众不同的特质或独特表现，企业就有可能拥有某种竞争优势。故企业的竞争优势是不同于竞争对手的一种独特品质，这种品质难以度量和简单模仿，但在竞争中是能够发挥无形作用并在企业绩效和竞争结果中明显体现出来。

总而言之，企业的竞争优势是以其所拥有竞争资源为基础的，并在竞争中发挥和体现出来；企业的竞争优势是一种积累性优势，是企业通过对资源的不断整合和耦合，对知识的吸收和应用形成的，不是一蹴而就的。竞争优势既是一种过程，也是一种结果，它是企业对所拥有的资源，按照其独特的运作方式、整合方式，使竞争资源充分发挥其效应，并能够使企业自身在竞争中超越竞争对手，创造比对手更多更易于为客户所接受的价值。

2.1.2 核心能力理论

企业核心能力理论以普拉哈拉德（Prahalad）和哈默（Hamel）在 1990 年 5 ~ 6 月的《哈佛商业评论》上发表的划时代文章《企业的核心能力》一文为标志，后来经过斯多克（Stalk）、伊万斯（Evans）、舒尔曼（Shulman）、蒂斯（Teece）、皮萨若（Pisano）、苏安（Shuen）、福斯（Fosse）、贺尼（Heene）等人的发展而逐渐完善。

普拉哈拉德和哈默（Prahalad & Hamel，1990）认为："能力是组织中的积累性学识，特别是关于如何协调不同生产技能和有机结合各种技术流的学识。"企业的能力是企业长期积累和学习的结果，和企业的初始要素投入、追加要素投入、企业的经历等密切相关，具有典型的路径依赖性（path - dependence）。[33]

美国教授罗梅尔特（Rumelt，1982）认为，核心能力是企业所拥有的关键技能和隐性知识。隐性知识即那些"只可意会，不可言传"的知识，如知识、诀窍等；隐性知识之所以不可以轻易被模仿，主要是在于其因果模糊性。因果模糊性有利于保护竞争优势，同时易于导致核心刚度。[80]亨德逊和库克巴姆（Henderson & Cockbum，1994）认为核心能力由元件能力（component competence）和构架能力（architectural competence）构成，元件能力指深藏在企业内部的知识和技能，它们有可能成为核心竞争力，并给企业带来持续的竞争优势；构架能力是指企业利用元件能力的能力，是运用全新的、灵活的方式来整合元件能力，以及根据组织需要来开发新的元件能力和构架能力。[81]

美国学者库姆斯（Coombs，1996）认为，核心能力是企业的技术能力以及把技术能力有效结合的组织能力的组合。[45]美国麦肯锡公司研究人员凯文·科因，斯蒂芬·霍尔，帕特里夏·克里福德（1997）认为，核心能力是某一组织内部的一系列互补的技能和知识的组合，这个组合具有使一项或多项关键业务达到世界一流水平的能力。[82]梅约（Meyer，1993）认为，核心能力是指企业的协调配置能力。企业的能力通常包括五个方面：有形资产与无形资产、认知能力、程序与常规、组织结构、行为与文化。而企业的协调能力则是具有整合作用的能力元，能够将企业的所有能力要素整合起来形成核心能力。[83]

美国战略管理学者希特（Hitt，2012）教授等在其《战略管理：竞争与全球化》中提出一个核心能力分析框架，该框架将企业的资源、能力、核心能力、竞争优势和战略竞争优势联系起来进行分析，其优点在于理清了企业资源与核心能力的关系，为企业识别和塑造核心竞争力提供了有效工具。[84]

核心能力理论认为，核心能力是能够给组织带来竞争优势并使组织超越竞争对手的资源和能力。核心能力使一个组织区别于同行业的其他组织。通用的核心能力的评价标准主要包括：价值性、稀缺性、不可模仿性和、不可替代性。

2.1.3　动态能力理论

企业动态能力理论以蒂斯和皮萨诺（Teece & Pisano，1994）发表的 *The dynamic capability of firm：An introduction* 一文为标志，首次提出了动态能力的概念，其后动态能力理论越来越多地被学者们所关注，研究的范围，从动态能力的内涵、特征扩大到动态能力对企业绩效的影响和动态能力的形成过程。[85]

蒂斯等（Teece，1997）和佐特（Zott，2002）等认为动态能力是构建、整合和重新分配各种资源、能力的能力，该理论包括三个关键性要素：组织程序、所处位置和演进路径；它是一种日常组织程序，用以指导企业资源重构、演进和运行。[85-86]萨巴和苏那罗辛哈（Subba & Narasimha，2001）借鉴生物学关于免疫系统多样性的基本原理（即免疫系统在应对外部生物环境时，会根据自身需要产生一种识别多种抗原多样性和生成相应抗体的能力，从而使人体能够适应生物环境）来阐述和分析动态能力与多样化业务之间的内在关联，以及多样化的知识特性。[87]

动态能力理论认为，"动态"是指为适应不断变化的市场环境，企业必须具有不断更新自身能力的能力；"能力"是指战略管理在更新自身能力中的关键作用。即动态能力是企业为适应生存和竞争环境的变化要求，对企业组织和资源进行适配、整合和重构的过程。动态能力理论是基于克服企业资源惰性和核心能力刚性而提出的，它强调了以往能力理论中所容易忽略的两个关键方面即"动态"和"能力"；动态能力理论突出了企业间竞争的动态性，强调"暂时的先动优势"以及"竞争规则的改变"，强调在竞争对手还没有反击之前就及时放弃原有优势和建立新优势，认为这是企业获得高于平均水平利润率的关键。动态能力理论认为，企业将更多地依靠不断创造一系列短期优势而获取长期高于平均水平的利润率。

动态能力理论还认为，学习是企业的根本，一般地说，企业学习的内容包括两个方面：策略或行为意义上的学习，即"博弈学习"，是企业从所获得的经验中学习，不断地调整自己的策略或行为方式；专门技术知识的学习即知识的吸收。誉有"现代管理之父"之称的彼得·德鲁克指出，企业所拥有的、且唯一独特的资源就是知识，其他资源比如资金或设备，不会带来任何独特性，能使企业产生独特性和作为企业独特资源的是它的知识以及运用这种知识的能力。[89-90]正是在上述认识基础上，动态能力理论认为企业最重要的资产是以组织知识为基础的能力，而如何发展、保持和增强组织的这种能力对企业赢得竞争优势具有关键作用。

学习能力决定了企业的知识积累，从而决定了企业的竞争优势。从客观上说，企业所面对的外部环境对每个企业来说都是一样的，但是，由于企业的知识结构认知能力各不相同，所以它们所能发现的市场机会也各不相同，竞争力也就不同。

2.1.4 知识创造理论

企业知识理论以德姆赛茨（Demsetz，1988）和格兰特（Grant，1996）为代表，格兰特（Grant，1996）年发表的《基于知识的公司理论》一文堪称企业知识理论的经典之作。企业知识理论强调了知识在创造竞争优势中的作用，知识是竞争制胜的基础。要在知识竞争中获得成功，就要协调战略与知识管理，培育支持企业竞争战略的知识和能力。[88]

美国战略学家哈默（Hammer，2007）提出："企业是一个知识的集体，企业通过积累过程获得新知识，并使之融入企业的正式和非正式的行为规范中，从而成为左右企业未来积累的主导力量，即核心竞争力。"[91]

野中郁次郎（Nonaka，1994）等提出了知识创造转换模式，强调隐性知识和知识情境对于知识创新和知识共享的重要性，认为一个组织不是由多个个体知识的简单加和，它是可以通过个体间的互动学习来创造知识，形成知识螺旋，体现企业的知识进化过程。[92]惠勒（Wheeler，2002）认为"企业能力是可以通过多种学习途径获得的"。[93]赫尔费雷特（Heflat，2003）基于知识学习与演进的角度，分析和探讨了企业能力形成过程中所存在的问题，并将企业能力的研究拓展和推进到了知识传递和组织学习的领域。[94]

知识创造理论将企业看作知识系统，视为是生产和提供服务活动的过程中所需知识的获得、运用和创新的一体化有效机制，尤其是它通过提供大规模的增量学习过程（边学边干）使得部分生产和服务所需的隐性知识得以积聚和创新，同时还认为企业的异质性起因于企业在生产过程中形成和积聚的知识的差异性，企业的存在代表一种对知识经济学非对称的内在反应，这种反应除了知识的获得外，更需要具有协调整合并创新知识的能力。事实上，企业这种协调整合并创新知识的能力是其特有的，体现在企业所拥有和控制的成规之中，而成规可以被看作是"一个组织的技能的集合"，包括了"一个企业得以构建和在其中得以运作的行动方式、规则、程序、习惯、战略和技术"，而企业本身管理的主要任务就是为知识整合建立必要的协调。[95]

知识创造理论将核心竞争力视为是识别和提供竞争优势的知识体系，这个体系可以从四个方面加以衡量：组织成员所掌握的知识和技能；企业技术系统之中的知识；管理系统；企业管理制度、对创新的奖励、有计划的员工教育等。价值系统，即企业文化。

2.1.5　技术能力理论

技术能力思想产生于 20 世纪 60 年代，当时主导思想为"知识积累"、"干中学"、"技术进步是学习的结果"等。阿罗（Arrow，1962）在《干中学的意义》一文中提出，学习是经验产物，而这种经验来源于"干"，认为技术进步可以视为人们不断从其环境中学习的结果，并做出了用累积总投资代表经验的假设。[96]德赛（Desai，1984）将技术能力定义为企业获取技术的能力、操作运行的能力、复制和拓展的能力以及创新的能力，并将技术能力划分为技术购买、使用、模仿和创新 4 个层次。[97]亨德逊（Henderson，1990）认为企业是信息处理的主体，而企业技术能力的本质就是企业所拥有的信息，而企业最关键的资源及财富也就是其拥有的信息能力。[98]

魏江（2002）认为企业技术能力实质上是企业内部人员、设备、信息和组织中的所有化知识存量的总和，是企业所拥有的知识和信息，它具有静态和动态双重特性，由人员能力、设备能力、信息能力和组织能力等要素构成；当企业拥有的知识存量越多时，技术能力就相对越强，当企业对知识存量运用和操作能力越强，则企业组织的技术也就越强。[99]王秀江和彭纪生（2008）提出，企业技术能力是企业基于现实的内外部环境和对未来竞争环境变化的预测，利用组织常规（包括静态常规和动态常规），以技术学习为手段，有效地搜索、获取、移植、应用、复制、改进和创造技术知识，以提高增加企业价值的概率。[100]

根据企业技术能力理论，结合商业银行组织经营管理的特点，商业银行核心竞争力可以视为商业银行组织的一种特殊技术能力，其能力构成要素为人力及人才资源、信息及科技创新、市场及客户资源和经营及管理资源等资源要素的存量之和，商业银行需要将资源要素存量（内在核心竞争力要素）进行使用和操作，从而转化为外显核心竞争力，并在实际应用过程中，不断采取相关措施有效提升核心竞争力。

2.2 商业银行核心竞争力概念内涵分析

2.2.1 概念内涵及释义

内涵是指某一逻辑术语或概念所包含或要表述的核心特性或一组性质。这种核心特性是用概念表达的，或包含在概念中，或对于所指的事物的概念是主要的。本研究从商业银行核心竞争力概念和构成要素、层次体系进行分析。基于企业能力理论、知识创造理论和技术能力理论，并充分考虑到金融生态理论、复杂适应系统理论及其他相关理论，结合我国商业银行的经营和管理特点，提出了商业银行核心竞争力概念，即：商业银行组织在复杂金融环境中，为应对金融竞争和实现其经营目标，对所获取和拥有的内部和外部优势竞争资源要素，进行有效整合和吸收，使其转化并成为商业银行的显著竞争优势、并具有其独特特点的系统性动态能力。

2.2.2 构成要素及功能

2.2.2.1 核心竞争力基础要素

核心竞争力是商业银行通过对所拥有和控制的优势资源要素，进行聚合和耦合所形成的，故竞争资源要素是构成商业银行核心竞争力的核心要素和基础。基于核心竞争力相关理论研究成果以及商业银行核心竞争力要素构成相关参考文献[55,56,101]，本研究中商业银行核心竞争力的基础要素总结如下：

人力及人才资源要素。商业银行的竞争实质上是人才的竞争。而核心竞争力在培育和提升过程中，均离不开银行人才的重要作用。现代商业银行的核心竞争力是"以人为本"的竞争力，人力及人才资源要素将是商业银行能否获取竞争优势和实现可持续稳定发展的关键。商业银行拥有人力及人才资源的质量和数量，以及对于人力资源管理的激励制度、培训水平、员工规划、价值观认同等要素，是商业银行核心竞争力培育和提升的重要基础。

信息及科技资源要素。商业银行是向客户提供金融服务、经营货币和信用的特殊金融机构。在服务和经营过程中，必须要运用良好的技术服务手段和信息传递渠道，为客户提供优质的服务。电话银行、网络银行、视频银行、自助银行等高科技的金融产品的出现，大大提升了商业银行的服务效率和服务质量。现代商业银行实现竞争优势的重要手段和工具即 IT 技术创新。商业银行所拥有的电子化水平、信息化手段和 IT 硬软件资源、IT 服务实务等，是商业银行核心竞争力培育和提升的重要工具。

经营及管理资源要素。面对瞬息万变和日益激烈的市场竞争，如果没有有序和高效的机构运转，没有可参照和规范的规章制度，没有良好和一致的企业文化和经营价值观，没有稳健的风险管理水平和抗风险能力，商业银行是不可能在竞争中获取优势和胜势的。商业银行是一种学习型组织、知识型组织，它必须要在环境的不断变化中，实现对自身组织治理、规章制度、管理文化以及风险管理的动态管理和调整，商业银行需要不断与时俱进，充分掌握和拥有经营及管理资源，才能为培育和提升核心竞争力提供关键支撑。

市场及客户资源要素。商业银行在竞争中，如果没有市场、没有客户资源，即使有再充分的其他资源，也是无法实现其经营目标和盈利目的。商业银行必须充分适应现代竞争的理念，即以客户的需求为产品和竞争导引方向，形成"以客户为导向"和"客户至上"的服务理念，为客户提供能够量体裁衣、符合不同类型客户特点的服务和产品，做好市场细分和客户数据挖掘，并制定相应的市场营销和客户发展战略和策略，不但要保持现有客户资源和市场份额，而且要争取更为广泛和优质的市场及客户资源。商业银行所拥有的市场和客户资源份额，是商业银行核心竞争力的外在体现，也是商业银行竞争的目的所在。

2.2.2.2　核心竞争力基础功能

商业银行核心竞争力的基础功能主要是：培育和提升商业银行组织对内、外部优势资源的吸收和整合、转化和应用的系统性能力。它既是商业银行组织对所拥有资源要素进行聚合和耦合的一种过程，也是商业银行资源要素整合和应用效果的一种体现。商业银行核心竞争力是商业银行实现可持续稳定发展的决定性力量，最终表现为商业银行超越竞争对手的、良好的经营绩效和社会认可度。

2.2.3　层次划分及关系

能力结构指能力系统内部的各要素、各成分之间合乎规律的组织形式，由各要素、成分共同决定，按照其本身的发展规律逐步形成的内在关系；各要素和成分之间具有相互依存、相互制约的关系。

通过对企业能力和组织能力进行层级划分，可以有助于对能力进行系统性、科学性的分析，并可揭示能力的本质[102-103]。故在本研究中，将对商业银行核心竞争力进行层次划分，以便能够更深入的分析和理解核心竞争力。

2.2.3.1　层次划分依据

心理学认为，能力是指能够顺利完成某种活动所必须具备的个性心理特征，它包括两个涵义：其一是已经发展成为或表现出来的实际能力（actual ability）；其二是指潜在能力（potential ability）。[104]实际能力是当前所有的可以从事某种工作的能力，潜在能力是可以发展的在未来从事某种工作的能力；潜在能力是实际能力形成的基础和条件，实际能力是潜在能力的展现。[105]

根据迈克尔·E·波特（Michael E. Porter）的价值链思想，从价值创造的角度，企业能力分为基本能力（basic capability）和辅助能力（assistant capability），基本能力是企业完成基本活动的能力，辅助能力是企业进行辅助活动的能力。[17]席酉民和尚玉钒（2002）将企业能力区分为"潜在能力"（latent capability）"实现能力"（realistic capability），认为潜在能力是一种属于组织系统中的内部能力，它是一个能力系统所具有的最大潜在作用力；而实现能力则是在既有条件下，企业组织所能实际发挥出来的能力。[106]

焦瑾璞（2001）在分析中国银行业国际竞争力时，提出了现实竞争力和潜在竞争力概念，并认为现实竞争能力是在当前条件下的生存能力，它表示在某一时点上的竞争力，是时间剖面的显示性指标集合，主要包括市场占有率、盈利能力、经营能力、资产质量、资本充足率等财务会计指标；潜在竞争力则是一个时间段内银行内部因素影响未来竞争力的隐性指标集，它主要包括银行的组织治理体系、业务经营体系、业务创新能力和银行监管的有效性等影响因素。[53]

李镇西（2007）在其对中小商业银行的核心竞争力的评价研究中，总结并构建了中小商业银行的现实竞争力评价指标与潜在竞争力指标体系和评价模型，他认为：现实竞争力即银行竞争力的各要素之间有机结合并已经体现出来的整体实力，反映商业银行实际创造价值财务的能力；潜在竞争力是尚未表现出来但有可能是现实竞争力的实现过程，或可在在一定时间内直接转化为竞争力。[77]

故基于企业能力理论及对能力层次的研究分析成果，本研究结合商业银行自身特点及核心竞争力的特点，将商业银行核心竞争力（commercial banks' core competence）的层次划分为商业银行"内在核心竞争力（intrinsic core competence of commercial banks）"和商业银行"外显核心竞争力（explicit core competence of commercial banks）"两个层次。具体说明如下：

（1）商业银行内在核心竞争力

商业银行内在核心竞争力的实质是商业银行对内部、外部资源要素的整合和吸收，并形成自己所能够控制和拥有的优势资源要素。其资源要素主要包括人力及人才资源要素、信息及科技资源要素、经营及管理资源要素、市场及客户资源要素。四类资源要素的整合和吸收，构成了内在核心竞争力，即四类资源要素是商业银行内在核心竞争力形成和提升的基础和条件。

商业银行通过对四类优势资源要素的有效整合和吸收，可以提升商业银行组织的内在核心竞争力水平，进而为商业银行组织转化和应用资源要素，形成实际竞争优势，提供内在基础和保障条件。

（2）商业银行外显核心竞争力

商业银行外显核心竞争力则是商业银行组织动态能力的结果表现，其实质是商业银行是否能够将已经整合和吸收的优势资源要素充分转化和应用，并通过知识转化和应用技能，形成实际竞争优势和胜势。商业银行外显核心竞争力的重点在于对内在核心竞争力中优势资源要素的耦合和应用，即通过必要和适合的组合和应用等动态过程，将静态优势资源转化为商业银行的优质表现（优势至优质）。

商业银行外显竞争力可以直接通过商业银行的经营绩效和社会认知度体现出来，如发展规模和速度、盈利情况、经营安全和风险管理水平、社会评价和公众认知度等。对现有相关对商业银行核心竞争力反映的绩效指标分类研究进行总结，一般主要使用商业银行的"持续增长能力"、"盈利能力"和"安全性及抗风险能力"等指标进行评价。

2.2.3.2　层次之间关系

商业银行内在核心竞争力是一种内部潜在能力，它体现了商业银行实现可持续稳定发展的潜力，也是实现经营战略和发展目标，以及实现社会和公众认可的坚实基础和依托，它主要取决于两方面：一方面是商业银行是否能够获取和拥有能够适合自身发展需要的竞争资源要素；另一方面是商业银行如何整合和吸收所拥有的资源要素，并将其转变为优势资源要素。

商业银行外显核心竞争力是一种外在表现能力，它体现了商业银行现有的竞争态势和资源利用水平，也直接决定商业银行可持续稳定发展目标的实现与否。外显核心能力主要通过商业银行的经营和管理活动表现出来，即商业银行组织运用管理和经营措施、策略，将优势竞争资源要素以一定的方式进行组合（各种要素之间的组合关系一般为非线性），从而形成外显核心竞争力，该组合方式实质是一种非加和的非线性关系组合，即 f（商业银行外显核心竞争力）$=f$（商业银行内在核心竞争力，组合方式）。

商业银行外显核心竞争力与内在核心竞争力之间既有区别，又有联系。内在核心竞争力是外显核心竞争力改善和提升的前提和基础，它是商业银行实现未来可持续稳定发展的必要条件；而外显核心竞争力的增长和提升，反过来又会促进内在核心竞争力的增长。外在核心竞争力是商业银行应用内在核心竞争力的结果表现，外显核心竞争力直接决定商业银行当前的经营和管理水平以及竞争优势，而内在核心竞争力则间接影响经营和管理水平。内在核心竞争力、外在核心竞争力与经营绩效、竞争优势程度之间的关系如图 2-1 所示。

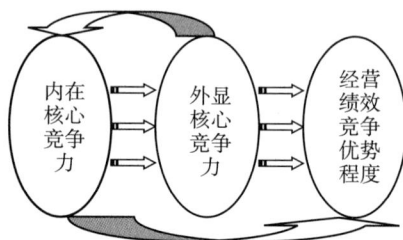

图 2-1　商业银行核心竞争力层次与经营目标间关系

2.2.4　概念模型及解析

基于相关理论，并结合上述对于商业银行核心竞争力概念定义、构成要素、层次体系的分析，可得出商业银行核心竞争力的相关理论模型。如图 2-2 所示：

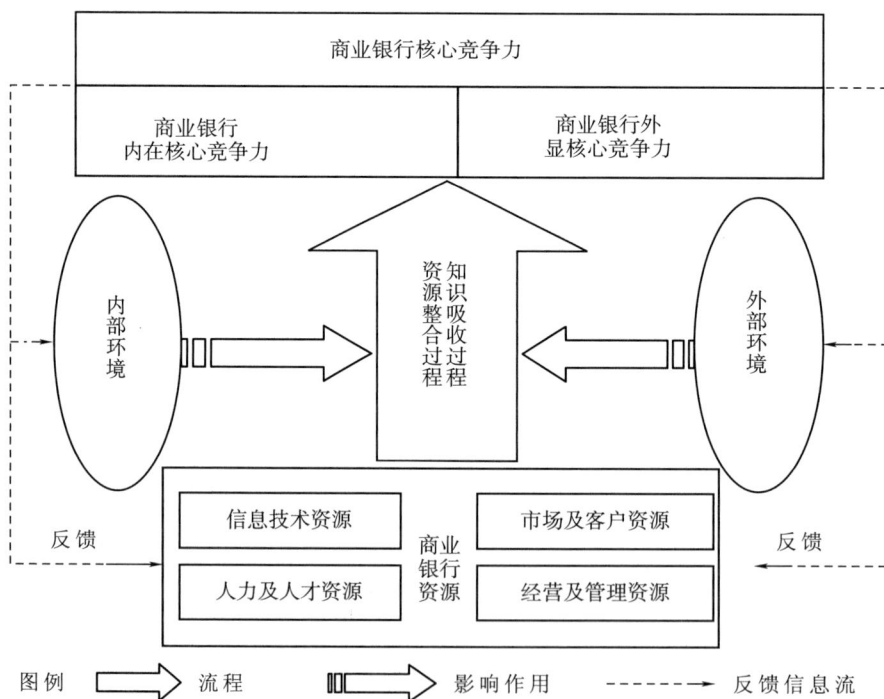

图 2-2　商业银行核心竞争力理论模型

概念分析具体如下：

1) 商业银行是一种集科技密集性、信息密集性和知识密集性的"学习型组织"，所获取和拥有的竞争资源要素具有强烈的"知识"属性。商业银行核心竞争力的基础为各种资源要素，而资源要素的构成即特有的竞争资源"知识"体系。一般而言，知识具有显性与隐性、静态与动态、信息化与非信息化等性质[107]，商业银行的信息技术、业务制度、组织架构和管理流程、人力资源、金融产品及市场营销等资源要素均可视为知识。对于具有显著"知识"属性的核心竞争力，商业银行应在"知识"的平台上对核心竞争力要素进行管理和控制。

2）商业银行的核心竞争力是动态变化的，并具有权变性。商业银行是一种"知识型组织"和"学习型组织"，同时也是一种复杂性组织。商业银行具备竞争资源的"知识"要素体系，只是构成核心竞争力的基础和前提，更重要的是，需要商业银行在动态和复杂性环境中，运用组织学习及资源整合的方法和手段，实现对所获取和积累的资源要素"知识"（包括信息科技、人力资源、市场营销、产品设计、经营管理等资源要素）的最优适配和耦合效果，并进行动态转化和有效应用，从而形成真正的核心竞争能力。

3）商业银行应关注对竞争资源要素的转化和应用效果，同时也要注重竞争资源要素的积累和吸收。商业银行核心竞争力的培育和提升，既需要人力资源、流程管理、市场营销及企业文化等方面的"软投入"，同时也需要信息科技、系统设备、服务设施等方面的"硬投入"。通过硬投入与软投入的有机组合和最优适配，产生良好的适配和耦合效果，从而实现商业银行组织最优的竞争态势和资源要素应用效果。

4）核心竞争力是使商业银行实现可持续稳定发展和长期保持竞争优势的独特要素和关键力量，商业银行核心竞争力实质上是一种由人力及人才资源、信息及科技资源、经营及管理资源、市场及客户资源等竞争资源要素为基础所形成的系统能力，商业银行对4类竞争资源要素进行资源配置投入时，应该实现动态适配性，而不可形成某一类竞争资源要素的偏废；商业银行组织应运用自身的知识吸收能力，将4类竞争资源要素进行有机地累积和耦合，充分发挥竞争资源要素的整体效用。

5）商业银行核心竞争力可以划分为内在核心竞争力和外显核心竞争力两个层次，两个层次的核心竞争力并不能单独对商业银行保持长期竞争优势和实现可持续稳定发展起到决定性作用，二者必须有机结合，互为支持。内在核心竞争力是培育和提升外显核心竞争力的基础和条件，外显核心竞争力是内在核心竞争力在商业银行组织中转化和应用的外在体现。提高商业银行核心竞争力的步骤为：首先，需要具备和拥有相应的竞争资源要素，满足商业银行竞争的基础条件；其次，需要对所获取的竞争资源要素进行有机整合和吸收，使其形成能够满足商业银行使用的优势竞争资源；再次，在前述基础上，需要运用一定的技能和应用方式，促进各类优势竞争资源要素的组合和耦合，实现优势资源要素的转化和应用，从而形成和提升外显核心竞争力，并在实际经营和管理以及市场竞争中体现出竞争优势。

2.3 商业银行核心竞争力识别与关键特性

2.3.1 核心竞争力的识别规则与方法

普拉哈拉德和哈默尔（Prahalad & Hamel，1990）在研究企业核心竞争力的特性时曾认为，核心竞争力应具有三个明显的特征：一是价值性，它能够为客户带来巨大的价值，即核心竞争力具备最终产品消费者可感知的价值；二是延展性，它能够支撑多种核心产品，即核心竞争力提供了企业进入种类繁多市场的潜在途径，从而显示出系统的竞争力，它使一家公司能够参与相当分散的业务；三是难以模仿性，由于核心竞争力的形成经历了企业内部资源、知识、技术等的长期积累和整合，从而还具有对手难以复制和模仿的特征，从而形成可持续的竞争优势。[33]哈法兹（Hafeez，2002）在其研究中系统地提出了核心竞争力的辨识方法，他认为，辨别是否是核心竞争力的标准主要应基于价值性、缺少性、不可模仿性、被替代性和转化性等五方面。[108]

北京大学张维迎（2002）教授曾经说过，对于核心竞争力而言，必须符合六条特征标准：即偷不去、买不来、拆不开、带不走、流不掉、变不了。[109-110]企业的某一种能力如果想成为核心竞争力，必须是"从客户的角度出发，是有价值并不可替代的；从竞争者的角度出发，是独特并不可模仿的"。[78]核心竞争力并不是企业内部人、财、物的简单加和，它是一种能够使企业在市场中获取和保持竞争优势的、不易被竞争对手模仿的能力。陈洪转（2012）提出，将核心竞争力的特征划分为关键特征和一般特征，关键特征是核心竞争力区别于其他竞争力的根本特征，认为核心竞争力的关键特征主要包括难以模仿性、延展性、整合性、增值性和前瞻性等五个方面。[101]总结而言，企业核心竞争力的实质和特点是企业所拥有的知识资本的一种外化表现，由内至外的过程即形成了企业的核心竞争力。

基于以上理论和相关参考文献，本书总结出相应的核心竞争力识别规则，具体如下：

2.3.1.1 能力的价值性

能力的价值性即核心竞争力是否具有市场价值，是否能为消费者带来价值创造或价值附加。只有当能力具有创造价值的能动性时，才是真正的核心竞争力，否则只能是空洞的、抽象的能力。能力的价值性主要体现在是否能被客户或消费者所认可、接受，增加和提升能力的价值性主要手段是提高产品的质量和服务效率，增加产品的效用和功能，从而超越竞争对手而给企业带来竞争优势。

2.3.1.2 能力的短缺性

能力的稀缺性即企业拥有的这种能力是行业内广泛存在或大部分竞争对手都拥有

的，还是仅是少数业内竞争对手所拥有的能力。在企业竞争过程中，如果原来稀有的能力在为大部分业内竞争者逐渐都拥有时，它就不再是一种核心竞争力，而成为一种共有能力或公共能力，故能力的稀有性同时是具有时间特性的。故企业应注重产品及服务的创新，只有始终保持有价值的能力，且与竞争对手始终不同的能力时，才会产生竞争优势，并可能转化为竞争胜势。

2.3.1.3　能力的模仿性

能力的模仿性即企业所拥有的具有价值性和稀缺性的能力，被其他企业竞争对手快速模仿的难易程度。如果一个企业的核心竞争力形成，是由多项具有较高知识水平和复杂技能有机融合而来，那么这种核心竞争力被快速模仿和超越的难度就越大，同时这种能力所具有的潜在竞争价值和现实竞争价值也就越大，也就能够为企业产生超越行业平均水平的利润和价值。

2.3.1.4　能力的替代性

能力的替代性即企业所拥有和具备的核心竞争力，是否容易被其他相同或近似的产品价值、服务能力和科技手段等替代或淘汰。能力的替代性强调的是核心竞争力的时效性，这种时效性容易受到竞争环境、科技发展、政府政策等外在因素的影响，同时也易受到企业内部战略调整、经营转型、决策失误等内部因素的影响。故企业在经营过程中，需要在激烈的竞争环境中，通过变革、创新和科学的战略规划和经营，来保持核心能力的长久性和时效性，增加其被替代的难度，从而尽可能延长核心竞争力为企业创造价值的时效。

由于商业银行组织是特殊的金融机构，具有不同于其他企业的特点，因此对于商业银行的核心竞争力识别，需要在充分考虑商业银行组织特点和竞争特性的前提下，运用以上识别方法和规则，分析商业银行特有的核心竞争力。

2.3.2　商业银行组织特点与竞争特性分析

2.3.2.1　商业银行经营与服务特点分析

商业银行是一种特殊的企业组织，是社会生态系统中的一类特殊的生态群落或种群；其经营体系是典型的层级体系。同时，商业银行具备企业组织和企业能力的通常特点。[7]

王先玉等（2001）认为商业银行组织体系的构成要素主要有：组织形态、组织结构和组织边界；我国商业银行组织所存在的主要问题有组织结构固化，组织规模与组织效率不匹配组织行政属性，而企业属性弱。[111]丁国政、曹昱（2005）提出我国商业银行应根据金融发展需要，借鉴国外先进组织结构转变经验，适时进行转变。[112]胡月晓（2008）从宏观的视角，以组织理论为基础，系统研究商业银行组织管理模式，并研究其对宏观金融安全与效率和商业银行核心竞争力的影响。[113]

现代商业银行的基本特征是所有权和经营权相分离，所有权为属于出资者或股东，经营权则属于从事银行业务及管理的管理人员。两权分立模式需要高素质的经营者，将银行的人、财、物、信息技术等资源有机结合，实现其经营目的。同时，商业银行是经营货币信用商品和提供金融服务的现代企业组织，它需要通过对客户提供金融产品和金融服务，占有更多的客户和市场，从而实现价值最大化的目的。另外，由于商业银行在经营中具有高负债性、高风险性，是经营风险的特殊金融机构，故商业银行的核心竞争力也将具有特殊的金融属性。

2.3.2.2　商业银行组织环境及竞争特性

达夫特（Richard L. Daft, 1998）在《组织理论与设计》一书中认为："组织环境是存在组织边界以外的全部要素，他们对组织的部分或全体有着影响的潜力。"[114]霍尔（Richard H. Hall, 1991）认为，环境是指外在于研究对象（组织）的、具有潜在的或实际影响的所有现象。[115]罗宾斯（Stephen P. Robbins, 1996）在《组织行为学》中指出，影响组织的环境具有3个关键维度，即环境容量（环境为组织发展提供资源、机会支持组织发展的程度）、环境稳定性（环境变化程度）和环境复杂性（环境的异质性、分散性、不确定性的程度）。[116]

组织环境（organizational environment）是指所有潜在影响组织运行和组织绩效的因素或力量。组织环境包括组织外部环境和组织内部环境，组织外部环境指组织所处的场域，组织所处的社会及其制度和文化，组织所面临的社区和自然环境；组织内部环境指组织文化、组织政治及组织的正式结构和非正式结构。[117]

而现代商业银行组织恰恰正处于复杂的组织环境和竞争环境中，商业银行也是一种复杂性组织，其经营活动处于一定的政治体系、经济发展、科技创新和金融创新，以及金融监管等外部环境之中，同时处于公司治理架构、企业文化构建、经营理念实现、风险管理实施等内部环境之中。商业银行需要在内部和外部竞争环境中，平衡和处理环境矛盾，利用环境因素，从而才可能在复杂的竞争环境中实现经营目标。

2006年，中国承诺在加入世贸组织后全面开放金融市场和金融领域，取消外资银行经营人民币的地区和业务限制。据国内相关部门统计截止2012年年底，中国境内外资银行营业机构总数已达412家。外资银行的进入给国内商业银行带来前所未有的竞争压力。[118]相对于外资银行而言，我国商业银行在业务流程构建、金融产品提供、金融服务创造和人力资源管理等诸方面，还存在着较大的差距。如何在激烈的国际、国内竞争中，发现和培育更具有价值性的核心竞争力，获得更长久的竞争优势，是我国商业银行所面临的重大课题和难题。

2.3.2.3　知识型学习型组织和组织学习

学习型组织是通过培养建立来的、能充分发挥员工创造性思维能力的一种学习气氛，它具有高度柔性、扁平化、符合人性、能持续发展的特点。[119]商业银行作为一种企业组织，建立学习型组织的过程就是通过传承已有知识并且吸取新知识从而改变组织行为方式的过程。商业银行组织经营和管理的实质即是商业银行组织通过组织系统的组织学习来实现对资源要素和知识要素的管理和控制。

阿基里斯和舍恩（Argris & Schon，1978）在《组织学习：行为视角的理论》一书中提出：组织学习是企业学习新的知识和从别人过去失败中吸取经验教训以改进绩效的工具与手段，是"发现错误，并通过重新建构组织的'使用理论'而加以改正错误的过程"；在该书中，提出了四阶段（发现、发明、执行和推广）的组织学习过程模型。[120]森奇（Senge，1990）提出，学习型组织是指通过不断共同学习，突破自己的能力上限，创造真心向往的结果，培养全新、前瞻而开阔的思考方式，全力实现共同的抱负，是组织内成员研究如何共同持续学习，进行实现持续性共同学习的一种组织。[121]瑞（Swee，1998）和克罗森（Crossan，1999）将组织学习定义为组织和个人改变思想和行为的过程。[122-123]

孟玉红（2006）分析和阐述了学习型组织的概念、内涵及学习型组织对银行业可持续发展的启示，提出了创建学习型银行的途径，以期实现银行业的可持续发展。[124]张同健（2007）利用组织行为理论中的动机—行为—成果—环境战略模型，结合组织学习对传统学习的超越特征，在充分了解我国商业银行综合业务流程的基础之上，提出了以组织学习动机、组织学习行为、组织学习成果、组织学习环境等四要素为基础的、我国商业银行组织学习实施的绩效系统模型，从定性和定量方面研究了商业银行组织学习机制和过程，研究了如何提高银行组织学习效率、增强核心竞争能力等问题，具有较高的参考价值。[125]王凌飞和李世新（2008）认为，创建商业银行学习型组织有助于提高银行业员工整体素质和提高银行核心竞争力，并提出了中国银行业打造学习型组织的路径选择，强调我国商业银行应建立"以人为本"管理模式，进一步完善银行激励机制，培育创新型团队，来达到构建知识型"学习型银行组织"的目的。[126]

国内学者陈国权等（2000，2004）认为，组织学习是指组织不断努力改变或重新设计自身以适应不断变化的环境的过程，是组织的创新过程；组织学习是一个战略过程，而学习型组织则是这种过程的产物，它将促进形成新的核心能力和产品。[127]刘铁忠（2006）认为组织学习的本质是用知识的积累和耦合来解决组织错误，而组织学习过程分为知识积累和知识耦合两个方面：通过知识获取过程实现知识积累，积累的知识经过组织各个层次的识别与共享，改变组织中的个体、团队或整个组织对组织情境的理解，进而改变组织的行为方式，在运用知识的实践过程中实现知识耦合。[128]

无论从理论研究还是客观实际而言，现代商业银行的实质就是一种"学习型组织"、"知识型组织"，商业银行通过对银行知识和资源要素进行整合和应用，从而提升自身组织系统对知识掌握的水平和效果，从而达到实现经营目标的。组织学习则恰恰是一种识别知识、分析知识、吸收知识和应用知识的重要过程，也是一种培育和提升商业银行组织资源整合和知识应用的重要手段。商业银行掌握这种组织学习的能力，即可构成实现核心竞争力的重要手段——竞争资源整合能力。

从"组织学习"和"学习型组织"视角分析核心竞争力内涵和特点，并将核心竞争力理解为一种对资源要素和知识要素的聚合和耦合过程，在当前核心竞争力研究中是有意义的创新。本书将核心竞争力视为对"资源要素"的吸收和应用能力，以商业银行复杂组织为研究主体，这是本书的主线及思路。

2.3.3　商业银行核心竞争力关键特性分析

商业银行核心竞争力是企业的能力综合体，它贯穿于商业银行的整个管理和经营活动过程和各个组织层次。商业银行提供的产品和服务所得到的社会认可度和经营绩效水平，取决于其核心竞争力的强弱。

商业银行核心竞争力不同于一般竞争力，也不同于综合竞争力，它是商业银行组织所拥有的、能够与其他竞争对手所明确区分的关键性能力。本书依据上述核心竞争力的识别规则和方法，并基于商业银行组织特点和竞争特点的分析基础之上，以期分析出商业银行核心竞争力所具有的，区别于其他一般性竞争力的关键特性，并据此作为商业银行核心竞争力的判断依据。

2.3.3.1　核心竞争力的动态平衡性

商业银行是一个集科技密集性、信息密集性和知识密集性于一体的企业能力系统；企业能力是一种系统性能力，而商业银行核心竞争力实质上则正是一种将竞争资源知识要素内化于银行组织自身，同时将内化效果以外显方式进行展示的一种效果。商业银行所拥有的竞争性资源要素主要包括人力及人才资源要素、信息技术资源要素、经营及管理资源要素和市场及客户资源要素等。商业银行核心竞争力的培育、提升和应用过程，恰恰是对商业银行所拥有和控制的竞争资源要素进行吸收和整合、转化和应用的过程；商业银行核心竞争力的形成和提升，需要商业银行进行竞争资源要素的投入和增加，否则核心竞争力将停滞、落后，无法再持续创造价值。

商业银行需要注意到：如果不能够合理应用资源要素的投入策略和方法，仅仅偏重于某一类资源要素的投入和管理，忽略其他资源要素的投入和应用，最终是无法将资源要素转化为外显核心竞争力的，即所谓当组织内某一类能力要素极其薄弱时，其余能力要素即使极力提高其投入，也只能是做无效投入，从而造成资源的浪费和无谓消耗；[129]而如果仅仅单纯重视转化和应用资源要素的某些策略和方法，却不再对现有的资源要素进行增量投入和动态管理，核心竞争力将成为无源之水、无本之木，将会因缺乏必要的资源要素基础而无法达到预期效果。

商业银行若要有效培育、提升和应用核心竞争力，保持可持续性竞争优势，就必须深入分析和诊断自身所拥有优势竞争资源要素中的最薄弱环节，而不应仅看哪类竞争资源要素最为关键，哪类竞争资源要素重要性低，而是要去发现和关注最薄弱的那一类竞争资源要素。正如一条铁链的牢固程度，是由质量最差的那个环节所决定的一样[128]。由于所拥有的四类竞争资源要素在吸收和整合、应用和转化的程度和效率方面各不相同，故商业银行组织应基于自身的经营和管理特点，针对每一类竞争资源要素应采取不同的增量投入力度和控制措施、控制强度，要因时而异，因己而异。

2.3.3.2　核心竞争力的周期演进性

伊查克·爱迪思（Ichak Adizes，1988）在其著作《企业生命周期》中提出，企业是有生命的，在这一有机体的成长过程中，存在着既定的生命周期；企业必定要经过成长、成熟直到死亡的必然阶段。他指出："众所周知，无论是植物还是动物，只要是生物就会存在着被称之为生命周期的现象。生物体都会经历一个从出生、成长到成熟、死亡的过程"，"企业由生命周期的一个阶段向另一个阶段转化时，会产生蕴涵着某种能量的困难。显然，如果对能量引导的正确，将有利于企业的转化"。[130]

商业银行核心竞争力不是一成不变的，它会随着商业银行所处的组织环境和竞争环境的变化、科学技术的发展以及商业银行自身经验、知识、资源要素的不断积累，不断更新和提升其核心竞争力。核心竞争力具有动态平衡性，同时还在商业银行所处的不同阶段和不同环境下体现出周期演进性，即商业银行在不同的发展阶段、不同时期会拥有不同的核心竞争力。需要指出的是，不存在适应于商业银行各不同周期和不同环境下的万能核心竞争力，故商业银行必须时刻保持核心竞争力更新和持续性竞争优势获取意识，以客户和市场需求为中心，以员工和人才为本，不断求创新、保发展，保持对竞争资源要素的增量投入，维护和变革自身的核心竞争力，培育和形成新的核心竞争力。

2.3.3.3　核心竞争力的知识转化性

企业是一个特殊的能力知识集合体，其内生知识和能力的积累构成了企业竞争优势的来源。[131]商业银行核心竞争力的基础是竞争资源要素，而竞争资源要素的实质是商业银行组织所能够拥有和控制的知识、技能，核心竞争力即是衡量商业银行是否能够对这些知识、技能进行有效吸收和整合、转化和应用的能力。商业银行获取、吸收、整合竞争资源要素的目的，是为了将其转化和应用为具有超越行业平均价值的产品与服务，故这种转化和应用技能不是单一的知识技能，而是一组能力构成的能力集合体。

商业银行核心竞争力是商业银行组织内多种业务和管理知识、服务和产品技能、技术及管理能力等有机整合形成的有机能力体，在向市场和客户提供服务的过程中体现出其超越其他竞争对手的显著优越性。商业银行运用组织学习方式和知识吸收手段，通过对竞争资源要素进行合理组合和优化配置，实现资源要素的知识转化性，从而使自身所拥有的独特竞争资源能够发挥其效用，形成其他竞争对手所不具备的独特能力。

商业银行在对竞争资源要素进行吸收和转化应用时，将涉及银行员工个体、部门团队和银行组织三个层次。需要指出的是，商业银行核心竞争力的知识转移性具有明显的层次性和递进性。

层次性是指商业银行核心竞争力形成和转化应用，由商业银行组织中不同层次对竞争资源要素进行知识聚合和知识耦合的组织学习方式实现的。

递进性是指对于竞争资源要素的知识吸收和组织学习过程，是通过由下而上的递进方式来实现的，必须由下一层向上一层进行传递。即银行部门团队层次核心竞争力的形成和提升，是银行员工层次运用组织学习方式和对竞争资源要素进行知识吸收的结果；而银行组织层次核心竞争力的形成和提升，则是银行部门团队层次运用组织学习方式对竞争资源要素进行知识吸收的结果。三个层次之间形成了层进式知识反馈和能力反馈。

2.3.3.4 核心竞争力的路径复杂性

每一个组织培育其核心竞争力的过程总会存在着某种程度的独特性，而不可能完全相同。商业银行核心竞争力的形成，是源于商业银行组织在竞争环境中不断积累优势能力的发展路径中的，核心竞争力的形成是一系列内部和外部组织环境和竞争环境变化所促成的自然过程，而非人为强加于商业银行组织之上的。凡拥有核心竞争力的商业银行组织，其核心竞争力必然是基于银行组织自身特点的、具有独特性的能力；这种核心竞争力的生成和形成，均是基于商业银行组织自身独特的企业价值观和战略观、成长轨迹和发展历程、经营偏好和风险偏好、差异性企业文化等基础之上的。

商业银行核心竞争力的培育、生成和形成路径，具有相当的复杂性，它是商业银行基于银行价值链的需要，对于各类竞争资源要素进行有效吸收和整合、转化和应用的过程。核心竞争力的形成具有强烈的路径依赖性，这种路径依赖性的最终来源在于商业银行对于竞争资源要素的吸收和整合、转化和应用过程中，它是企业组织自增强机制的体现，也是自组织的轨迹依赖。商业银行核心竞争力的路径依赖性可分为两种，一种为结构驱动型的路径依赖，即核心竞争力自身具有递增性，主要体现在以技术为主要特点的核心竞争力中；另一种为制度驱动型的路径依赖，即主要通过人为方式来增强核心竞争力，主要体现在以管理为特点的核心竞争力中。[132]

现代商业银行组织处于复杂的金融生态环境中，是金融生态链中必不可少的环节，商业银行的核心竞争力内化和蕴含于商业银行组织的机体内，是商业银行组织的有机组成部分；而商业银行作为金融活动的主体，与商业银行所处金融生态环境中的各种复杂因素之间存在着多方位，多层次的广泛联系。商业银行需要根据金融生态环境的变化，构建能够及时满足市场和客户需要的银行价值链，通过银行价值链向客户和市场提供具有特殊性的金融产品与金融服务。

商业银行核心竞争力具有路径复杂性，它的生成和形成需要商业银行不断的积累金融产品与金融服务的管理能力、市场营销能力、客户管理能力、人力人才培育能力等，它需要一定的时间和经验积累才能实现。同时，商业银行核心竞争力的培育和完成，需要商业银行全体成员自下而上的、共同的组织学习和知识吸收过程才能得以实现。

2.3.3.5　核心竞争力的文化影响性

根据 IMD 对企业国际竞争力的研究结果显示，企业文化与企业管理竞争力之间的相关系数为最高（0.946）。[133]哈佛商学院科特和赫斯克特教授（Kotter & Heskett，2004）在其《企业文化与经营业绩》一中亦指出：企业文化对企业长期经营业绩有着重要的作用。[134]管理学家德鲁克（Drucker，1954）认为，"在管理中越是能够利用一个社会的文化传统，则这种管理的成效也就越大"。[135]

理论界通常将企业文化是由精神文化、制度文化、行为文化和物质文化四个层次构成。其中，精神文化是用以指导企业进行生产经营、服务、管理等活动的各类行为指导、企业价值观以及群体意识，它是以企业精神为核心的价值体系；制度文化则是由企业的组织形态、管理形态和规范形态所构成的外显文化，它是企业文化中的中坚和桥梁，制度文化可以有机地将物质文化和精神文化进行结合，从而形成完整的总体企业文化；行为文化是员工在企业经营、生产、服务和日常行为中各种行为的总和与体现，它主要包括企业组织内的人际关系（包含员工之间以及管理层与员工之间）、行为模式和行为效果等，它是企业精神、企业组织体系运作的动态体现；物质文化则是指企业文化的载体，即企业是否能够根据企业组织和员工、客户的需要，提供令人满意的设施设备、工作条件和工作环境等硬件条件。[136]

基于企业文化理论的影响和商业银行的特点分析，商业银行组织在不断的金融竞争中形成和培育了具有自身独特的银行文化（bank culture），[137]银行文化包括银行物质文化、精神文化、制度文化和行为文化。银行物质文化主要源于银行具体的经营管理活动，包括银行所提供的产品和服务等经营成果，以及经营环境、银行建筑、广告、产品包装与设计；银行行为文化包括银行经营、人际关系、教育宣传和文体娱乐活动中产生的现象，是银行精神文化和价值观的具体表现；银行制度文化主要受国家法律、金融法规以及公司治理制度影响，是银行物质文化和精神文化的中介，是银行物质文化的固定形式，又是银行精神文化的机制与载体，包括银行治理结构、组织机构和管理制度；银行精神文化处于银行文化的核心地位，包括银行的核心价值观、银行道德、银行经营哲学与银行风貌。

银行文化会对商业银行组织的经营和管理活动产生看不见、摸不着的影响作用，从而影响竞争资源要素的知识吸收和整合效率，转化和应用效果，最终影响商业银行经营战略目标的实现程度。银行文化培育和建设的目的，是通过统一管理和经营思想，避免价值差异，规范管理语言和经营准则，提升成员责任意识的方式，对竞争资源要素进行整合，并适应内部和外部竞争环境的变化，以达到全面提升核心竞争能力，实现持续性健康发展和社会公众认可的战略目标。需要注意的是，银行文化能否发挥其积极作用，取决于银行文化能否得到商业银行组织内全体员工的共同认同，成功的银行文化应贯穿于银行组织中的每一个管理和服务环节，落实于银行组织每个成员的行为和操作，这样商业银行核心竞争力才会有"灵魂"和"方向"。

2.4　本章小结

本章以企业能力理论中的资源基础理论、核心能力理论、动态能力理论、知识创造理论和技术能力理论作为商业银行核心竞争力内涵研究基础，并充分考虑商业银行组织以及所处金融生态系统的复杂性，从商业银行的经营管理特点和金融竞争特点出发，深入分析和归纳商业银行核心竞争力的内涵和构成维度，构建和提出更为客观的、符合我国商业银行特点的核心竞争力概念模型。

本章分析提出了商业银行核心竞争力的构成要素和能力功能，认为构成要素是商业银行实施竞争的重要基础，包括商业银行组织所控制和运用的人力及人才资源、信息及科技资源、经营及管理资源和市场及客户资源等竞争资源；其核心功能是培育和提升商业银行组织对内、外部优势资源的吸收和整合、转化和应用的系统性能力。本章对商业银行核心竞争力的层次进行了研究，划分为内在核心竞争力和外显核心竞争力两层；同时，对商业银行核心竞争力的特性进行了总结，分析了其动态平衡性、周期演进性、知识转化性、路径复杂性和文化影响性等特点。本章认为，商业银行核心竞争力是商业银行实现可持续稳定发展的决定性力量，最终表现为商业银行超越竞争对手的、良好的经营绩效和社会认可度。

第3章　商业银行核心竞争力
影响因素分析

3.1　核心竞争力影响因素构成

影响因素不同于构成要素和内涵，它是指对商业银行核心竞争力的生成、培育和提升产生作用的因子，影响因素的作用力可能是正向的，也可能是负向的。影响因素可以分为内部影响因素和外部影响因素，二者对商业银行组织的经营和管理或单独、或交叉混合产生具有复杂性的影响作用，其影响作用是通过一定的路径进行传导的。商业银行组织需要充分识别和分析可能会影响自身核心竞争力的重要和关键性因素，以确定相应的核心竞争力培育和提升策略，并且有效利用影响因素的正向作用力，限制和避免影响因素的负向作用，全面提升商业银行组织机能的抗干扰能力。

众所周知，现代商业银行处于复杂的组织环境和竞争环境中，其经营和管理处于多变的各种环境因素包围之中。商业银行所面临的主要外在环境因素包括经济政策和金融政策，经济环境和金融生态，技术发展水平和金融创新力度，以及金融监管力度和监管环境等，同时也包括银行经营战略调整和公司治理结构变化、企业文化和企业价值观构建、人力人才资源管理水平和风险管理水平等内在环境因素。商业银行需要在内部和外部竞争环境中，平衡和处理环境矛盾，利用环境因素，从而才可能在复杂的竞争环境中实现经营目标。

基于对金融环境、影响因素、核心竞争力内涵及构成要素的分析可以得出，影响商业银行核心竞争力的形成和提升的因素主要包括外部影响因素和内部影响因素。外部影响因素和内部影响因素共同对商业银行的核心竞争力生成、培育和提升过程产生作用，其作用机理是商业银行对优势竞争资源进行整合和吸收、转化和应用的过程中。其中，外部影响因素主要指金融环境影响因素，包括银行监管政策及导向因素、金融科技创新因素、金融市场环境因素以及社会公众认可度因素等方面；内部影响因素主要是指人才资源要素、信息及科技资源要素、经营及管理资源要素和市场及客户资源影响因素。[138-139]

3.1.1 外在影响因素构成分析

3.1.1.1 银行监管环境影响因素

《中华人民共和国银行业监督管理法》中规定："银行业监督管理的目标是促进银行业的合法、稳健运行，维护公众对银行业的信心。银行业监督管理应当保护银行业公平竞争，提高银行业竞争能力。"[140]我国商业银行的监管机构为中国银行业监督管理委员会——中国银监会，执行的是严格的分业经营、分业管理监管制度。

随着宏观经济环境和金融环境的不断变化，国际上金融管制发展和银行混业经营趋势也在发生巨大的变化。现代商业银行目前的业务经营领域已发展到投资银行、保险、信托等领域，除股票经纪、股票承销及交易等少数业务外，商业银行几乎可以从事其他所有的投资银行业务。[141]目前，我国商业银行亦同样面临着混业经营趋势的挑战。我国监管体制在日益完善和不断规范的同时，也正在逐步调整监管力度和监管政策，出台一系列政策规章，允许商业银行进入非传统业务领域。[142]处于金融变革中的银行监管政策、产品导向、监管资本要求和监管力度必将对商业银行的竞争态势、资本流向、创新动力等产生重要的影响。

3.1.1.2 金融科技创新影响因素

技术创新不但是新技术的应用，还包括新产品的研发、新的服务手段和管理技术的应用推广、信息渠道和知识转移的效率提升等方面。技术本身并不等于核心竞争力，但它是影响核心竞争力的重要因素。[56]科技革命引发了金融业的革命，现代金融业的服务、产品、业务系统和管理系统的各个方面，均与现代信息科技、电子技术紧密关联。

现代网络科技和电子商务的迅猛发展，为商业银行实现服务创新和产品创新提供了良好的平台，改变了原有商业银行成"柜台银行"和"实体银行"模式，逐渐演化为"实体银行+电子银行+虚拟银行"模式。ATM机、电话银行、视频银行等高科技服务平台的出现，改变了商业银行传统的业务经营模式和市场营销模式，为客户提供了更为丰富和个性化的服务工具和手段。

总而言之，金融创新是当前金融业界的主要竞争手段和竞争市场，金融创新能够使银行的服务与产品、业务流程和服务手段，超越现有传统意义上的服务边界，使商业银行全面提升综合能力，从而获取更显著的优势和资源。金融创新的重要依托和实现手段即科技力量的不断发展和变化，商业银行价值链、金融生态、供应链的流程整合和效率提升、系统构建等均需要科技力量的支持。通过不断的金融科技创新，极大提升了商业银行的运营效率和业务处理效率，降低了经营成本和业务成本，拓展了竞争空间，并在很大程度上提升了商业银行的风险管理能力。

3.1.1.3 金融市场环境影响因素

在中国加入世贸组织之后，随着对外资银行经营人民币业务领域的全面放开，以及金融市场主体多元化趋势的不断增长，商业银行经营主体和数量的不断增长，商业银行的金融市场竞争在不断加剧，我国银行业的金融市场呈现出向垄断竞争发展的趋势。

在现代金融业市场竞争中，对银行具有威胁性的企业主要有四类：①大型网络服务、电信运营商，它们利用高效率的网络服务、无障碍的电子技术手段，拥有了比银行业更为庞大和稳定的个人客户群，对商业银行的个人客户群形成威胁；②大型零售商，如具有高国际化程度大型连锁企业等，它们可以利用其国际化的销售网络，规模超大的企业客户群，对商业银行的公司业务、消费信贷业务形成威胁；③耐用消费品生产商，它们利用自身的资金优势和客户资源，拥有大型的财务公司，并提供企业消费信贷，对商业银行的信贷业务形成威胁；④非银行金融机构，如保险公司、证券公司、大型投资公司和财务公司等，它们以参股金融机构的方式，形成实质上的银行股东和出资人，进行银行经营，对商业银行的生存形成威胁。

3.1.1.4 社会公众认可影响因素

现代商业银行的竞争和发展，已逐渐突破传统业务和产品的约束和界限，进入到"以客户为核心"和"以人为本"的管理时代。商业银行只有向社会公众设计和提供出个性化、针对性的丰富金融产品和服务，满足了客户的需求，才能获取和赢取客户的认可。商业银行竞争目标的实现，依靠于有稳定和持续增长的客户资源，故对客户关系的营销和维护、拓展是商业银行业务工作的重中之重。

社会公众对银行的认可和信任，其根源来自商业银行所给客户带来的品牌形象和价值满意度，即商业银行能够在多大程度上满足客户的需求，以及客户对服务质量、服务效率和服务舒适度的期望。社会公众的认可度直接影响客户对银行产品及服务的情感接受度、价值判断力，从而影响商业银行的市场份额、投资回报，进而影响其经营和管理目标的实现。

3.1.2 内在影响因素构成分析

3.1.2.1 人力人才资源管理影响因素

现代商业银行的竞争，从本质上而言，是人才的竞争、人力资源的竞争。商业银行拥有人才的多少，直接决定商业银行的竞争潜力和竞争实力。目前，我国商业银行目前普遍具有"以人为本"的人力资源管理理念，在不断加强人力资源管理工作和专业人才的引进，将员工视为银行的宝贵"资产"和核心竞争力源泉。商业银行的管理和经营均需要依靠银行员工的行动来完成实现。

商业银行在进行人力人才资源管理时，需要着重考虑五方面因素：

1）商业银行员工综合素质。银行员工综合素质的高低直接体现和影响商业银行的声誉和形象，对商业银行核心竞争力的高低起着决定性作用。

2）员工的客户服务意识。商业银行应引导员工切实树立"以客户为核心"的服务意识，形成良好的银企关系、银客关系，这样才能有利于稳定和拓展客户资源。

3）专业人才引进的力度。目前商业银行高素质、高学历的专业性人才比例并不高，而商业银行是典型的学习型组织和知识型组织，专业性人才的工作能力与其知识储备之间是存在较强的正相关性，故商业银行需要进一步调整和优化现有员工的层次比例，提升综合知识和技能储备水平。

4）员工个人发展规划。目前我国商业银行普遍加强了对银行员工个人发展规划方面的关注度，需要继续运用企业文化和"人性化"管理手段，为员工提供具有"个性化"的职业规划设计，提升银行员工的"组织承诺"和忠诚度。

5）专业技能培训效果。商业银行需要合理安排培训时间、加大员工的技能和专业培训，同时更要关注和提升培训效果，以提高知识的转化成功率。

3.1.2.2 金融服务及技术创新影响因素

一个不能紧跟金融科技创新步伐的商业银行，是无法在激烈的金融竞争中立足和持续发展的。商业银行必须时刻关注和跟进金融科技发展变化，并将科技创新的成果吸收到自身的服务和经营中，才能在竞争中立于不败之地。

商业银行在进行金融服务技术创新时，需要着重关注以下影响因素：

1）软硬件技术领先性。商业银行要紧密关注信息技术的变化趋势，及时引进和更新银行业务和管理系统、设施设备，做好数据集中化、运营科技化、业务自动化和服务电子化。

2）科技投入的重视程度。商业银行高级管理层应加大银行科技方面的投入力度，一方面要建设自身的科技研发团队，形成自己的具有知识产权的高科技产品和业务系统、管理系统，另一方面要加大外部高科技技术的引进和购买，适应金融科技发展趋势和客户需求变化。

3）金融产品业务特点和客户营销服务模式。商业银行需要做好市场细分、客户细分研究，改革现有传统营销服务模式，向客户提供具有个性化、针对性的服务和产品。

4）银行总体服务环境。通过银行服务设备设施的更新、电子化程度的提高，不断改善银行总体服务环境，提升客户对银行的满意度和客户的服务舒适度。

3.1.2.3　金融市场及客户资源影响因素

商业银行在金融市场竞争中，需要清晰了解到金融市场主体的构成和变化，并需要运用相应的市场营销手段，制定相应的应对竞争对手的措施和方案，采取业务和服务合作、利益联盟等手段，维持和拓展客户资源，以保持和增强自身在金融市场环境中的竞争地位和竞争优势。

在金融市场客户竞争方面，商业银行需要着重关注以下因素：

1）企业文化及企业责任。企业文化和企业责任是商业银行实现经营目标和实施竞争的内在动因，商业银行需要以"以人为本"和"以客户为核心"的理念和价值观引导全行，实现竞争目标。同时，企业文化和企业责任的培养和提升是一个渐进的过程，也具有很强的路径依赖性，商业银行也需要注意企业文化的变革，适应金融竞争的需要。

2）市场和竞争策略定位和客户资源保有及拓展。商业银行需要在不断变化的金融市场和竞争环境中，调整和变革战略及策略，制定和实施具有前瞻性及战略性的营销、服务、管理策略，从而保持和拓展客户资源。

3）银行社会形象及声誉。商业银行应做好与社会公众的金融服务、产品方面的宣传，注重提升社会形象，维护好自身的声誉；同时，商业银行应构建有效、畅通的沟通渠道和机制，并要做好危机事件、突发事件的沟通和应对。

3.1.2.4　总体经营及管理水平影响因素

商业银行核心竞争力的培育和提升，需要商业银行练好"内功"，即全面提升商业银行总体的经营和管理水平。总体经营管理水平的不断提升，也就意味着商业银行核心竞争力具有良好的发展基础。

商业银行在进行自身金融服务创新时，需要着重关注以下影响因素：

1）银行公司治理结构。核心竞争力是诸多知识要素、人力资源要素、信息技术要素和环境要素的组合和应用，它需要良好和有效的载体——商业银行组织，故科学和合理的公司治理架构是核心竞争力培育和实现的重要组织保障。组织优化和组织效能的提高，将有利于核心竞争力的进一步提升。

2）风险管理与内部控制水平。商业银行是经营风险的特殊金融企业，风险管理和内部控制水平直接影响商业银行组织机体的健康程度，也直接决定了商业银行的服务成果和经营成果。商业银行应构建全面风险管理体系，运用风险控制技术和应对措施，做好风险定价和风险管理；同时要将内部控制意识贯穿于全行的各个经营和管理环节，全面提升自身的内控水平。

3）经营发展战略规划。商业银行需要根据自身内部情况和外部条件，不断调整经营发展战略。在具体的实施中，商业银行应基于市场目标选择、市场定位、产品需要特性和服务需求特点，进行科学定位和规划，从而最大的利用和创造优势资源，获取超额价值。

4）信息沟通途径机制。商业银行应构建与客户沟通、与社会沟通、与员工沟通的畅通和有效渠道和机制，渠道和机制应该是多方位、多路径的，而非单一化和形式化的。信息沟通的重要作用在于能够充分了解和获取不同范围、不同层次的信息反馈、意见建议，以便银行管理层能够及时修正决策、减少失误和误解，避免出现负面影响和不良认知。

5）绩效考核激励机制。由于当前的社会价值观处于多元化时期，商业银行处在多变复杂的金融环境和社会环境中，同时银行业界普遍存在的激励不足和激励过度两类问题，以上均在很大程度上会冲击和影响银行员工的价值观和激励认知。商业银行需要切实完善和调整绩效考核体系和激励机制，科学引导员工的价值观和激励认知，运用合理的绩效考核方式评估员工的贡献。

3.1.3 核心竞争力影响因素模型

基于以上对商业银行核心竞争力影响因素构成的分析，可以构建核心竞争力影响因素模型，如图3-1所示。

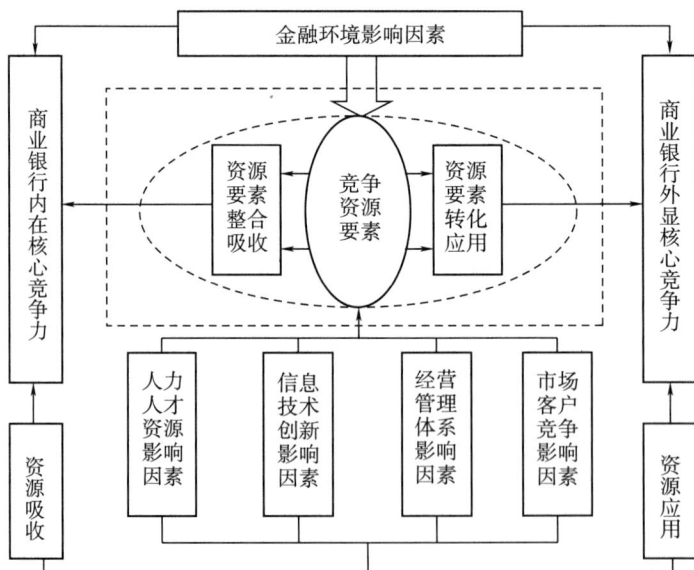

图 3-1 核心竞争力影响因素模型

3.2 核心竞争力能力影响因素调查设计与实施

商业银行组织是一个能力系统，商业银行核心竞争力的培育和提升亦是一个系统工程。商业银行组织在复杂金融环境中，面临着各种内、外部影响因素，这些因素均直接或间接影响商业银行核心竞争力的形成和竞争效果。在研究商业银行核心竞争力时，分析其影响因素对竞争力的影响度和因素之间的作用关系方面，基本上是属于主观指标范畴，不易获取定量化和现成的客观资料，故在本书中拟采用问卷调查的方法。

基于"第 2 章 商业银行核心竞争力内涵与特征"中对核心竞争力内涵、构成要素的论述，以及本章中关于内、外影响因素构建的分析论证，结合部分商业银行专家的建议和研究成果，本书设计了"商业银行核心竞争力状况及影响因素调查问卷"，以期探讨影响我国商业银行核心竞争力培育和提升的各影响因素的特点及作用关系，从而揭示我国商业银行核心竞争力的现状、存在的问题和特点。

3.2.1 调查研究样本选取

3.2.1.1 样本选取原则

本书所设计的"商业银行核心竞争力状况及影响因素调查问卷"将面向我国各类银行业从业人员进行抽样调查，来获取其对于商业银行核心竞争力及影响因素的认知情况、主观判断及看法，并运用相关的统计方法分析统计结果，并为"第 4 章 商业银行核心竞争力影响因素作用关系模型构建"做好建模基础工作。

抽样调查是指在全部被调查总体或群体中，以科学的方法随机抽取一部分受调查对象作为调查样本，然后根据受调样本实际观察值来对总体状况及相应指标变化进行推断，以实现对总体概况的预估和认知。[143]抽样调查是调查研究的主要方法，它具有以下特点：时间短、收效快；质量高、可信度好；省费用、易推广；应用范围广，所得资料内容较为丰富。相对于总体全面调查而言，抽样调查优势还在于：被调查对象数目相对较少，只是总体的一小部分，但通过对这一小部分的调查研究，研究者仍能够经济地、快速而准确、深入和广泛地认识总体特征。一般而言，对于有关群体生活变化、群体的态度倾向、价值判断和意见倾向性方面的调查，通常使用抽样调查方法。[144]由于对影响商业银行核心竞争力的具体因素的调查，总体上属于主观类评价和判断，故本书将根据被调查对象（商业银行从业人员）的特点，采取抽样调查方法作为主要研究方法。

一般而言，受调查者的数量控制对于抽样调查的结果和质量会产生非常重要的影响。学者桑德曼（Sonderman，1976）认为：地区性研究需要的平均样本人数为 500～

1000 人之间较为合适；全国性研究平均样本人数应在 1500～2500 人之间较为合适。[145] 多数学者认为，选取具有代表性的样本比选取不具代表性而仅仅人数众多的样本更重要；同时，在考虑抽样人数的同时，还必须考虑受调对象的行业特点、问卷发放与回收的方便性及经费等基本状况。[146-147]

邦斯巴（Boomsma，1982 & 1983）认为，400 个样本是最为适当的数目。[148] 廷斯利（Tinsley，1987）建议，在进行因素分析时，每个题项数与测度样本数比例大约为 1∶1 至 1∶10 之间。也有关研究学者采用统计学中的"首要规定"（rules of thumb），认为每一个变量对应 10 个样本或 20 个样本为佳。

本书在问卷中设计了 20 个核心竞争力影响因素（即设计变量）、设计了 40 道单项选择题与之相对应。根据以上原则，本书的调查问卷样本数量将计划回收 400 份以上，可以符合大样本的标准并作为研究依据。

3.2.1.2　样本选取情况

本书的研究对象为我国国内的商业银行，我国商业银行类型及银行经营网点数量众多、所分布地域广泛。需要指出的是，由于我国商业银行大多采取总行—分行—支行的层级式经营管理模式，在总行的统一模式下，不同地域的分支机构在组织架构、管理模式、业务经营范围和金融产品种类等各方面均具有相对的一致性和近似性，故对于商业银行核心竞争力的研究，适宜采取以商业银行的类型作为研究样本的抽取标准，而不宜采取地域作为划分标准。

目前，按照其经营规模、归属性质、业务特点，我国商业银行主要可以划分为以下类型：国有大型商业银行，包括工商银行、农业银行、中国银行、建设银行、交通银行五家，另外国家开发银行已转制成为国有型商业银行；股份制商业银行包括招商银行、中信银行、民生银行、光大银行、华夏银行、浦发银行、平安银行（含原深圳发展银行）、广东发展银行、兴业银行、浙商银行、恒丰银行和渤海银行十二家；城市银行金融机构包括北京银行、南京银行、天津银行等已经改制为股份制的地区性商业银行，以及正在改制过程中的城市信用社、城市合作银行等其他城市合作金融机构；农村合作金融机构包括农村信用社、农村商业银行、农村合作银行、村镇银行、农村资金互助社等以及中国邮政储蓄银行。

本书将以商业银行类别作为样本选取标准，进行问卷发放，以便获取比较全面的问卷信息，避免出现仅调查某一地域某一银行而出现的问卷信息片面单一、无法代表总体特征的问题。本研究中问卷发放对象将主要针对以上五大类商业银行，计划收回有效问卷总量为 400 份以上；同时，参考各类银行的重要性和机构数量原因，计划收回国有大型银行有效问卷约 200 份，收回股份制商业银行有效问卷约 100 份，收回其他 3 类银行有效问卷约 100 份。

3.2.2   调查问卷内容设计

调查问卷是为了达到调查目的和收集必要的数据，而设计出来的由一系列问题、备选答案及说明等组成的，向被调查者收集资料的工具；它具有客观性、简明性、真实性、反馈性和易于对资料进行统计处理和量化分析等特点。[149-150]本章需要利用调查问卷工具来获取研究中所涉及的各个因素特性，调查问卷的设计过程即是研究变量的提取过程。

3.2.2.1   问卷设计步骤

设计调查问卷需要遵循目的性、一般性、逻辑性、明确性、可授受性和易于分析处理等六项原则，[151]其目的是为了通过问卷更好地收集相关信息，因此本书在问卷设计过程中，按照六项原则的要求，参考其他文献关于问卷的设计方法，与商业银行业人士及风险管理人员进行讨论、座谈，并对问卷进行了试预调，反复修改，进行了问卷的删改、完善。具体过程如下：

步骤 1：影响因素初选

2012 年 4~5 月，搜集了有关商业银行核心竞争力及构成要素、影响因素的期刊文献、调查报告、专业书籍等资料，以及商业银行核心竞争力的博士、硕士相关论文文献等上百份资料，对文献资料中所分析到的商业银行核心竞争力的内在影响因素和外在影响因素等进行全面梳理和总结，归纳出金融技术创新、产品与服务创新等 30 余个二级影响因素指标，并将二级影响因素划分为人才资源管理、金融服务创新、经营与管理水平、银行监管程度、金融市场竞争程度、客户认可程度等 6 项一级影响因素指标。

步骤 2：影响因素调查和问卷设计

2012 年 6~7 月初，在影响因素初选的基础之上，同工商银行、华夏银行等总分行机构的部分管理层次员工和基层员工，就核心竞争力的认知和影响因素的具体设计和类型划分进行了座谈和讨论，获取了商业银行诸多基层员工对于核心竞争力的认知情况和切实想法。通过以上工作，初步掌握了核心竞争力能力方面的具体影响因素信息。

基于影响因素初选和调查基础之上，结合我国商业银行实际经营特点和情况，2012 年 7 月初步设计了以"人力资源层面、金融创新层面、经营管理层面、银行监管层面、市场竞争层面、社会及客户层面"等六个大类层次、30 个二级指标层次的影响因素指标体系。问卷题目初步设计了 60 道单选题，一道权重度评价题和一道开放型题目。

步骤 3：问卷初次试调及修订

2012 年 8 月中旬，将第一稿问卷委托工商银行北京分行及华夏银行石家庄分行相关部门及人员进行非公开预调，共计发放电子问卷及纸质问卷 25 份。在预调中，河北银监局、华夏银行石家庄分行给予了极大的支持和帮助，并在预调中提出了宝贵的建议和意见。预调问卷主要问题为一级和二级指标相对较多，选择题项过多，需要对指标进行再次凝练和精简，以重点突出商业银行核心竞争力影响因素的重要性和核心性，避免成为综合竞争力指标；同时，部分指标名称需要精练和能够反映出核心竞争力的特点。

2012 年 8 月底之前，参考第一次试调建议和意见，对第一稿问卷进行了完善和修改。将原设计中 6 个一级维度指标精简为"金融服务创新"、"人力及人才资源"、"经营管理水平"和"金融市场竞争" 4 个一级维度关键性指标，并对相应的二级指标进行了部分合并和删减，最终形成了"软硬件技术领先性"等 20 个二级重要影响因素指标；同时，将问卷的单项选择题数量由 60 题项缩减至 40 题项，并对应每个二级指标设计两个对应的单选题项。另外，还根据银行人员的建议，设计了"四选一"的针对四个一级维度指标哪项最重要的单项选择题。

步骤 4：问卷二次试调及修订

2012 年 9 月初，将修订后的第二稿调查问卷发送至工商银行、华夏银行的部分银行人员，进行第二次试调，共计发放电子问卷 15 份。第二次试调的效果明显好于第一次，从反映核心竞争力影响因素指标的重要度、逻辑性及题项答题时间等方面，得到了银行人员的认可和肯定，达到了预期调研目的。

根据第二次试调中银行人员给予的建议，对调查问卷中的个别二级维度影响因素指标名称和调查题项具体问法上进行了相应的修订。

步骤 5：问卷正式发放

2012 年 9 月底开始通过各渠道向各类商业银行人员发放电子问卷和纸质问卷，其中还有部分外资银行参与了调查。调查问卷的发放和回收时间持续了两个月，2012 年 11 月底结束。

3.2.2.2 问卷内容说明

本书研究对象为我国商业银行，研究内容为核心竞争力状况，故需要以核心竞争力的影响要素为研究起点。具体问卷设计内容如下：

（1）问卷内容设计

银行员工是商业银行组织的基本组成部分，他们是核心竞争力培育和实施的主体，同时对商业银行核心竞争力产生重要的影响。以股份制商业银行组织架构为例，主要可以划分为决策机构、执行机构和监督机构三个层次，决策机构主要包括股东大会、董事会及董事会下设的各委员会；执行机构主要包括行长以及行长领导下的各委员会、各业务部门和职能部门；监督机构主要指董事会下设的监事会。业务部门的银行人员主要是负责经办各项业务，直接面对客户提供金融服务和金融产品，职能部门的银行人员主要是实施内部管理，协助和协调各业务部门开展工作，为业务管理人员提供具体中后台服务和管理。[141]

在具体设计题目时，针对银行员工专业知识的掌握特点和答题时间长度的控制要求，将问卷中的问题设计为"比较选项题"、"单项选择题"、"补充问题"三种题型，问卷中比较选项题中嵌套了开放填写、因素重要度打分和四选一题。其中，核心竞争力因素重要程度评价题目以表格的形式给出，由受调银行人员按个人的经验或偏好判断重要度分值；对于核心竞争力的 4 项一级维度层次的重要性判断题型设计为单项选择题，即选择出一项最需要关注和重视的层次。单项选择题为五选一题型。总体而言，调查问卷的题目设计难度和题目数量均有利于受调银行员工进行识别和判断。

（2）问卷题支设计

在题支设计中，本调查问卷遵循了李克特（Likert）5 级量表的设计规则[152]进行题干设计，并根据统计和计算需要，将题干问题按照逻辑顺序排列（答案设计由正向逻辑到负向逻辑、即由程度最好到程度最差依次排序）。在问卷结果统计中，将对所选答案序号"①-⑤"：分别按照 5 分-1 分由高到低进行排序统计，即选择①即意味着逻辑判断正向程度最高，故得分分值为 5 分，其他依次类推。"请问您所在银行关于员工强制休假及年休假制度执行情况如何"题干中设计了"A. 很好"、"B. 比较好"、"C. 一般"、"D. 比较差"、"E. 很差"等 5 种题干，A 至 E 依次代表 5 分到 1 分分值。详见附录 A1。

在该问卷的第二题"比较选项题"和第四题"补充问题"中，分别设计了两道开放式题型，分别为"您认为，哪些是影响商业银行核心竞争力重要影响因素"和"您认为，目前商业银行在提升自身综合实力和核心竞争力的过程中，还存在哪些问题"，由受调银行员工根据自身的感知情况和答题偏好自由填写，也可以不填写，填写与否对问卷的统计质量并不构成任何影响，相反还会得到调查问卷规范题目以外的更多、更丰富的客观认知信息。

正式调查问卷包括 4 项一级维度因素指标，20 项二级维度因素指标，40 道调查问卷题项。其中，每一项一级维度因素指标对应 5 项二级维度因素指标，每一项二级维度因素指标对应 2 道单项选择测试题目，每一道单项选择测度题目作为直接测量因素测量受调者对于商业银行核心竞争力及影响因素方面的认知情况。问卷具体内容详见附录 A。

由于商业银行业务性质的特殊性，商业银行信息的敏感性，故不易采取团体直接回答方式，本调查问卷均为无记名问卷，发放方式主要采取了非见面式（通过电子邮件发送或信件寄送方式），配合个人访谈式（对单个银行人员当面发放问卷，答完即收回）和小范围团队调查式（请某一部门或营业机构的一部分银行员工同时填写完毕后及时集中回收）。

3.2.3 调查研究变量说明

根据第2章中关于核心竞争力内涵、构成要素及本章关于影响因素的论述分析，以及从问卷调研过程中所获取到的影响因素信息（详见附件中"商业银行核心竞争力的重要影响因素统计"），并参考有关核心竞争力影响因素文献资料[153-155]，在核心竞争力状况影响变量设计时，分别设置了"金融服务技术创新"、"人力人才资源管理"、"银行经营管理水平"和"金融市场竞争环境"四项一级维度影响因素指标，每项一级维度影响因素指标对应5项二级维度影响因素指标，共计20项二级维度影响因素指标（见表3-1）。

表3-1 商业银行核心竞争力影响因素指标

指标层次	指标名称	指标层次	指标名称
金融服务技术创新	软硬件技术领先性	人力人才资源管理	员工综合业务素质
	科技投入重视程度		员工客户服务意识
	金融产品业务种类		高级人才引进力度
	客户营销服务模式		员工个人发展前景
	银行总体服务环境		专业技能培训效果
银行经营管理水平	银行公司治理结构	金融市场竞争环境	内外部银行监管环境
	风险管理内部控制		企业文化及企业责任
	经营发展战略规划		市场和策略竞争定位
	信息沟通途径机制		客户资源保有及拓展
	绩效考核激励机制		银行社会形象及声誉

本书中"第四章 商业银行核心竞争力影响因素作用关系模型构建"将利用核心竞争力影响因素指标的相互关系构建结构方程模型，研究影响因素指标之间的作用关系，从而期望揭示商业银行核心竞争力的现状及客观规律，并从中探寻相应措施和解决方案。

3.2.4 调查问卷结果检验

从理论的观点来看，一个良好的测量工具（量表）应具有足够的效度和信度。信度和效度概念来源于心理测试中关于测验的可靠性和有效性研究，当建构和评估测量时，通常使用信度和效度这两个技术性指标。信度是指如果进行重复测量，量表所测结果的一致程度，良好的问卷设计需要保证在多次重复使用条件下始终可以得到可靠、真实的数据结果；效度是指量表测量的结果能够真正反映所要了解对象特征的真实程度，效度要求数据测量结果可以切实反映出所调查对象或事物的客观现实。

因此本问卷将进行统计学中的信度检验（reliability check）和效度检验（validity check）来评估调查问卷的测量能力，进而检验调查问卷设计质量。

3.2.4.1 调查问卷回收情况

本书所设计的调查问卷调查对象为我国各类商业银行员工（以银行名称及类型为问卷发放对象，不以地域划分发放标准），问卷发放和回收时间进行了两个月（2012年9月底至11月底），共计收回问卷726份，剔除无效问卷和不符合银行类别要求的问卷外，收回有效问卷合计595份，占问卷总数的82%。问卷中银行机构归属地分布于北京、上海、天津、河北、新疆、甘肃、河南、广东（深圳）、内蒙古、辽宁、黑龙江等11个省、直辖市、自治区。

各银行类别的有效问卷分类统计情况如表3-2和图3-2所示。从表3-2中可知，有效问卷数量达到了研究设计的必要要求量，可以进行下一步的研究。

表 3-2 各类型商业银行的有效问卷具体数量统计情况

银行类型	银行名称	有效问卷数量	银行类型	银行名称	有效问卷数量
国有大型商业银行	工商银行	102	股份制商业银行	华夏银行	19
	农业银行	52		招商银行	43
	中国银行	76		民生银行	13
	建设银行	67		中信银行	7
	交通银行	69		浦发银行	3
问卷合计		366		平安银行	1
城市商业银行	北京银行	57		兴业银行	6
	宁波银行	1		广发银行	2
	天津银行	1		光大银行	12
	上海银行	1		深发展银行	1
问卷合计		60	问卷合计		107
农村商业银行	北京农商银行	54	人民银行	人民银行石家庄中心支行	6
外资银行	渣打银行	1	邮政储蓄机构	北京邮政储蓄银行	1

问卷数量

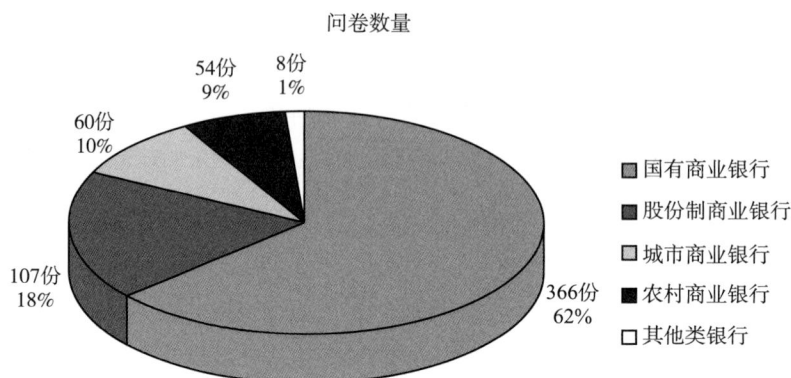

图 3-2　各类型商业银行的有效问卷数量及比例统计情况

3.2.4.2　问卷结果信度检验

调查问卷的信度检验，指的是对问卷测量结果准确性的分析，即对设计的问卷在多次重复使用下得到的数据结果的可靠性的检验[156-157]。在实际应用中，信度检验多以相关系数表示，常用的主要有重测信度、折半信度、克朗巴哈 α 信度和评分者信度等。

在实证研究中，对于数据信度的检验，学术界普遍采用内部一致性系数——克朗巴哈值（Cronbach's α）。[158-159]克朗巴哈检验在 SPSS 统计软件中的操作步骤如下：进入 SPSS 软件输入量表数据，然后选择 Scale，再选择 Reliability Analysis。需注意的是，在分析问卷数据信度时，要逐一分析潜在变量的信度；量表的内容效度是测量内容能够涵盖研究主题的程度。为保证内容效度可靠，最关键的是要在开发衡量工具时，遵守适当的程序和规则。

本书中选择克朗巴哈 α 系数进行检验。克朗巴哈（Cronbach）α 信度是对折半信度的改进，克朗巴哈 α 系数是目前最常用的信度系数，它用于测度量表内的一致性。其检验公式为：$\alpha=\dfrac{K\bar{r}_{ij}}{1+(K-1)r_{ij}}$，其中 K 表示问卷中的题目数，$\bar{r}_{ij}$ 表示量表题目间的相关系数 r_{ij} 的平均值，r_{ij} 为相关系数，其公式为：$r_{ij}=\dfrac{\varepsilon(x-\bar{x})(y-\bar{y})}{\varepsilon\sqrt{(x-\bar{x})^2(y-\bar{y})^2}}$；在衡量问卷信度时，可以参照表3-3，作为可信度高低的参考标准。一般认为，克朗巴哈 α 系数在 0.7 以上问卷的可信度较高[160]。

表 3–3　克朗巴哈 α 系数分布与信度对应关系

信度分布区间	可信程度
Cronbach's $\alpha<0.3$	不可信
$0.3\leqslant$ Cronbach's $\alpha<0.4$	勉强可信
$0.4\leqslant$ Cronbach's $\alpha<0.5$	可信
$0.5\leqslant$ Cronbach's $\alpha<0.7$	很可信（最常见）
$0.7\leqslant$ Cronbach's $\alpha<0.9$	很可信（次常见）
Cronbach's $\alpha\geqslant0.9$	非常可信

本书将所收回的 595 份有效问卷利用各变量所得分值获取分值矩阵，计算出相应的变量方差、所有题目总得分的方差以及各题目间相关系数，从而得到克朗巴哈 α 系数。问卷中所设计的 40 项单项选择题分值的检验结果如表 3–4 所示。

表 3–4　克朗巴哈 α 系数信度检验

问卷项目	克朗巴哈 α 系数	变量个数
单项选择题选择	0.945	40

将表 3–3 与表 3–4 对应可知，本书设计的问卷中问卷权重判断及问卷单项选择克朗巴哈 α 系数均>0.7，故问卷设计信度符合标准。

3.2.4.3　问卷结果效度检验

效度（validity）即有效性，它是指测量工具或手段能够准确测出所需测量的事物的程度。调查问卷的效度检验，指的是问卷测量结果有效性的分析，即对设计问卷的测量结果反映出应体现的客观现实程度的检验。效度分析有多种方法，常用的调查问卷效度分析方法主要有准则效度、难易效度、内容效度和结构效度等种类。依据效度检验方法的重要度，本书将主要进行内容效度和结构效度检验，不再进行难易效度和准则效度检验。

（1）内容效度检验及统计分析

1）内容效度检验。内容效度又称单项和总和的相关效度分析或逻辑效度，指调查问卷所设计的题项能否代表所要测量的内容或主题，内容效度常采用逻辑分析与统计分析相结合的方法。逻辑分析一般由研究者评判题项是否"看上去"符合测量的目的和要求；统计分析主要采用单项与总和相关分析法获得评价结果，即计算每个题项得分与题项总分的相关系数，根据相关性是否显著从而判断题项设计是否有效。

2）调查问卷统计分析。将收回的"商业银行核心竞争力状况及影响因素调查问卷"中的核心竞争力影响因素重要度排序值、单项选择题统计结果数据代入 SPSS 软件，运用该软件进行相应运算后，可得到重要度及单选题的效度检验统计分析结果。在统计分析中，取各题项得分与题项得分总和的皮尔逊相关系数（Pearson Correlation）和相应的显著性水平（采用双侧检验）。（注：由于具体数据运算过程及结果不易列出，故在此仅给出分析结果。）

运行 SPSS 软件后，得到的统计分析结果显示，重要度及单项选择题所有题项得分与题项得分总和间的显著性水平均符合要求，表明各影响因素及问卷问题间具有显著相关性，故认为所设计的指标因素及问卷题项通过了内容效度检验的统计分析。

（2）结构效度检验及检验过程

1）结构效度检验。结构效度是指测量结果体现出来的某种结构与测值之间的对应程度，该检验主要是将问卷中的每一题项作为一个变量，通过问卷调查结果对所有变量（题项）进行因子分析，提取一些较为显著的因子。因子分析的主要功能是从量表中的全部变量（题项）中提取一些公因子，这些公因子代表量表的基本结构。

通过因子分析方法，可以考查问卷是否能够测量出研究者设计问卷时假设的某种结构，从而根据各个题项在每个因子的负荷程度将研究问题分类。如果属于相同理论概念的题项都能归为同一因子，即符合理论概念的范围要求，则说明问卷有着很好的结构效度。

在因子分析的结果中，用于评价结构效度的主要指标有累积贡献率、共同度和因子负荷。累积贡献率反映公因子对量表或问卷的累积有效程度；共同度反映由公因子解释原变量的有效程度；因子负荷反映原变量与某个公因子的相关程度。因子分析中常采用 KMO 检验和 Bartlett 检验。

2）KMO 检验和 Bartlett 检验。在因子分析中，评价结构效度的主要指标有累积贡献率、共同度及因子负荷。累积贡献率反映公因子对量表或问卷的累积有效程度，一般认为，如因子提取较少且方差累积率较高（前两个因子累积贡献率>40%），则认为因子分析效度较好。共同度及因子负荷分别反映公因子原变量的有效程度和原变量与某项公因子 的相关程度，主要采取 KMO 检验和 Bartlett 球形检验实现测度。KMO 检验值取值范围在 0~1 之间，一般认为如果 KMO>0.5，运用因子分析得出的效度结果可以接受，具体为：0.6<KMO<0.7 为不太合适，0.7<KMO<0.8 为合适，0.8<KMO<0.9 为较为合适，KMO>0.9 为非常合适；Bartlett 球形检验值中，$P<0.001$ 说明因子的相关系数矩阵为非单位矩阵，即说明从因子中可以提取最少的因子，同时又能解释大部分的方差。

将 595 份有效调查问卷的单选题分值统计数据代入 SPSS 统计软件中进行因子分析，可得到相应效度分析结果，如表 3-5 所示。

表 3-5　调查问卷效度检验

问卷类型	KMO 检验值	Bartlett's 球面检验值	前三项因子的累积贡献率（%）
单项选择题选择	0.952	0.000	41.523

根据检验标准，由表 3-5 所示检验结果可知，问卷中单项选择题（40 道测试题）的因子分析中前三项因子累积贡献率超过 40%，故指标重要度排序及单项选择均符合检验标准，满足效度分析要求。

3.3　核心竞争力能力影响因素调查结果分析

3.3.1　影响因素构成调查结果分析

本书在调查问卷中第二题"比较选项题"中设计了开放式问题"您认为，哪些是影响商业银行核心竞争力的重要影响因素"。设计目的是，先行了解商业银行员工对于核心竞争力及影响因素的客观认知，避免之后影响因素指标题目对其认知的定向思维限制。

在 595 份有效问卷中，共计 520 份有效问卷答复了商业银行核心竞争力影响因素的个体构成内容，占全部问卷的 87%，回复率非常理想。在对问卷信息统计时，根据受调银行员工所填写的影响因素信息主要关键词进行频次分类统计，即统计填写信息中某类说法或因素认知的出现频次，以得出关键性影响因素，并可验证调查问卷所设计的核心竞争力影响因素是否科学和全面，并可同核心竞争力影响因素重要度的调查结果来进行印证。详细频次统计信息见附件"商业银行核心竞争力影响因素构成调查结果统计表"。统计结果的总体统计频次数据如表 3-6 所示。

表 3-6　商业银行核心竞争力影响因素构成统计结果频次统计

统计类型	人力人才资源管理	产品特色流程设计	金融服务技术创新	总体经营管理水平	金融市场竞争环境	网点分布地理位置	其他影响因素
频次	196	104	276	215	180	4	13

从表 3-6 中可以看出，调查中受调商业银行员工普遍认为的核心竞争力影响因素集中于"人力人才资源管理"、"产品特色流程设计"、"金融服务技术创新"、"总体经营管理水平"、"金融市场竞争环境"等五个类型。需要说明的是，"产品特色流程设计"在实质上属于"金融服务技术服务创新"类型，在统计中为了突出金融产品，故单独将其设置为统计类型。

其中，"金融服务技术创新"类型信息词出现频次最高，达276次，"产品特色流程设计"类型信息词出现频次为104次；"总体经营管理水平"类型信息词出现频次为215次，"人力人才资源管理"类型信息词出现频次为196次，"金融市场竞争环境"类型信息词出现频次为180次。从统计数据中可以看出，金融服务与技术创新是影响商业银行核心竞争力的最主要影响因素。对于该结果的印证，可以与之后题目中所设计的四项一级维度影响因素指标重要度的"四选一"题统计结果进行比对。

3.3.2 影响因素重要度调查结果分析

3.3.2.1 影响因素指标数值处理

本书在对20类二级维度影响因素指标的相对重要度进行分析时，需要根据所收回问卷中的二级指标重要度排序分值进行相关计算，以期从中探寻商业银行核心竞争力影响因素的管理重点和关注要点，为核心竞争力思路和管理策略提供借鉴。

统计分析具体步骤如下：第一，计算问卷四类共计20项二级核心竞争力影响因素指标排序得分平均值；第二，将重要度排序的平均值按所属组别进行数值归一化处理，其中，数值归一化计算公式为：$r_i = (x_i - x_{min}) / (x_{max} - x_{min})$，其中 $i = 1, 2, \cdots, m$，x_{min} 与 x_{max} 分别指某类影响因素指标的最小值和最大值；第三，运用归一化计算公式计算四类20项影响因素指标，得到其归一化排序值。如表3-7所示。

表3-7　核心竞争力影响因素指标重要度统计判别排序

指标层次	指标名称	归一化排序值	指标层次	指标名称	归一化排序值
金融服务技术创新	软硬件技术领先性	0.3222	人力人才资源管理	员工综合业务素质	1.0000
	科技投入重视程度	0.5356		员工客户服务意识	0.8163
	金融产品业务特色	1.0000		高级人才引进力度	0.4088
	客户营销服务模式	0.5816		员工个人发展前景	0.1642
	银行总体服务环境	0.0000		专业技能培训效果	0.0000
总体经营管理水平	银行公司治理结构	0.9249	金融市场竞争环境	内外部银行监管环境	0.2647
	风险管理内部控制	1.0000		企业文化及企业责任	0.5245
	经营发展战略规划	0.9390		市场和策略竞争定位	1.0000
	信息沟通途径机制	0.1080		客户资源保有及拓展	0.4657
	绩效考核激励机制	0.0000		银行社会形象及声誉	0.0000

3.3.2.2 影响因素指标特征具体分析

从表3-7中可以清楚看出核心竞争力影响因素指标的重要程度排序情况，"金融服务技术创新"层次中重要度最高的为"金融产品业务特色"指标;"人力人才资源管理"层次中重要度最高的为"员工综合业务素质"指标;"总体经营管理水平"层次中重要度最高的为"风险管理内部控制"指标;"金融市场竞争环境"层次中重要度最高的为"市场和竞争策略定位"。具体分析如下:

（1）金融服务技术创新层次因素指标重要度分析

问卷统计结果表明:首先,"金融产品业务特色"是"金融服务技术创新"层次中最重要的因素,这表明金融创新的首要工作和重要目的是需要向社会提供符合客户需求需要的产品,商业银行所设计和提供的产品应立足于不同的市场,能够服务不同的客户群体,具有个性化和针对性,而非大众化和一般化的服务。其次,"客户营销服务模式"和"科技投入重视程度"的重要度基本接近,这表明商业银行在金融创新方面还需要重视营销服务模式的改进,同时需要加大科技的投入力度,提升服务的科技含量和技术水平,以便为金融产品和金融服务提供良好的技术平台和操作平台。

（2）人力人才资源管理层次因素指标重要度特征分析

问卷统计结果表明:首先,"员工综合业务素质"是"人力人才资源管理"层次中最需要重视和关注的因素,员工综合业务素质的高低与否,对于人力资源管理效果和银行的经营管理而言,具有举足轻重的地位。其次,"员工客户服务意识"也是该层次中需要高度关注的因素,员工综合业务素质的体现之一,就是需要银行员工具有良好的客户服务意识,真正能够树立"以客户为中心"的服务理念和服务意识,这样银行员工才能实现用心服务和做好服务。相对于前两项因素而言,"高级人才引进力度"和"员工个人发展前景"这两项因素的重要度相对较弱,但商业银行并不能忽视这两方面的因素,因为员工是商业银行最宝贵的资产,人才的引进和员工职业发展规划是商业银行吸引人才、留住人才的关键。

（3）总体经营管理水平层次因素指标重要度特征分析

问卷统计结果表明:首先,"风险管理内部控制"是"总体经营管理水平"层次中最需要重视和关注的因素,这表明商业银行总体经营管理水平的重要体现即风险管理内部控制的水平,同时也说明受调商业银行员工已普遍树立了风险意识,并自觉内化于风险管理和内控管理中,认为风险管理内部控制水平的高低是直接制约和影响核心竞争力的关键因素。其次,"经营发展战略规划"和"银行公司治理结构"在该层次中的重要度也非常高,这说明商业银行在金融竞争中,需要基于长远和战略角度来考虑商业银行的可持续发展,同时需要适时做好公司治理结构的调整,以适应不断变化的竞争环境。

（4）金融市场竞争环境层次因素指标重要度特征分析

问卷统计结果表明:首先,"市场和竞争策略定位"是"金融市场竞争环境"层次中核心因素,这表明商业银行在金融竞争中,需要认真分析和研究目标市场和目标客户群体，做好市场细分和客户营销策略细分，不断调整竞争策略，以现代金融营销理念引领服务和产品，从而使其服务和产品能够具有更强的生命力。其次，"企业文化及企业责任"和"客户资源保有及拓展"也是该层次中的重要因素，这就要求商业银行需要重视企业文化的培育和构建，树立企业责任观，将企业文化和企业价值观贯穿于银行经营服务的始终，并要通过提供良好的产品和服务，运用科学的营销手段，来做好客户资源的保有和挖掘拓展。

（5）4项一级指标间的相对重要度特征分析

为判断核心竞争力4个一级维度影响因素指标的相对重要性，本书在调查问卷第2题"比较选项题"中特别设计了一道单项选择题目，题目内容为："您认为以上层次中，哪个层次是银行业和银行管理层最需要加大关注力度和重视程度，从而能够有效提升银行的核心竞争力水平（单选）"，题支分别为"金融服务技术创新"，"人力人才资源管理"，"总体经营管理水平"和"金融市场竞争环境"4个选项。

对590份有效问卷进行分析，结果表明：在回答哪个层次是"最需要加大关注力度和重视程度"的问卷中，选择选项1－"金融服务技术创新层次"的问卷为198份，占比为33.28%；选择选项3－"人力人才资源管理层次"的问卷为102份，占比为17.14%；选择选项2－"总体经营管理水平"的问卷为146份，占比为24.54%；选择选项4－"金融市场竞争环境层次"的问卷为149份，占比为25.04%（见图3-3）。

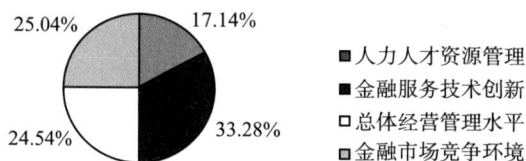

图3-3　核心竞争力影响因素一级指标重要度排序

从统计结果看，4项一级维度指标中最需要高度关注和重视的层次是"金融服务技术创新"，问卷的重要度排序结果与"3.3.1　影响因素构成调查情况"中开放题中的影响因素构成频次统计结果相吻合，也再次说明了商业银行核心竞争力的重要影响因素为金融服务技术创新。"金融市场竞争环境"和"总体经营管理水平"分别为重要度排序的第二、第三位，二者重要度基本相等；"人力人才资源管理"则相对于其他三项一级维度指标，重要度相对较弱。

根据影响因素构成问卷调查结果和四项一级维度指标的重要度统计结果可以初步判断，商业银行核心竞争力影响因素中最重要的影响因素为"金融服务技术创新"指标，商业银行核心竞争力的培育和提升应特别关注金融服务及技术创新。"总体经营管理水平"和"金融市场竞争环境"二者在核心竞争力中亦起着非常重要的作用,商业银行需要通过提升总体经营和管理水平,从而适应金融市场环境因素的变化和要求,以实现商业银行的金融服务技术创新为核心目标,以服务客户为根本目的,来最终实现商业银行的显著竞争优势和经营战略。同时,"人力人才资源管理"在培育和提升核心竞争力的过程中起着不可替代的作用,商业银行一切核心竞争力的培育过程和提升措施实施均需以人力及人才资源为实现载体,人力及人才资源是核心竞争力形成和提升的源泉。

3.3.2.3　指标因素对应单项选择题统计结果分析

595 份调查问卷的单项选择题得分平均值统计情况见表 3-8。

表 3-8　单项选择题得分均值统计

题项	得分	题项	得分	题项	得分	题项	得分
1	4.08	11	3.85	21	3.87	31	3.85
2	4.03	12	3.74	22	3.92	32	3.70
3	3.85	13	3.79	23	3.87	33	3.95
4	3.77	14	3.68	24	3.75	34	3.70
5	3.78	15	3.83	25	3.81	35	3.85
6	3.71	16	3.78	26	3.76	36	3.85
7	3.54	17	4.11	27	3.77	37	4.03
8	3.64	18	3.76	28	3.85	38	3.75
9	3.70	19	3.95	29	3.87	39	3.84
10	3.72	20	3.77	30	4.12	40	4.04

根据调查问卷设计题项得分较高题项(4 分以上)可以得到以下结论:

从题项 1 和题项 2 的得分分值结果可以看出,商业银行现有业务系统和管理系统的设备设施提供方面比较良好,具有较好的科技水平和运行效率,在银行设备设施(ATM、POS 设备、网上银行等)的投诉问题较少。

从题项 17 的得分分值结果可以看出,我国商业银行目前普遍加强对人力资源管理工作的重视程度,尤其加强了对员工及引进人才个人发展的规划和培训、培养工作,形成了较好的体系。

从题项 30 的得分分值结果可以看出,商业银行需要进一步完善和改进绩效考核和激励机制,以便充分调动员工的工作积极性和主动性。

从题项 37 的得分分值结果可以看出,商业银行普遍重视现有客户资源的维持和稳定，均能够认识到客户资源是商业银行实现经营目标和盈利的关键来源。

从题项 40 的得分分值结果可以看出，受调银行员工普遍认为自己所在银行的社会公众形象和声誉情况较好，这也从侧面反映了我国商业银行均很重视社会形象和品牌建设工作。

3.3.3 建议及意见调查结果分析

本书在问卷最后一题设计了一道开放式题目——"补充问题：您认为，目前商业银行在提升自身核心竞争力的过程中，还存在哪些问题？应该从哪些方面改善和提高"。该题目设计的目的主要是为了获取受调银行员工对于目前商业银行核心竞争力培育和提升方面所存在的问题，并期望能够获取改善和提升措施信息。

在回收的 595 份有效问卷中，有 439 份问卷指出了商业银行核心竞争力方面的问题意见或建议措施，占全部问卷比例的 73.78%。

3.3.3.1 核心竞争力存在的问题分析

经过对调查问卷中所提出的问题类信息进行筛选（剔除无效信息和无实质内容信息）后，共计 96 条重要有效信息。本书对受调银行员工所提出的问题进行了关键词和问题属性的频次统计（单条所提出的问题中建议意见中可能会包括不同的关键词和建议意见属性，频次相加会大于意见建议总数），总体统计信息如表 3-9 所示。

表 3-9 核心竞争力所存在问题调查信息频次统计

类型归属	问题类型属性	频次统计	类型归属	问题类型属性	频次统计
银行服务质量方面	服务设施设备问题	8	同业竞争及银行监管方面	同业竞争同质化问题	8
	流程改进及服务创新问题	17		金融监管及资本问题	10
	服务意识及服务效率问题	21	企业文化建设方面	企业文化培育构建问题	12
	管理与服务沟通问题	12	经营战略规划方面	金融竞争战略规划	9
	客户及产品需求问题	11	内部组织管理方面	绩效考核及激励机制问题	10
人力资源管理方面	员工素质及培训管理问题	20		内部治理及制度管理问题	12

由表 3-9 的核心竞争力所存在问题的频次统计结果可得到以下特点和情况：

1）在问题反馈中，受调银行员工对于"银行服务质量"方面所提出的问题频次最高，合计为 69 条。其中，针对"服务意识和服务效率"方面所提出的问题为 21 条，针对"流程改进及服务创新"方面所提出的问题为 17 条，这两方面的问题提出最为集中，客观反映了商业银行如果想提升核心竞争力，首先要重点关注和解决是的"以客户为中心"服务意识,其次要对现有商业银行业务和管理流程、环节进行创新和改进,从认识上和流程两方面切实提升服务效率。另外,"管理与服务沟通"、"客户及产品需求"和"服务设施设备"方面分别提出的问题有 12 条、11 条和 8 条,这也说明了商业银行在与客户、员工的沟通机制方面,以及产品需求定位和分析方面,以及银行设施设备的服务运转和技术先进性都存在相应的问题,制约了商业银行的服务质量。

2)受调银行员工对于"内部组织管理"所提出的问题频次为 22 次,其中"内部治理及制度管理"方面问题为 12 频次,"绩效考核及激励机制"方面问题为 10 频次。这两方面的问题集中说明商业银行核心竞争力的效果如何,关键要看商业银行的"内功",即如何理顺内部治理结构,如何制定符合银行发展目标且又能正确引导和激励员工的绩效考核制度,从而为商业银行的发展和员工的发展提供一个健康、有序的基础平台。

3)受调银行员工对于"人力资源管理"方面所提出的问题频次为 20 条,集中反映在银行员工的综合业务素质和人才引进,人员使用和银行培训效果等方面。从该问题的反映可以看出,我国商业银行在人力资源管理方面需要注重培训的效果、人才引进的质量,避免出现片面追求人员数量、人员关系而忽视人员素质的问题。商业银行竞争力的经营与管理均由员工承担和执行,良好的银行员工素质是培育和提升核心竞争力的源泉,有高素质的员工,商业银行必然有高效、高质的发展,核心竞争力的目标和效果才能得以体现。

4)受调银行员工对于"同业竞争及银行监管"方面所提出的问题频次为 18 条,其中同业竞争同质化问题 8 条,金融监管环境及监管资本方面问题 10 条。问题主要反映了目前商业银行在竞争中还存在着产品和服务个性化差异较同质化现象比较普遍的情况;同时,在金融监管方面,还需要加强竞争的规范和引导,合理计提和利用经济资本。

5)受调银行员工对于"企业文化培育构建"和"经营战略规划"方面所提出的问题频次分别为 12 条和 9 条。问题中主要反映了目前商业银行在企业文化构建方面还存在着理念与实践相脱节的现象,即企业文化还存在着仅停留在口头和形象标志上,并没有真正形成一个能在全行范围内广泛被认可和接受的价值观、以企业文化为导向,实施经营和管理的良好氛围;同时也反映了商业银行在竞争过程中,还存在着经营短视、经营近视情况,片面追求规模、追求存款数字,而忽视银行的持续发展和长期规划的问题。这些都在很大程度上影响商业银行的核心竞争力。

3.3.3.2　培育和提升建议措施分析

经过对调查问卷中针对核心竞争力培育和提升所提出的建议和措施信息进行了筛选(剔除无效信息和无实质内容信息)后,共计 269 条重要有效信息,占全部调查问卷的45.21%，详细信息见附录。本书对受调银行员工所提出的建议及措施进行了关键词和问题属性的频次统计（单条所提出的问题中建议意见中可能会包括不同的关键词和建议意见属性，频次相加会大于意见建议总数），总体统计信息如表3-10所示。

表3-10　核心竞争力培育和提升建议措施调查计信息频次统计

类型归属	建议措施类型属性	频次统计	类型归属	建议措施类型属性	频次统计
金融服务创新方面	服务意识、质量及效率	79	人力资源管理方面	员工素质提升	59
	服务与产品个性化设计	50		专业人才引进	12
	市场及客户细分研究	32	内部经营管理方面	绩效考核及激励制定	49
	设备设施服务环境提升	27		内部治理制度管理	47
	业务流程环节改进整合	12		风险管理及内控管理	32
	客户沟通及关系营销	8	外部竞争应对方面	经营战略和竞争模式调整	17
企业文化建设方面	人性化管理文化构建	17		注重声誉品牌形象宣传	15

由上表的核心竞争力建议措施频次统计结果可得到以下特点和情况：

1）在问题反馈中，"金融服务创新"方面所提出的建议措施频次最高，合计为208条。其中，"服务意识、质量及效率"方面所提出的建议措施为79条，建议内容认为商业银行在金融竞争中要切实树立企业经营意识和客户服务意识，注重提升银行的服务质量和经营效率、服务效率。服务意识、质量和效率是金融服务创新的重中之重。"服务与产品个性化设计"方面的建议措施达到50条，"市场及客户细分研究"方面的建议措施为32条，建议内容集中认为商业银行应"以客户为中心"，基于客户对于产品和服务的实际需求，切实了解金融市场和客户群体的特点，设计出能够满足不同层次和类型客户群体的个性化产品，并且要注重金融服务和产品的易理解和易认知性。

"设备设施服务环境提升"和"流程改进及服务创新"方面所提出的建议措施频次分别为27条和12条，客户沟通及关系营销方面的建议措施频次为8条，三类建议措施主要提出，商业银行应进一步改进服务环境，提升设备设施的科技水平和先进性，同时对现有银行业务流程和管理流程进行创新改进，以提升为客户服务的综合能力；另外，商业银行需要加强与客户的沟通，构建更为有效快捷的沟通路径，以充分了解客户对产品和服务的需求，在产品设计和服务方面能够提供个性化、针对性的服务，提升服务设备设施的先进性和人性化，尽最大可能为客户提供便利的服务条件。

从以上统计结果分析再次可以看出，金融服务及技术创新是直接影响商业银行核心竞争力的重要因素。商业银行必须要树立"以客户为中心"的服务理念和意识，并切实将该理念体现在金融服务及技术创新方面，才能真正让客户满意。

2）"内部经营管理"所提出的建议措施频次为 128 次，其中"绩效考核及激励管理"方面的建议措施为 49 次，"内部治理制度管理"方面的建议措施为 47 次，"风险管理及内控管理"方面的建议措施为 32 次。以上建议措施认为，想要长期保持商业银行的核心竞争力动力，需要对银行经营和管理进行科学的绩效考核和激励管理，这样才能为商业银行组织带来活力和创造性，科学的绩效考核和激励，会促使商业银行组织和员工在经营和管理中保持主动性和能动性；同时，加强风险管理和内控管理是为了给商业银行核心竞争力的培育提升"保驾护航"，良好的风险管理和内控管理可以使商业银行组织和银行员工在进行经营和管理中实现有序、有效运营，确保合规经营，最大程度避免非正常损失和风险。

3）"人力资源管理"方面所提出的建议措施频次为 71 条，其中，"员工素质提升"方面的建议频次为 59 条，"专业人才引进"方面的建议频次为 12 条。以上建议措施集中认为，商业银行应在激烈的金融竞争中，进一步完善人力和员工培养机制体系，在加大力度引进专业人才和高素质人才的同时，要下大力气关注和提升本行现有员工的业务素质和专业技能水平；同时，要注重银行员工的培训内容设计、培训时间安排和培训效果，全面提升银行员工的综合素质，并且要充分考虑员工的个人职业发展规划，为银行员工努力创建和营造良好的发展空间，稳定银行的员工队伍，从而确保核心竞争力的源泉。

4）"外部竞争应对"方面所提出的建议措施频次为 32 条，其中"经营战略和竞争模式调整"方面的建议措施为 17 条，"注重声誉品牌和形象宣传"方面的建议措施为 15 条。所提的建议措施中认为，商业银行应根据现代商业银行发展的特点、金融竞争环境的变化、产品和服务特性的转变，适时进行经营战略和竞争模式的调整，不能一成不变或始终保持传统的经营方式和经营理念；同时，建议措施中提出应注重自身的声誉和银行形象，保护和提升自身的无形价值，并及时进行形象宣传和舆论介绍，以使社会公众能够广泛认可和接受。

5）"企业文化培育构建"方面所提出的建议措施频次为 17 条。建议措施中主要提出商业银行应注重"人性化"的员工管理方式，并需要切实将企业文化的理念、价值观和实质内涵结合到员工管理中。商业银行应树立"以人为本"的企业文化理念，并真正落实到实处，落实在经营和管理的每个流程和环节中，从而为银行员工创造一个良好、和谐的工作氛围，并以此为引导，促使银行员工为了经营目标而共同努力。

3.4　本章小结

本章对商业银行组织所处的金融生态环境进行了深入分析，从外源和内源两个层面总结和分析出对核心竞争力产生重要影响的重要因素，其中重要的外在影响因素包括银行监管环境、金融科技创新、金融市场环境和社会公众认可度等，内在影响因素包括人力人才资源管理水平、金融服务及技术创新水平、金融市场及客户资源、总体经营及管理水平等影响因素。

基于对影响因素的总结和分析基础之上，本章以调查问卷的方式，对我国商业银行核心竞争力现状及影响因素进行了调查分析。首先，设计了"商业银行核心竞争力及影响因素调查问卷"，设定"金融服务技术创新"、"人力人才资源管理"、"银行经营管理水平"和"金融市场竞争环境"等 4 项一级指标和 20 项二级具体影响指标因素。

对回收的 595 份有效调查问卷进行统计分析。首先，对调查问卷中的各级指标重要度进行了判别统计，分析了 4 项一级维度重要性（即可根据该结果作为权重统计值），并分析得出"金融服务技术创新"指标的重要度和关注度为最高这一结论。其次，通过统计分析判别了各层次内部的各项二级指标重要度。再次，采用开放填写方式让受调银行人员对核心竞争力及影响因素进行主观补充填写，获取受调银行人员对核心竞争力培育和提升方面的观点和看法。最后，将受调银行人员对核心竞争力培育和提升所提出的意见和建议进行属性归属分析，运用频次分析法，对应调查问卷中所设计的问题进行初步的相关分析。

第4章 商业银行核心竞争力影响因素作用关系模型构建

4.1 影响因素作用关系模型构建

商业银行是一个复杂组织系统，商业银行核心竞争力是一个复杂能力系统，能力系统中的各项影响因素共同存在，相互作用。

本书运用调查问卷方法，已获取了受调银行员工对核心竞争力影响因素的构成、存在问题及建议措施等重要信息，在"第三章 商业银行核心竞争力影响因素分析"中，总结出 4 项一级维度和 20 项二级维度影响因素指标，并对一级和二级维度核心竞争力的影响因素指标体系的重要度进行了分析。在调查结果中，本书已获取"金融服务技术创新"是最需要受到关注和重视的层次，故本章将以该指标体系作为重点研究对象，研究其他 3 项一级维度的具体影响因素指标对其的作用关系。

4.1.1 结构方程模型介绍

结构方程模型（structural equation modeling，SEM）是一种通用的、主要的线性统计建模技术，它广泛应用于经济学、心理学、社会学、管理学等领域的研究。可以处理多个原因、多个结果的关系，在处理不可直接观测的变量方面（如潜变量），更有优势。[161]

结构方程模型是一种主要的线性统计建模技术，广泛应用于社会学、管理学、经济学和心理学等领域，它可以处理多原因、多结果的因素关系，对于不可直接观测的变量（潜变量）则更有处理优势。潜变量指不能准确和直接测量的变量，如满意度、认可度、接受度等。潜变量的测量方法是选用一定的外显指标，间接测量这些潜变量。传统统计分析方法在进行潜变量的处理中存在相当的难度和不足，而结构方程模型则能同时处理潜变量及其对应的测度指标。

本书在商业银行核心竞争力状况及影响因素调查问卷中所设计的核心竞争力影响因素，主要是通过受调银行员工的主观评价和认知判断而得到信息，基本上属于不可直接测度指标，不易实现精确测量。故利用结构方程建模，既可以有效地解决研究中涉及的变量无法直接测度问题，又可以解决变量测度的精确性问题。故本书将选用结构方程方法来建立核心竞争力影响因素模型。

4.1.2　结构方程模型构建

结构方程建模需要预先建立一个初始的模型，一般使用路径图（path diagram）将初始模型描述出来。路径图的描述应遵循的规则为：方型和矩形表示观测变量，圆形和椭圆形表示潜变量；变量之间的关系用连线表示，无连线表示变量之间无直接联系；单箭头表示变量之间存在因果关系，箭头从原因变量指向结果变量；双箭头表示变量之间具有关联，相互作用或影响的关系。

结构方程全模型的结构组织为测量方程和结构方程两部分。测量方程（measurement equation）描述潜变量与测度指标之间的关系；结构方程（structural equation），描述潜变量之间的关系。结构方程的潜变量又可分为两种：一种为外源潜变量（exogenous latent variable），其影响因素在模型之外，即 ε 变量；另一种为内源潜变量（endogenous latent variable），其影响因素在模型之内，即 η 变量。结构方程中的显变量也称为观测变量，它是可以直接测量的变量；在结构方程中，一般可利用可直接测量指标作为观测变量。具体公式如下所示：

$$测量方程：\begin{cases} y = \Lambda_y * \eta + \varepsilon \\ x = \Lambda_x * \xi + \delta \end{cases} \qquad 结构方程：\eta = B * \eta + \Gamma * \xi + \zeta$$

式中：x，y 分别为外源、内源指标向量；ξ、η 分别为外源、内源潜变量组成的向量。Λ_x 和 Λ_y 为因子负荷系数，分别表示外源指标与外源变量之间和内源指标与内源变量之间的关系。δ 和 ε 分别为观测变量 x 和 y 的测量误差，ζ 为潜变量的测量误差。B 和 Γ 是结构路径系数矩阵，其中 B 是内源潜变量之间的关系，Γ 是外源潜变量对内源潜变量的作用和影响。φ 是外源潜变量的方差协方差，Φ 是外源潜变量间的方差协方差矩阵，ψ 是结构方程潜变量测量残差 ζ 的方差协方差矩阵，$\Theta\varepsilon$ 和 $\Theta\delta$ 是观测变量的误差方差协方差矩阵（见图4-1）。

结构方程建模需要将调查问卷的样本数据对已设定模型参数进行估计，而且根据参数估计重新构建变量间的方差协方差，将重新构建的方差协方差（Σ）与观测方差协方差（S）尽可能匹配，其匹配程度即拟合样本数据的拟合度。

4.1.3　内外源潜变量设计

在核心竞争力影响因素调查问卷中，本书设计了4个一级维度指标和20项二级维

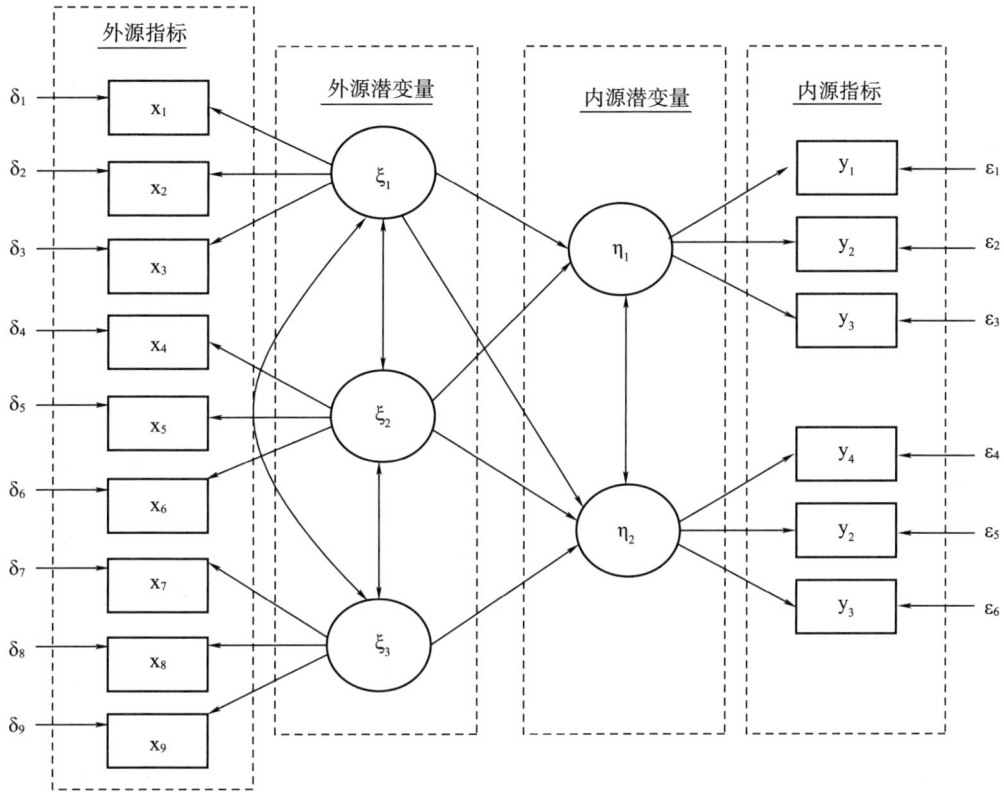

图 4-1　结构方程全模型示意图

度具体影响因素指标的指标体系。基于调查研究角度和指标特性，20 项具体影响指标因素均可视为结构方程中的潜变量。由于一级维度指标"金融服务技术创新"在核心竞争力影响因素中的重要度最高，故将该维度中的 5 项因素作为内源潜变量，其他 3个一级维度指标中的 15 项具体影响因素指标作为外源潜变量。在调查问卷中，本书根据 20 项影响因素所设计的相应题目分别作为 y 变量（外源潜变量）与 x 变量（内源潜变量），并为相应的潜变量赋值。具体过程如下：

首先，调查问卷设计了 40 道单项选择题，分别对应 20 个二级具体影响因素指标（包括 5 项内源潜变量指标和 15 项外源潜变量指标），即每两道单项选择题对应测度一个潜变量指标。其次，以收回的 595 份有效调查问卷测度结果作为研究基础数据，利用 SPSS 统计软件计算出相应的影响因素协方差矩阵。再次，利用 LISREL8.7 软件进行编程，将影响因素协方差矩阵代入编好的 LISREL 程序中进行运算，得到相应影响因素作用结果模型及统计数值。经过以上步骤，即可构建结构方程模型。本书中所使用的符号及符号说明见表 4-1 所示。

表 4-1　参数符号与符号名称对照表

符号名称	符号	符号含义	符号名称	符号	符号含义
KSI	ξ	外源潜变量	LAMBDA-Y	λ_y	指标（题项）在外源潜变量上的负荷
ETA	η	内源潜变量	LAMABA-X	λ_x	指标（题项）在内源潜变量上的负荷
BETA	β	内源潜变量间的相互影响	PHI	Φ	外源潜变量的协方差
GAMA	γ	外源对内源潜变量的影响	PSI	Ψ	内源潜变量的协方差

4.1.4　统计参数检验标准

使用结构方程所建立的新模型需要进行检验，以确定假设条件是否合理，如存在不合理因素，则需要予以修正，模型的适用性检验主要是通过不同类型的拟合指数进行。检验指标及相应的检验标准主要如下[147][162]：

1）卡方统计量（Chi-Square）与自由度（degree freedom，DF）比值。该比值越小，说明假设模型与现实情况拟合越好，其公式为：$\chi^2 = (N-1) \times F$，N 为样本数量，F 为适配函数的最小值。美国社会统计学家卡米尼斯和马克·依维尔（Camillis & Mark Vaile，2008）认为，卡方值与自由度值之比在 2∶1～3∶1 之间是较为理想的、可接受的。

2）显著性水平 P 值。一般情况下，P 值小于 0.1 说明模型拟合情况较好。

3）模型适配指数。一般包括"规范拟合指数（NFI）"、"不规范拟合指数（NNFI）"、"比较拟合指数（CFI）"、"增量拟合指数（IFI）"、"拟合优度指数（GFI）"、"调整后的拟合优度指数（AGFI）"、"相对拟合指数（RFI）"、"均方根残差（RMR）"、"近似均方根残差（RMSEA）"等。

一般学术界普遍认为在大样本情况下，NFI、NNFI、CFI、IFI、GFI、AGFI、RFI 大于 0.9、RMR 小于 0.035、RMSEA 值在 0.05～0.08 之间，表明模型与数据的拟合程度较好；Steiger（1990）认为，RMSEA 值小于 0.05 表示模型具有非常好的拟合。

4.2　核心竞争力结构方程模型构建

4.2.1　内源变量与外源变量确定

本书以"金融服务技术创新"指标中的 5 项具体影响因素指标作为模型的内源潜变量，以"人力人才资源管理"、"总体经营管理水平"和"金融市场竞争环境"等 15 项具体影响因素指标作为模型的外源潜变量，构建核心竞争力影响因素模型。具体变量指标及变量符号见表 4-2 所示。

表 4-2　模型内外源潜变量指标及符号

指标层次	符号	变量指标名称	指标层次	符号	变量指标名称
金融技术服务创新	η_1	软硬件技术领先性	人力人才资源管理	ε_1	员工综合业务素质
	η_2	科技投入重视程度		ε_2	员工客户服务意识
	η_3	金融产品业务特色		ε_3	高级人才引进力度
	η_4	客户营销服务模式		ε_4	员工个人发展规划
	η_5	银行总体服务环境		ε_5	专业技能培训效果
总体经营管理水平	ε_6	银行公司治理结构	金融市场竞争环境	ε_{11}	内外部银行监管环境
	ε_7	风险管理内部控制		ε_{12}	企业文化及企业责任
	ε_8	经营发展战略规划		ε_{13}	市场和竞争策略定位
	ε_9	信息沟通途径机制		ε_{14}	客户资源保有及拓展
	ε_{10}	绩效考核激励机制		ε_{15}	银行社会形象及声誉

4.2.2　内源变量与外源变量假设

基于核心竞争力对于影响因素的相关文献分析，并结合本书中的前述调查，研究对模型所涉及的内源潜变量与外源潜变量可能存在的关系做了如下初始假设：

4.2.2.1　内源变量之间相互作用假设

5 项内源潜变量分别为"η_1 软硬件技术领先性"、"η_2 科技投入重视程度"、"η_3 金融产品业务特色"、"η_4 客户服务营销模式"和"η_5 银行总体服务环境"，基于各项内源潜变量的特性分析，具体假设如下：

假设 H_{11}："η_1 软硬件技术领先性"是商业银行要对现有银行服务设施及金融信息技术服务手段进行引进和更新的程度，以及在数据集中化、运营科技化、业务自动化和服务电子化的实现水平。商业银行对科技投入的重视程度越高，投入力度越大，这种技术领先性也就相应的越高。故从逻辑上可以判断：科技投入重视程度会影响软硬件技术领先性，即 η_2 会影响 η_1。

假设 H_{12}："η_2 科技投入重视程度"是商业银行高级管理层根据市场需求和产品服务能力、特点，在科技研发、IT 信息建设投入、金融服务设备设施购置、业务系统和管理系统更新等方面的重视程度。而商业银行在向客户和市场提供金融服务和产品时，往往需要能够支持和支撑的设备设施及相关系统，故将会促使高级管理层增加重视程度。故从逻辑上可以判断：金融产品业务特色会影响科技投入重视程度，即 η_3 会影响 η_2。

假设 H_{13}："η_3 金融产品业务特色"是指商业银行为客户和市场所设计和提供的产

品特点，主要表现在服务和产品的个性化和针对性方面。商业银行所开展的业务及提供产品需要"以客户为中心"，并且要符合市场特点和竞争变化。商业银行进行业务处理和产品提供需要有先进的科技平台作为支持，同时软硬件技术的领先性也会为商业银行对外给提供更多、更丰富和更具有知识含量、高科技含量的产品与服务奠定基础。故从逻辑上可以判断：软硬件技术领先性会影响金融产品业务种类，即 η_1 会影响 η_3。

假设 H_{14}："η_4 客户服务营销模式"是指商业银行进行选择客户、分析客户、确定客户、拓展客户的策略和方式，它需要商业银行深入分析和了解客户及市场的需求变化，做好市场细分、客户细分研究，从而向客户提供具有个性化、针对性的服务和产品。良好的银行服务环境将会为商业银行进行营销时提供基础支持，为客户提供良好的服务氛围。故从逻辑上可以判断：银行总体服务环境会影响客户服务营销模式，即 η_5 会影响 η_4。

假设 H_{15}："η_5 银行总体服务环境"是商业银行为客户所提供的服务手段、硬件设备和软件设施的网络及电子化程度，以及营业场所、员工服务态度的和谐性和友好性。商业银行的服务环境需要具备良好环境的营业场所，高效率的科技服务手段，故它需要商业银行高级管理层重视服务手段的更新，加大科技方面的投入力度，以为客户提供良好的服务环境。故从逻辑上可以判断：科技投入重视程度会影响银行总体服务环境，即 η_2 会影响 η_5。

4.2.2.2 内源变量与外源变量之间相互作用假设

（1）假设 H_{21}：外源潜变量对"η_1 软硬件技术领先性"的影响

从人力资源管理角度和关联关系判断可以假设：软硬件技术是否能够领先的实际效果，应与"员工综合业务素质"、"高级人才引进力度"，以及银行"专业技能培训效果"有关联作用。从经营管理水平角度和关联关系判断来看，软硬件技术的领先与否，应与"银行公司治理架构"、"风险管理内部控制"、"经营发展战略规划"、"信息沟通途径机制"有关联作用。从"金融市场竞争环境"来看，软硬件技术的领先与否，与"内外部银行监管环境"、"客户资源保有及拓展"和"银行社会形象及声誉"等因素相关联。

（2）假设 H_{22}：外源潜变量对"η_2 科技投入重视程度"的影响

从人力资源管理角度和关联关系判断可以假设：科技投入的重视与否，应与"员工综合业务素质"、"员工客户服务意识"、"高级人才引进力度"，以及银行"专业技能培训效果"有关联作用。从经营管理水平角度和关联关系判断来看，科技投入的重视程度，应与"银行公司治理架构"、"风险管理内部控制"、"经营发展战略规划"、"信息沟通途径机制"、"绩效考核激励机制"有关联作用。从"金融市场竞争环境"来看，科技投入的重视程度，与"内外部银行监管环境"、"市场和竞争策略定位"、

"客户资源保有及拓展"和"银行社会形象及声誉"等因素相关联。

（3）假设 H_{23}：外源潜变量对"η_3 金融产品业务特色"的影响

从人力资源管理角度和关联关系判断可以假设：金融产品业务是否能够具有特色，应与"员工综合业务素质"、"员工客户服务意识"、"高级人才引进力度"，以及银行"专业技能培训效果"有关联作用。从经营管理水平角度和关联关系判断来看，金融产品业务是否能够具有特色，应与"银行公司治理架构"、"经营发展战略规划"、"绩效考核激励机制"有关联作用。从"金融市场竞争环境"来看，金融产品业务是否能够具有特色，与"内外部银行监管环境"、"企业文化及企业责任"、"市场和竞争策略定位"和"客户资源保有及拓展"等因素相关联。

（4）假设 H_{24}：外源潜变量对"η_4 客户服务营销模式"的影响

从人力资源管理角度和关联关系判断可以假设：客户服务营销模式的合理与否，应与"员工综合业务素质"、"员工客户服务意识"、"高级人才引进力度"，以及银行"专业技能培训效果"有关联作用。从经营管理水平角度和关联关系判断来看，客户服务营销模式的合理与否，应与"银行公司治理架构"、"风险管理内部控制"、"经营发展战略规划"、"信息沟通途径机制"有关联作用。从"金融市场竞争环境"来看，客户服务营销模式的合理与否，与"内外部银行监管环境"、"企业文化及企业责任"、"市场和竞争策略定位"和"客户资源保有及拓展"等因素相关联。

（5） H_{25}：外源潜变量对"η_5 银行总体服务环境"的影响

从人力资源管理角度和关联关系判断可以假设：银行总体服务环境的改善和提升，应与"员工综合业务素质"、"员工客户服务意识"、"员工个人发展前景"及"专业技能培训效果"有关联作用。从经营管理水平角度和关联关系判断来看，银行总体服务环境的改善和提升，应与"风险管理内部控制"、"经营发展战略规划"、"绩效考核激励机制"有关联作用。从"金融市场竞争环境"来看，银行总体服务环境的改善和提升，与"内外部银行监管环境"、"企业文化及企业责任"、"市场和竞争策略定位"、"客户资源保有及拓展"和"银行社会形象及声誉"等因素相关联。

4.2.3　结构方程初始模型构建

本书根据以上假设及构造的内源变量、外源变量，并调用核心竞争力 40 道题项形成的协方差矩阵（矩阵见附录 B1），使用 LISREL 8.7 软件构建了"商业银行核心竞争力影响因素变量作用关系"结构方程全模型，初始模型源程序代码见附录 B2。

（1）模型及拟合参数分析

经过模型运算，得出了商业银行核心竞争力影响因素变量作用关系模型。具体如图 4-2 所示。

模型的各统计参数值，具体如表 4-3 所示：

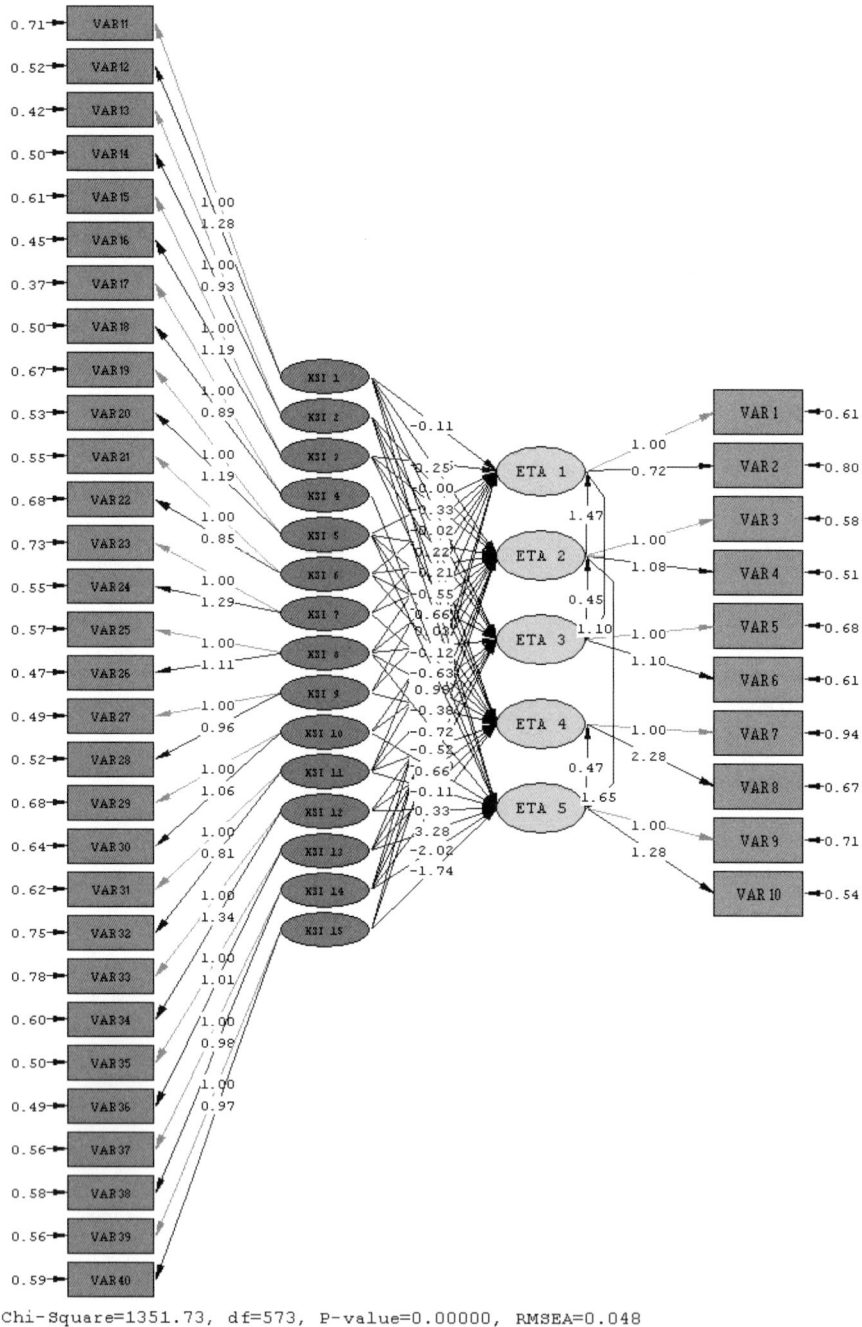

Chi-Square=1351.73, df=573, P-value=0.00000, RMSEA=0.048

图4-2　商业银行核心竞争力影响因素变量作用关系初始模型

表4-3　结构方程初始模型主要检验参数

Chi-Square	DF	χ^2/df		P	RMSEA	RMR
1351.7310	573	2.3590		0.00000	0.04783	0.04207
NFI	NNFI	RFI	IFI	CFI	AGFI	GFI
0.9710	0.9772	0.9605	0.9833	0.9832	0.8538	0.8978

模型同结构方程模型主要检验参数表4-3可知，$\chi^2 = 1351.7310$，$df = 573$，χ^2/df值为2.3590，说明模型的贴近度非常好；近似均方根残差值RMSEA为0.04783，低于统计最优值限0.05，表明模型与数据的拟合程度很好；均方根残差RMR值为0.04207，与理想值0.035之间存在很小差距。模型总体上较为理想，拟合情况良好。

4.2.4　结构方程模型修正优化

4.2.4.1　修正因子负荷系数 λ_y

根据结构方程模型中关于因子负荷系数 λ_y 的MI修正建议值大小以及题项与因素间的逻辑关系，对因子负荷系数 λ_y 进行相应调整（见表4-4）。

表4-4　模型参数 λ_y 建议调整值

测量变量	ETA1	ETA2	ETA3	ETA4	ETA5
VAR08	0.0934	0.0148	1.4936	–	23.4870
VAR10	0.1524	0.5943	7.2911	11.9318	–

由上述修正建议表分析可知：

VAR5测度题项在因子ETA5上的MI值为23.4870，显示其对ETA5的支持关系非常紧密。调查问卷中的ETA5为"金融服务技术创新"维度中的"银行总体服务环境"指标变量，VAR5题项内容为"请问您所在银行的主要金融产品是否能够符合客户的需求，具有定制化、个性化服务等特点或优点"，从逻辑上可以推断，商业银行如能够提供良好的产品与服务，即可提升银行的总体服务水平和服务环境，故VAR5测度题项支持ETA5的作用关系成立。

VAR10测度题项在因子ETA4上的MI值为11.9318，显示其对ETA4的支持关系非常紧密。调查问卷中的ETA4为"金融服务技术创新"维度中的"客户营销服务模式"指标变量，VAR10题项内容为"请问您认为，您所在银行的银行服务环境改善程度如何？"从逻辑上可以推断，商业银行服务环境越好，各项服务的设备设施越完善，即能够为商业银行提供良好的客户营销和服务平台，故VAR10测度题项支持ETA4的作用关系成立。

在进行两次因子负荷系统的修正后，具体修正后的统计参数值如表4-5所示。

表4-5　模型建议参数 λ_y 调整过程及修正结果

修正路径及步骤	χ^2	df	χ^2/df	P	RMSEA	RMR
VAR08-η_5	1278.2956	572	2.2348	0.0000	0.04567	0.04063
VAR10-η_4	1257.2652	571	2.2019	0.0000	0.04480	0.04038

从表4-5分析可知，经过修正后，模型的主要参数有了较明显的改善。Chi-Square=1257.2652，df=571，df从初始模型的2.3590下降至2.2019，RMSEA和RMR也有了较明显的下降改善。

在经过修订之后，模型中VAR变量与ETA因子之间的关系系数无明显突出值（系数值已全部小于10），故对内源变量因子负荷系统的调整过程即可结束，可以继续外源变量因子负荷系数值的优化和修订。

4.2.4.2　修正因子负荷系数 λ_x

根据结构方程模型中关于因子负荷系数 λ_x 的 MI 修正建议值的大小及题项与因素间的逻辑关系，对因子负荷系数 λ_x 进行相应调整。具体调整过程及修正后结果值见表4-6所示。

表4-6　模型建议参数 λ_x 调整过程及修正结果

修正路径及步骤	χ^2	df	χ^2/df	P	RMSEA	RMR
VAR29-ε_9	1225.2509	570	2.1496	0.00000	0.04384	0.03692
VAR33-ε_{10}	1186.5331	569	2.0853	0.00000	0.04213	0.03568
VAR20-ε_2	1167.2955	568	2.0551	0.00000	0.04149	0.03506
VAR14-ε_8	1149.3422	567	2.0271	0.00000	0.04069	0.03466
VAR39-ε_2	1133.9059	566	2.0034	0.00000	0.04024	0.03395
VAR15-ε_7	1118.8851	565	1.9803	0.00000	0.03982	0.03343

由表4-6可知，经过对外源变量因子的修正后，模型的主要参数得到进一步的优化和改善。同时，修正模型中MI修正建议值也没有较大值（关系系数值均小于10），并且即使存在较大MI值但作用关系并不符合逻辑关系时，模型参数修正即可终止。

4.2.4.3　修正后模型及参数值

经过相关修正后，模型优化后所得到的模型源代码程序见附录B3，修正后的模型如图4-3所示。

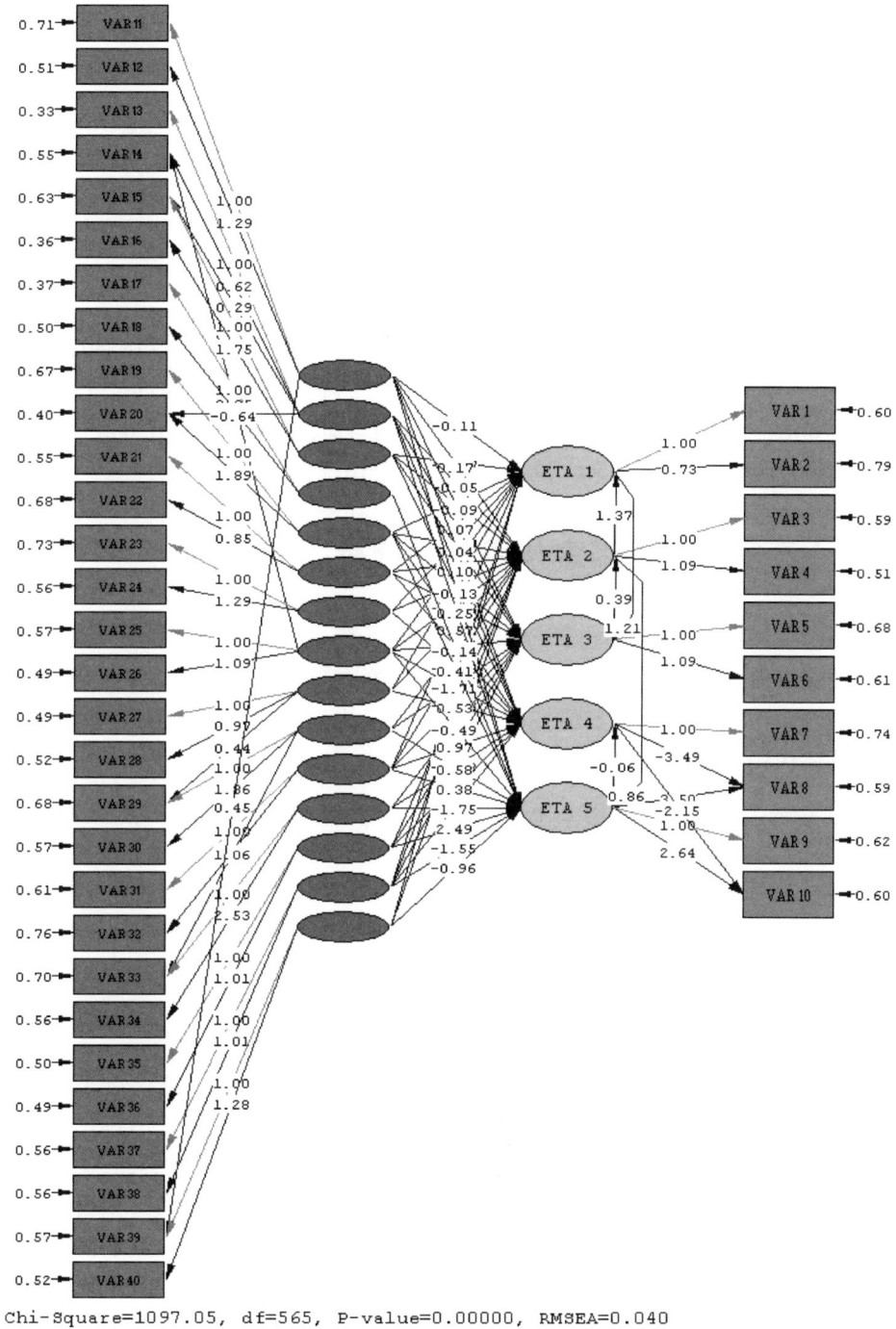

Chi-Square=1097.05, df=565, P-value=0.00000, RMSEA=0.040

图 4-3　商业银行核心竞争力影响因素变量作用关系优化模型

修正后的模型统计参数值如表 4-7 所示。

表 4-7　结构方程优化后原模型主要检验参数

Chi-Square	DF	χ^2/DF		P	RMSEA	RMR
1118. 8851	565	1. 9803		0. 0000	0. 03982	0. 03343
NFI	NNFI	RFI	IFI	CFI	AGFI	GFI
0. 9755	0. 9830	0. 9662	0. 9877	0. 9877	0. 8773	0. 9155

从上表中可以看出，模型经优化修正后，χ^2 值 1351. 73 下降至 1118. 89，模型 χ^2/df 值由 2. 3590 下降至 1. 9803，RMSEA 值由 0. 04783 下降至 0. 03982（远优于拟合最优限值 0. 05），RMR 值由 0. 04207 下降至 0. 03343（优于拟合最优限值 0. 035），总体上优化修正后的统计参数值十分理想，说明该模型拟合情况良好。

4.3　核心竞争力影响因素作用关系分析

本书通过运用结构方程模型方法构建和验证了核心竞争力影响因素指标变量之间的作用。现通过对优化修正后"商业银行核心竞争力影响因素作用关系"SEM 模型所得出的变量间作用关系统计参数值，来进一步分析构建模型时所做的假设关系是否成立，以及具体作用关系情况。

4.3.1　内源变量间相互作用分析

从结构方程模型中可以得到内源潜变量间相互影响作用关系统计参数值（见表 4-8），由此可分析商业银行核心竞争力一级维度"金融服务技术创新"中的五项影响因素指标（内源潜变量）之间的作用关系情况。

表 4-8　内源潜变量之间的相互影响作用值

内源潜变量	ETA1	ETA2	ETA3	ETA4	ETA5
ETA1		1. 3720 (0. 4883) 2. 8098			
ETA2			0. 3994 (0. 2490) 1. 5839		

续表

内源潜变量	ETA1	ETA2	ETA3	ETA4	ETA5
ETA3	1. 2109 (0. 4565) 2. 6527				
ETA4					−0. 0595 (0. 7434) −0. 0800
ETA5		0. 8560 (0. 4924) 1. 7385			

注：表中 ETA 变量栏中第一行是（未标准化的）参数估计值，第二行为路径系数，第三行是 t 值。根据结构方程中的统计学参数要求，当 t 检验值>1.96 时，表明二者之间的影响作用关系值通过显著性检验，且在 0.05 的显著水平下；表中参数值前面如有"−"符号（负号），即表示施加作用变量因素对受作用变量的因素产生反向作用。

从以上分析可知，内源变量之间的影响作用关系假设有两项成立，其他三项假设则不成立，具体内源潜变量间相互影响的作用情况分析如下：

（1）"η_1 软硬件技术领先性"影响假设分析

统计参数值表明：模型支持 η_2 影响 η_1 的 H_{11} 假设，即"科技投入重视程度"会对"软硬件技术领先性"产生显著的影响作用关系，且影响作用方向为正向。

分析说明：商业银行在科技方面的投入重视程度越高，越能提升软硬件技术领先性，从而为核心竞争力的提升提供技术性保障。

（2）"η_2 业务素质与操作技能"影响假设分析

统计参数值表明：模型并不支持 η_3 影响 η_2 的 H_{12} 假设，即"金融产品业务特色"并不会对"业务素质与操作技能"产生明显或直接的影响作用关系。

（3）"η_3 金融产品业务特色"影响假设分析

统计参数值表明：模型支持 η_1 影响 η_3 的 H_{13} 假设，即"软硬件技术领先性"会对"金融产品业务特色"产生显著的影响作用关系，且影响作用方面为正向。

分析说明：商业银行在软硬件方面服务设施设备、业务系统方面的领先性越高，越有利于设计和开发出有特色的金融产品和业务，越能为客户提供更符合需要的产品和服务。

（4）"η_4 客户营销服务模式"影响假设分析

统计参数值表明：模型并不支持 η_5 影响 η_4 的 H_{14} 假设，即"银行总体服务环境"并不会对"客户营销服务模式"产生明显或直接的影响作用关系。

（5）"η_5 银行总体服务环境"影响假设分析

统计参数值表明：模型基本上不支持 η_2 影响 η_5 的 H_{15} 假设，即"科技投入重视程度"并不会对"银行总体服务环境"产生明显或直接影响。

4.3.2 内外源变量间相互作用关系分析

从结构方程模型中可以得到外源潜变量对内源潜变量相互影响作用关系统计参数值（见表4-9），由此可分析商业银行核心竞争力其他 15 项外源变量对 5 项内源变量之间的影响作用关系情况。

表4-9 外源潜变量对内源潜变量的影响作用值

内源潜变量	KSI11	KSI12	KSI13	KSI14	KSI15
ETA1	−0.1131 (0.2512) −0.4504	−		0.1479 (0.2152) 0.6872	−0.2787 (0.2254) −1.2363
ETA2	0.2602 (0.2525) 1.0303	−	−0.9813 (0.5530) −1.7746	0.5076 (0.338) 1.4347	0.4457 (0.4233) 1.0528
ETA3	−0.2627 (0.3071) −0.9204	−0.1298 (0.5930) −0.2188	1.2584 (0.6262) 2.0097	−0.8686 (0.5503) −1.5785	−
ETA4	−3.1838 (3.0059) −1.0592	−3.1838 (3.0059) −1.0592	1.6072 (1.5403) 1.0435	−1.2087 (1.1368) −1.0632	−
ETA5	−1.7522 (1.8096) −0.9683	−1.7522 (1.8096) −0.9683	2.4938 (1.2233) 2.0386	−1.5482 (0.7816) −1.9809	−0.9593 (0.6434) −1.4909

注：表中 ETA 变量栏中第一行是（未标准化的）参数估计值，第二行为路径系数，第三行是 t 值。根据结构方程中的统计学参数要求，当 t 检验值>1.96 时，表明二者之间的影响作用关系值通过显著性检验，且在 0.05 的显著水平下；表中参数值前面如有"−"符号（负号），即表示施加作用变量因素对受作用变量的因素产生反向作用。

注：本表直接列出通过统计学检验的变量栏位。

对表4-9 中统计参数检验支持的外源潜变量对内源潜变量的影响作用假设进行分析，可得出如下结论：

（1）"η_3 金融产品业务特色"影响假设分析

统计参数值表明：模型支持 ε_{13} 影响 η_1 的 H_{23} 假设，其他因素对 η_3 影响不明显，即"市场和竞争策略定位"会对"金融产品业务特色"产生直接和显著的影响作用关系，且影响作用方向为正向。

分析说明：商业银行需要对市场和客户的需求变化进行充分的分析和研究，做出科学、前瞻性的市场和竞争策略定位，这样才能形成自身具有特色和针对性的金融业务产品和服务，进而实现金融创新和经营目标。市场和竞争策略定位越准确越合理，越能有助于商业银行设计出更符合市场需要和客户需求的个性化产品和服务，越有利于提升核心竞争力。

（2）"η_5 银行总体服务环境"影响假设分析

统计参数值表明：模型支持 ε_{13} 和 ε_{14} 影响 η_5 的 H_{25} 假设，其他因素对 η_5 影响不明显，即"市场和竞争策略定位"和"客户资源保有及拓展"会对"银行总体服务环境"产生直接和显著的影响作用关系，"市场和竞争策略定位"对 η_5 产生的影响作用方向为正向，"客户资源保有及拓展"对 η_5 产生的影响作用方向为负向。

分析说明：商业银行坚持和贯彻"以客户为中心"的经营理念，在市场和策略竞争做出的定位方面越贴近市场，越能够满足市场需要和客户需求，对提升商业银行的总体服务环境越有利；商业银行所拥有的客户资源越丰富，拓展市场和客户资源的竞争能力越强，对商业银行总体服务环境提升的压力越小；反之，拓展高层和客户资源的竞争力越弱，则越需要提升商业银行的总体服务环境，吸引和争取更多的客户资源。

4.3.3　内外源变量综合影响作用分析

由结构方程模型分析过程及表 4-8 和表 4-9，可以得到内源变量之间、外源变量与内源变量之间的相互作用与影响关系表，如表 4-10 所示。表中施加作用的变量共计 4 项，受影响的变量共计 3 项。

表 4-10　内源潜变量与全部变量之间的影响作用关系表

受影响变量	η_1 软硬件技术 领先性	η_2 科技投入 重视程度	ε_{13} 市场和营销 竞争定位	ε_{14} 客户资源 保有及拓展
η_1 软硬件技术领先性		↑		
η_3 金融产品业务特色	↑		↑	
η_5 银行总体服务环境			↑	↓

注：表中最左列为施加影响的因素指标，"↑"符号表示某项因素对另一项因素产生正向影响作用，"↓"表示某项因素对另一项因素产生反向影响作用；表中空格表示两两因素之间无明显影响作用。表中"受影响频次合计"栏中数字表示某项因素受其他因素影响的频次总数之和。

（1）"软硬件技术领先性"变量受影响作用关系分析

由表4-10可知，"软硬件技术领先性"变量受"科技投入重视程度"变量的正向影响作用。

现代商业银行的竞争在某种程度上而言，是科技含量和信息效率的竞争。商业银行提升核心竞争力的重要保障即其提升金融服务和业务产品的技术平台，只有重视和加强科技投入，才能确保自身服务平台的软硬件技术领先性，进而实现金融服务创新。

（2）"金融产品业务特色"变量受影响作用关系分析

由表4-10可知，"金融产品业务特色"变量受"软硬件技术领先性"和"市场和营销竞争定位"2项变量正向影响作用。

"金融产品业务特色"是"金融服务技术创新"维度中最重要的变量因素，商业银行需要通过保持软硬技术领先性，以及进行合理、科学和营销竞争定位两种重要措施来向社会公众提供符合能够满足客户个性化需求和不同层次客户群体需要的金融产品。金融产品业务特色是金融服务创新中的核心和灵魂，商业银行的经营和管理需要以此为主导目标，打造和提升自身的核心竞争力。

（3）"银行总体服务环境"变量受影响作用关系分析

由表4-10可知，"银行总体服务环境"变量受"市场和营销策略定位"变量的正向影响作用，受"客户资源保有及拓展"变量的负向影响作用。

"银行总体服务环境"既包括商业银行硬性服务环境，同时也包括为客户提供的产品环境、营销环境、服务效率及服务意识等软性服务环境，总体服务环境的形成需要商业银行基于客户、市场和竞争变化的需要进行动态调整和提升，要通过加强与社会公众客户的需求沟通、市场变化的调研，切实将优势资源集中于细分市场，全面提升服务效率和服务环境。同时，商业银行要加大客户资源的保有和挖掘，形成客户资源的规模效应和集群效应，从而减少提升银行总体服务环境的压力，以便使商业银行能够集中优势资源进行核心产品、核心服务、特色业务的打造。

4.4　本章小结

本章在第三章对商业银行核心竞争力及影响因素进行调查分析的数据基础之上，确定以"金融服务技术创新"一级维度中的5项二级指标为内源潜变量，以其他三个一级维度的15项二级指标为外源潜变量，运用结构方程模型（SEM）和LISREL程序软件，分析内源潜变量之间，以及内源潜变量与外源潜变量之间的相互作用关系，构建起商业银行核心竞争力影响因素作用关系模型。

通过模型分析和研究，得出了内源变量之间以及外源潜变量对内源潜变量之间的总体影响作用路径及关系。其中，内源潜变量之间作用关系中，模型支持"科技投入重视程度"对"软硬件技术领先性"产生显著的影响作用关系，且影响作用方向为正向；模型支持"软硬件技术领先性"对"金融产品业务特色"产生显著的影响作用关系，且影作用方面为正向。其中，内、外源潜变量作用关系中，模型支持"市场和竞争策略定位"会对"金融产品业务特色"产生直接和显著的影响作用关系，且影响作用方向为正向；"市场和竞争策略定位"会对"银行总体服务环境"产生显著的影响作用，且作用方向为正向，而"客户资源保有及拓展"则对"银行总体服务环境"产生的影响作用方向为负向。

第 5 章　商业银行核心竞争力评价体系构建

商业银行核心竞争力能力体系中涉及四类竞争资源要素，同时在能力提升机制的演进路径中，包括内在核心竞争力、外显核心竞争力和竞争资源整合能力。在进行核心竞争力提升机制模型仿真时，需要获取核心竞争力中四类竞争资源要素评价的相关数据，以为模型仿真提供相关初始值。同时，需要根据相关评价指标，对商业银行的内在核心竞争力和外显核心竞争力水平进行评价。

5.1　核心竞争力评价对象确定

美国银行家贝克斯莱（Bexley，1987）认为：银行是"为了实现商业银行的目的所必需的要素"。[163]商业银行是一种特殊的企业组织，其经营体系是典型的层级体系。它具有其较为特殊的组织形态，组织结构和组织边界。商业银行组织系统通过银行人员制定和执行业务制度、业务流程，运用业务系统，实现组织系统的动态循环；同时，商业银行组织系统内部之间、内部与外部之间实时发生信息、资源交换。商业银行组织系统通过动态循环以实现其运转和经营[164]。

根据经营规模、归属性质、业务特点和地域特点，本书将我国商业银行类别划分国有大型商业银行（5家）、股份制商业银行（12家）、城市银行金融机构（含城市商业银行、城市合作银行及城市信用社等）、农村合作金融机构（含农村信用社、农村商业银行、农村合作银行、村镇银行及农村资金互助社等）和中国邮政储蓄银行及其他类型银行等5大类，表5-1中列出我国主要商业银行基本情况[165]。

表 5-1　我国主要商业银行基本情况统计表

银行名称	银行简称	成立时间	总部地址	国内上市情况	商业银行性质
中国工商银行	工商银行	1984	北京	已上市	国有大型商业银行
中国农业银行	农业银行	1979	北京	已上市	
中国银行	中国银行	1979	北京	已上市	
中国建设银行	建设银行	1979	北京	已上市	
中国交通银行	交通银行	1994	上海	已上市	
国家开发银行①	开发银行	1994	北京	未上市	
中信银行	中信银行	1987	北京	已上市	股份制商业银行
平安银行②	平安银行	2009	深圳	已上市	
招商银行	招商银行	1987	深圳	已上市	
广东发展银行	广发银行	1988	广州	未上市	
兴业银行	兴业银行	1988	福州	已上市	
中国光大银行	光大银行	1992	北京	已上市	
华夏银行	华夏银行	1992	北京	已上市	
浦东发展银行	浦发银行	1992	上海	已上市	
中国民生银行	民生银行	1996	北京	已上市	
恒丰银行	恒丰银行	2003	烟台	未上市	
浙商银行	浙商银行	2004	杭州	未上市	
渤海银行	渤海银行	2005	天津	未上市	
北京银行	北京银行	1996	北京	已上市	城市商业银行机构
南京银行	南京银行	1996	南京	已上市	
宁波银行	宁波银行	1997	宁波	已上市	
河北银行	河北银行	2009	石家庄	未上市	
北京农村商业银行	北京农商行	2005	北京	未上市	农村合作金融机构
上海农村商业银行	上海农商行	2004	上海	未上市	
中国邮政储蓄银行	邮政储蓄	2006	北京	未上市	邮政储蓄银行机构

注：表中主要商业银行国内上市信息统计时间截至 2013 年 12 月 31 日。

---

①　国家开发银行股份有限公司于 2008 年 12 月 16 日成立，其性质为股份制商业银行，从资产规模和股东构成属性看，是我国排名居工、农、中、建行之后的第 5 家大型国有商业银行。

②　平安银行的前身深圳市商业银行，是中国第一家城市商业银行。2007 年 6 月 16 日，银监会批准深圳市商业银行吸收合并原中国平安集团下子公司平安银行并更名为"深圳平安银行"。2009 年 1 月，深圳平安银行经批准更名为"平安银行"，2012 年平安银行与深圳发展银行吸收合并成立"平安银行"，深圳发展银行名称不再保留。

本书将依据重要性原则和数据可获取原则，主要选择已上市的国有商业银行和股份制商业银行，进行相应的核心竞争力竞争资源要素拥有水平进行评价。其中，国有股份制商业银行包括工商银行、农业银行、建设银行、中国银行和交通银行等五家（国有银行在评价案例中以 G 表示）；股份制商业银行包括招商银行、兴业银行、民生银行、浦发银行、华夏银行、平安银行和中信银行（股份制商业银行在评价案例中以 S 表示）等七家银行。

5.2 核心竞争力评价指标体系构建

5.2.1 核心竞争力评价层次及思路

依据第 2 章关于核心竞争力理论的论述可知，商业银行核心竞争力划分为内在核心竞争力和外显核心竞争力。$CBCC$ 表示商业银行核心竞争力，$CBCC = (CC_{in}, CC_{ex})$，$CC_{in}$，$CC_{ex}$ 分别表示核心竞争力中的内在核心竞争力和外显核心竞争力。

其中，内在核心竞争力的构成基础要素包括"人力及人才资源要素"、"信息及科技资源要素"、"经营及管理资源要素"和"市场及客户资源要素"；外显核心竞争力则主要由反映商业银行竞争优势程度，体现商业银行"安全性、流动性和效益性"经营和竞争原则的"持续增长能力"、"盈利能力"和"安全性及抗风险能力"等经营绩效指标来描述。

5.2.1.1 内在核心竞争力评价层次及思路

CRF 表示竞争资源要素，$CRF = (hr, it, om, mc)$，表示竞争资源要素是由 4 项具体竞争资源要素构成的集合体，hr，it，om 和 mc 分别表示"人力及人才资源要素"、"信息及科技资源要素"、"经营及管理资源要素"和"市场及客户资源要素"。

设 u 表示商业银行经营及管理指标集。$uh = f(uh_1, \cdots, uh_a)$，$ui = f(ui_1, \cdots, ui_b)$，$uo = f(uo_1, \cdots, uo_c)$，$um = f(um_1, \cdots, um_d)$ 分别表示与人力及人才资源要素、信息及科技资源要素、经营及管理资源要素和市场及客户资源要素相对应的评价数据指标集。

由以上可以得到竞争资源要素 CRF 与内在核心竞争力 CC_{in} 评价符号体系：

$$竞争资源要素水平 CRF 评价： \begin{cases} uh = f(uh_1, \cdots, uh_a) \\ ui = f(ui_1, \cdots ui_b) \\ uo = f(uo_1, \cdots, uo_c) \\ um = f(um_1, \cdots, um_d) \end{cases} \quad (5.1)$$

$$内在核心竞争力 CC_{in} 评价：CC_{in} = f_i(hr, it, om, mc) \quad (5.2)$$

f_i 表示竞争资源要素函数。

根据内在核心竞争力基础构成要素构成特点和层次评价原则,构建起内在核心竞争力、竞争资源要素、具体评价指标之间的评价框架,如图5-1所示。

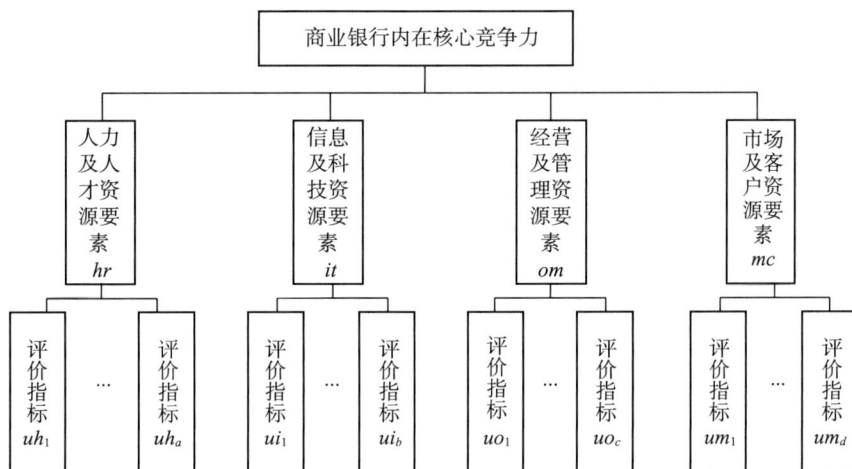

图 5-1　商业银行核心竞争力评价层次框架

5.2.1.2　外显核心竞争力评价层次及思路

CAL 表示竞争优势程度,CAL =(cd,pc,sr),表示竞争优势程度是由三项体现优势程度的能力构成的集合体,cd,pc,sr 分别表示"持续增长能力"、"盈利能力"和"安全性及抗风险能力"。

设 v 表示商业银行竞争优势程度指标集。$vc = f(vc_1,\cdots,vc_a)$,$vp = f(vp_1,\cdots,vp_b)$,$vs = f(vs_1,\cdots,vs_c)$ 分别表示与"持续增长能力"、"盈利能力"和"安全性及抗风险能力"对应的商业银行经营绩效指标集。

由以上可以得到竞争优势程度与外显核心竞争力评价符号体系:

$$竞争优势程度 CAL 评价:\begin{cases} vc = f(vc_1,\cdots,vc_a) \\ vp = f(vp_1,\cdots,vp_b) \\ vs = f(vs_1,\cdots,vs_c) \end{cases} \quad (5.3)$$

$$外显核心竞争力 CC_{ex} 评价:cc_{ex} = g_e(cd,pc,sr) \quad (5.4)$$

g_e 表示外显核心竞争力函数。

根据核心竞争力基础构成要素构成特点和层次评价原则,构建起商业银行核心竞争力和外显核心竞争力的评价框架(图5-2)。

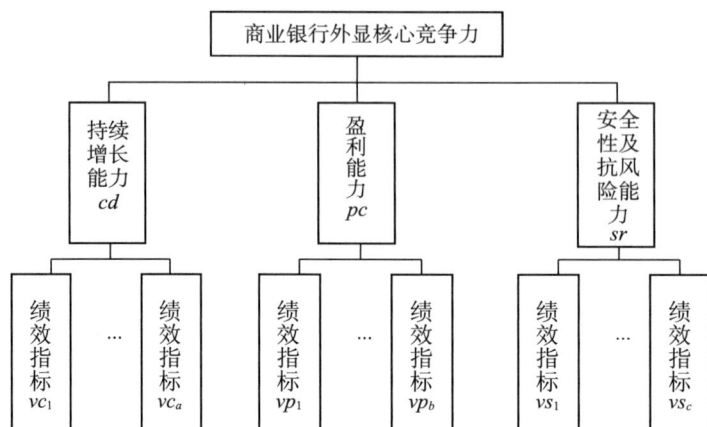

图 5-2　商业银行外显核心竞争力评价层次框架

5.2.2　核心竞争力具体评价指标

5.2.2.1　内在核心竞争力评价指标

基于前述理论分析和核心竞争力特征可知，内在核心竞争力是由人力及人才资源要素、信息及科技资源要素、经营及管理资源要素和市场及客户资源要素等积累而形成，四类竞争资源要素的线性聚合即可描述内在核心竞争力。在本书"第四章 商业银行影响因素作用关系模型构建"内容中，已构建了相关四类竞争资源要素的具体影响指标体系（详见表 5-2），故可以利用该指标体系作为评价指标。

表 5-2　内在核心竞争力模型内外源潜变量指标及分值

一级指标	二级评价指标	一级指标	二级评价指标
信息科技资源要素	软硬件技术领先性	人力及人才资源要素	员工综合业务素质
	科技投入重视程度		员工客户服务意识
	金融产品业务特色		高级人才引进力度
	客户营销服务模式		员工个人发展规划
	银行总体服务环境		专业技能培训效果
经营及管理资源要素	银行公司治理结构	市场及客户资源要素	内外部银行监管环境
	风险管理内部控制		企业文化及企业责任
	经营发展战略规划		市场和竞争策略定位
	信息沟通途径机制		客户资源保有及拓展
	绩效考核激励机制		银行社会形象及声誉

根据"商业银行核心竞争力及影响因素调查问卷"中对 4 项一级指标和 20 项二级指标的评价统计结果，可以获取国有商业银行和股份制商业银行的竞争资源要素评价结果。具体如表 5-3 和表 5-4 所示。

表 5-3　国有商业银行竞争资源要素权重及指标评价分值

一级指标	指标权重	二级指标	评价分值	一级指标	指标权重	二级指标	评价分值
信息科技资源要素	0.3235	软硬件技术领先性	0.4861	人力及人才资源要素	0.2169	员工综合业务素质	1.0000
		科技投入重视程度	0.4444			员工客户服务意识	0.8165
		金融产品业务特色	1.0000			高级人才引进力度	0.4401
		客户营销服务模式	0.7083			员工个人发展规划	0.2228
		银行总体服务环境	0.0000			专业技能培训效果	0.0000
经营及管理资源要素	0.2390	银行公司治理结构	0.9507	市场及客户资源要素	0.2206	内外部银行监管环境	0.1500
		风险管理内部控制	1.0000			企业文化及企业责任	0.1700
		经营发展战略规划	0.8966			市场和竞争策略定位	1.0000
		信息沟通途径机制	0.0985			客户资源保有及拓展	0.2300
		绩效考核激励机制	0.0000			银行社会形象及声誉	0.0000

注：评价分值已经进行归一化处理。

表5-4　股份制商业银行竞争资源要素权重及指标评价分值

一级指标	指标权重	二级指标	评价分值	一级指标	指标权重	二级指标	评价分值
信息科技资源要素	0.2400	软硬件技术领先性	0.2588	人力及人才资源要素	0.1333	员工综合业务素质	1.0000
		科技投入重视程度	0.6353			员工客户服务意识	0.8074
		金融产品业务特色	1.0000			高级人才引进力度	0.4963
		客户营销服务模式	0.8471			员工个人发展规划	0.2519
		银行总体服务环境	—			专业技能培训效果	—
经营及管理资源要素	0.3733	银行公司治理结构	0.5783	市场及客户资源要素	0.2534	内外部银行监管环境	0.1167
		风险管理内部控制	0.9880			企业文化及企业责任	0.4333
		经营发展战略规划	1.0000			市场和竞争策略定位	1.0000
		信息沟通途径机制	0.0241			客户资源保有及拓展	0.5333
		绩效考核激励机制	0.2588			银行社会形象及声誉	1.0000

注：评价分值已经进行归一化处理。

5.2.2.2　外显核心竞争力评价指标

外显核心竞争力则是对以上资源要素进行转化和应用之后，由商业银行的经营绩效体现出来的增长能力、经营能力和盈利能力，即外显核心竞争力水平不宜用四类竞争资源的线性积累，而需要用绩效结果类指标进行刻画描述。在本书中，将针对商业银行的经营原则"安全性、流动性和效益性"，分别选取科学、适当的指标，来反映商业银行的持续增长能力、盈利能力和安全经营能力。

故参照相关参考文献和研究资料中的评价指标，本书选取和确定了"持续增长能力"、"盈利能力"、"安全性及抗风险能力"等三类一级外显竞争力指标和总资产增长率等12项二级外显核心竞争力指标，评价指标见表5-5。本书从已上市的商业银行年报及相关统计年鉴、银行网站获取相关指标数据，作为外显核心竞争力的评价基础数据。国有商业银行及股份制商业银行的具体评价基础数据详见表5-6。

表5-5 外显核心竞争力评价指标

指标符号	一级指标	指标编号	二级评价指标	指标属性
pc	盈利能力	Vp1	净资产收益率	越大越好
		Vp2	权益净回报率	越大越好
		Vp3	成本收入比	越小越好
		Vp4	每股净收益	越大越好
cd	持续增长能力	Vc2	总资产增长率	越大越好
		Vc2	主营业务收入增长率	越大越好
		Vc3	净利润增长率	越大越好
		Vc4	每股收益增长率	越大越好
sr	安全性及抗风险能力	Vs1	资本充足率	越大越好
		Vs2	核心资本充足率	越大越好
		Vs3	存贷比率	越大越好
		Vs4	不良贷款比例	越小越好

5.2.3 指标权重赋权方法

在本书中，需要进一步确定内在核心竞争力和外显核心竞争力中的一级指标权重。指标权重的确定方法主要包括主观赋权法、客观赋权法等。主观赋权法主要包括层次分析法（AHP）、专家意见法—德尔菲法（Delphi Method）等；客观赋权方法主要包括因子分析法、主成分分析法和熵值法（entropy）等。[166-167]

在本书的第四章对内在核心竞争力的评价中，已经获取了针对一级指标相关调查数据，即由受调查的商业银行从业人员对四项一级指标的权重进行了主观打分。内在核心竞争力一级指标权重数据结果见表5-3。

由于商业银行外显核心竞争力的描述是由三项一级竞争优势程度指标和12项二级经营绩效指标数据进行描述的，故根据外显核心竞争力的特点及评价数据计算要求，本书将选择客观赋权法—熵值法作为外在核心竞争力一级指标权重赋权的方法。

在信息论中，熵是针对不确定性的一种度量，信息熵则反映了系统的无序化程度。信息量越大，系统无序化程度越小，信息熵越小；信息量越小，则系统无序化程度越大，信息熵越大。根据熵的特性，可以通过计算熵值来判断事件的随机性及无序程度。将熵值法应用于外显核心竞争力的评价中，其思路是在计算指标权重时，能够最大限度地利用各项经营绩效指标的属性值，充分考虑不同经营绩效指标的差异，有效和客观反映出外显能力中不同能力构成的相对性能[168]。

表5-6 外显核心竞争力评价指标基础数据

商业银行	盈利能力				持续增长能力				安全性及抗风险能力			
	Vp1	Vp2	Vp3	Vp4	Vc1	Vc2	Vc3	Vc4	Vs1	Vs2	Vs3	Vs4
G01银行	14.92%	4.06%	36.33%	1.30	13.90%	20.21%	51.60%	17.76%	10.80%	9.34%	63.09%	6.94%
G02银行	16.12%	4.47%	42.86%	0.32	15.06%	18.35%	73.24%	23.58%	11.00%	8.76%	62.76%	15.71%
G03银行	13.94%	3.71%	36.08%	0.18	13.53%	16.53%	41.49%	19.70%	10.35%	6.43%	64.17%	6.19%
G04银行	15.43%	5.76%	39.83%	0.32	17.71%	19.16%	40.14%	33.93%	12.64%	10.63%	59.83%	4.08%
G05银行	18.89%	6.44%	45.58%	0.42	22.73%	25.96%	68.45%	38.19%	11.27%	6.39%	69.12%	4.32%
S01银行	15.37%	4.44%	36.00%	0.84	26.79%	26.92%	42.38%	33.08%	10.73%	7.97%	72.93%	2.14%
S02银行	20.02%	5.75%	35.26%	0.70	34.70%	31.57%	56.03%	14.70%	9.99%	8.30%	69.31%	1.72%
S03银行	29.49%	8.12%	35.64%	0.49	32.93%	34.69%	32.23%	12.12%	9.40%	7.81%	70.04%	1.18%
S04银行	17.59%	5.15%	31.72%	0.98	37.25%	32.11%	57.47%	20.83%	9.58%	7.10%	71.74%	1.70%
S05银行	12.42%	3.66%	32.03%	0.56	25.42%	22.28%	32.69%	21.24%	8.38%	3.13%	59.14%	2.58%
S06银行	13.53%	3.96%	39.49%	0.82	27.67%	21.83%	46.54%	29.54%	6.43%	4.98%	73.84%	5.56%
S07银行	14.53%	4.00%	32.71%	0.25	25.39%	26.52%	44.58%	45.56%	12.27%	8.89%	72.93%	2.48%

注:表中数据为国有商业银行及股份制商业银行2002～2012年间的均值数据。

本书以商业银行经营绩效指标作为外显核心竞争力的基础评价指标，对商业银行的外显核心竞争力水平进行评价，即通过计算经营绩效指标差异程度的大小，来评价外显核心竞争力水平的差异程度。如果某一经营绩效指标对于其他商业银行的差异程度较小，说明该经营绩效指标区分和评价外显核心竞争力的作用也就相对较小，其对应的信息熵也就较大；如果某一经营绩效指标对于其他商业银行的差异程度较大，说明该经营绩效指标区分和评价外显核心竞争力的作用也相对较大，其对应的信息熵也就越小。经营绩效指标差异程度的大小，反映了该指标在外显核心竞争力评价指标体系中的评价定位，而经营绩效指标差异程度的大小恰好可用信息熵反向替代度量。故在研究中，可以由信息熵值度量经营绩效指标的差异程度，给不同经营绩效指标赋予适当的权重，从而进行外显核心竞争力水平评价。

信息熵理论中熵的计算公式为[169]：

$$H = - K \sum_{i=1}^{n} P_i \times lnP_i \tag{5.5}$$

公式（5.5）中，H 代表熵，K 为波尔兹曼常数，P_i 为系统状态实现概率。运用熵值法计算权重具体步骤如下：

1）指标规范化：熵值计算过程中所需要处理的数据类型一类为越大越优指标，一类为越小越优指标，在计算熵值前，需对根据指标数据性质进行规范化。其公式为：

$$\begin{cases} x_{ij} = (x_j - x_{minj}) / (x_{maxj} - x_{minj}) \\ x_{ij} = (x_{maxj} - x_j) / (x_{maxj} - x_{minj}) \end{cases} \tag{5.6}$$

公式（5.6）中，x_{ij} 为第 j 项指标下第 i 个观测对象的频次规范化值。

2）第 i 个方案在第 j 项指标下指标值比重 P_{ij} 计算：

$$P_{ij} = x_{ij} / \sum_{i=1}^{m} x_{ij} \tag{5.7}$$

公式（5.7）中，x_{ij} 表示第 i 个方案在第 j 项指标下所统计的频次分值，$\sum_{i=1}^{m} x_{ij}$ 表示 i 个指标在第 j 项指标下的累计频次总分值。

3）第 j 项指标下输出熵 E_j 计算：

$$E_j = - \frac{1}{(\ln m)} \sum_{i=1}^{m} P_{ij} \times lnP_{ij} \tag{5.8}$$

公式（5.8）中，$j = 1, 2, \cdots, n$，$(\ln m)^{-1}$ 是波尔兹曼常数 K，其中 m 代表方案的个数；设定若 $P_{ij} = 0$，则 $P_{ij} \ln P_{ij} = 0$。

4）第 j 项指标差异度 D_{ij} 计算：

$$D_j = 1 - E_j, \quad (1 \leqslant j \leqslant n) \tag{5.9}$$

5）权重 R_{ij} 计算：

$$R_j = D_j \Big/ \sum_{j=1}^{n} D_j = (1 - E_j) \Big/ \sum_{j=1}^{n} (1 - E_j) \tag{5.10}$$

通过以上公式即可计算出核心竞争力水平评价指标集的熵权。

5.3 核心竞争力评价过程与结果

5.3.1 评价计算过程

本研究将以外显核心竞争力中的一级指标"盈利能力"竞争优势程度集为例进行评价计算过程的分析。

研究设定，CAL 表示竞争优势程度，$CAL = (cd, pc, sr)$，表示竞争优势程度是由三项体现优势程度的能力构成的集合体，cd, pc, sr 分别表示"持续增长能力"、"盈利能力"和"安全性及抗风险能力"。

设 v 表示商业银行竞争优势程度指标集。$vc = f(vc_1, \cdots, vc_a)$，$vp = f(vp_1, \cdots, vp_b)$，$vs = f(vs_1, \cdots, vs_c)$ 分别表示与"持续增长能力"、"盈利能力"和"安全性及抗风险能力"对应的商业银行经营绩效指标集。

以外显核心竞争力中一级"盈利能力"水平评价集 vp 为例，将 vp 作为熵值法的方案集，以评价指标集 up_i 作为熵值法的指标集，利用公式（5.6～5.10）对矩阵 vp 进行运算，即可求得权重集 W_p，利用公式（5.5）和公式（5.6～5.10），可求得 n 个商业银行的"持续增长能力"水平评价集 $vp = (vp_1, \cdots, vp_i, \cdots, vp_n)$。同样，运用以上公式可以求得 n 个商业银行的"持续增长能力"水平评价集 $vc = (vc_1, \cdots, vc_i, \cdots, vc_n)$，"安全性及抗风险能力"水平评价集 $vs = (vs_1, \cdots, vs_i, \cdots, vs_n)$。

由以上计算过程即可得到竞争优势程度评价矩阵 $CAL = (vc, vp, vs)$，从而实现对 n 个商业银行竞争优势程度的评价。

同时，设 W_p 为商业银行"盈利能力"水平所对应的经营绩效指标权重集，$W_p = (W_{p1}, W_{p2}, \cdots, W_{pa})$；设 k_{pi} 为第 i 个商业银行的盈利水平，n 个商业银行的盈利水平构成了待评价对象方案集 $vp = (vp_1, \cdots, vp_i, \cdots, vp_n)$，$i = 1, 2, \cdots, n$。

设 up_i 为第 i 个商业银行的与银行盈利能力相对应的经营绩效指标，第 i 个商业银行的 a 项经营绩效指标构成了评价指标集：$up_i = (up_{i1}, \cdots, up_{ia})$，$n$ 个商业银行的经营绩效指标集构成了评价指标矩阵：$up = (up_1, up_2, \cdots, up_n)¢$。

将与银行盈利能力水平相对应的经营绩效指标权重集 W_p，与对应的经营绩效指标集 up 相乘，即可得到商业银行盈利能力水平评价集 vp。由此可得到商业银行盈利能力水平评价模型，如 5.11 式所示。

$$vp' = \begin{bmatrix} vp_1 \\ vp_2 \\ \cdots \\ vp_n \end{bmatrix} = up \times Wp' = \begin{bmatrix} up_{11} & up_{12} & \cdots & up_{1a} \\ up_{21} & up_{22} & \cdots & up_{2a} \\ \cdots & \cdots & \cdots & \cdots \\ up_{n1} & up_{n2} & \cdots & up_{na} \end{bmatrix} \times \begin{bmatrix} Wp_1 \\ Wp_2 \\ \cdots \\ Wp_a \end{bmatrix} \qquad (5.11)$$

在 5.11 式中，评价指标集中的 up 值可通过归一化的经营绩效数据获取，经营绩效指标权重集 Wp 则需要利用熵值法进行计算确定，从而形成商业银行盈利能力水平熵权评价模型。

同样，通过以上方式可以建立商业银行"持续增长能力" vc、"安全性及抗风险能力" vs 的外显核心竞争力水平熵权评价模型。具体如下：

$$ve' = \begin{bmatrix} vc_1 \\ vc_2 \\ \cdots \\ vc_n \end{bmatrix} = uc \times Wc' = \begin{bmatrix} uc_{11} & uc_{12} & \cdots & uc_{1b} \\ uc_{21} & uc_{22} & \cdots & uc_{2b} \\ \cdots & \cdots & \cdots & \cdots \\ uc_{n1} & uc_{n2} & \cdots & uc_{nb} \end{bmatrix} \times \begin{bmatrix} Wc_1 \\ Wc_2 \\ \cdots \\ Wc_b \end{bmatrix} \qquad (5.12)$$

$$vs' = \begin{bmatrix} vs_1 \\ vs_2 \\ \cdots \\ vs_n \end{bmatrix} = us \times Ws' = \begin{bmatrix} us_{11} & us_{12} & \cdots & us_{1c} \\ us_{21} & us_{22} & \cdots & us_{2c} \\ \cdots & \cdots & \cdots & \cdots \\ us_{n1} & us_{n2} & \cdots & us_{nc} \end{bmatrix} \times \begin{bmatrix} Ws_1 \\ Ws_2 \\ \cdots \\ Ws_c \end{bmatrix} \qquad (5.13)$$

最后，根据以上矩阵可得到外显核心竞争力水平评价矩阵：$v = (vp，vc，vs)'$。详见表 5-7 和表 5-8。

5.3.2　经营绩效指标熵权计算

计算各类竞争优势程度矩阵中经营绩效指标的熵权：$W_{pa \times 1}$，$W_{cb \times 1}$，$W_{sc \times 1}$。由于经营绩效指标存在两类特性：一类为越大越好；一类为越小越好。故在对指标进行规范化时，对于越大越好属性的指标，所采取的计算公式为：$x_{ij} = (x_j - x_{minj}) / (x_{maxj} - x_{minj})$；对于越小越好属性的指标，所采取的计算公式为：$x_{ij} = (x_{maxj} - x_j) / (x_{maxj} - x_{minj})$。详见表 5-8。

5.3.3　外显核心竞争力水平值计算

将国有银行及股份制商业银行竞争优势程度的熵权与经营绩效指标矩阵相乘，可以分别得到两类银行的三项竞争优势程度的评价值 rp'，rc'，rs'。$rp'_{5 \times 1} = up_{5 \times 4} \times W_{p4 \times 1}$，$rc_{5 \times 1} = uc_{5 \times 4} \times W_{c4 \times 1}$，$rsf_{5 \times 1} = us_{5 \times 4} \times W_{s4 \times 1}$。

表 5-7　外显核心竞争力评价指标熵权重

银行类别	盈利能力				持续增长能力				安全性及抗风险能力			
国有银行	Vp1	Vp2	Vp3	Vp4	Vc1	Vc2	Vc3	Vc4	Vs1	Vs2	Vs3	Vs4
指标输出熵	0.3504	0.3457	0.6098	0.3263	0.3282	0.3483	0.4005	0.4560	0.3488	0.3590	0.6048	0.6195
指标差异度	0.6496	0.6543	0.3902	0.6737	0.6718	0.6517	0.5995	0.5440	0.6512	0.6410	0.3952	0.3805
熵权权重	0.2744	0.2764	0.1648	0.2845	0.2723	0.2642	0.2430	0.2205	0.3149	0.3100	0.1911	0.1840
股份银行	Vp1	Vp2	Vp3	Vp4	Vc1	Vc2	Vc3	Vc4	Vs1	Vs2	Vs3	Vs4
指标输出熵	0.3958	0.3865	0.9061	0.7785	0.4172	0.5523	0.8628	0.7185	0.6838	0.9314	0.5522	0.5181
指标差异度	0.6042	0.6135	0.0939	0.2215	0.5828	0.4477	0.1372	0.2815	0.3162	0.0686	0.4478	0.4819
熵权权重	0.3941	0.4002	0.0613	0.1445	0.4021	0.3089	0.0947	0.1943	0.2405	0.0522	0.3407	0.3666

表 5-8　外显核心竞争力评价指标基础数据归一化处理

商业银行	盈利能力				持续增长能力				安全性及抗风险能力			
	Vp1	Vp2	Vp3	Vp4	Vc1	Vc2	Vc3	Vc4	Vs1	Vs2	Vs3	Vs4
G01 银行	0.1991	0.1267	0.9741	1.0000	0.0397	0.3906	0.3461	—	0.1945	0.6943	0.6489	0.7541
G02 银行	0.4401	0.2769	0.2865	0.1261	0.1660	0.1930	1.0000	0.2846	0.2843	0.5578	0.6843	0.1246
G03 银行	—	—	1.0000	—	—	—	0.0407	0.0947	—	0.0094	0.5325	0.8184
G04 银行	0.3020	0.7502	0.6050	0.1243	0.4543	0.2784	0.8553	0.7915	1.0000	1.0000	1.0000	1.0000
G05 银行	1.0000	1.0000	—	0.2120	1.0000	1.0000	—	1.0000	0.4010	—	—	0.9794
S01 银行	0.1732	0.1762	0.4495	0.8110	0.1181	0.3959	0.4023	0.6267	0.7350	0.1604	0.0618	0.2207
S02 银行	0.4455	0.4691	0.5438	0.6346	0.7856	0.7573	0.9429	0.0772	0.6087	0.1028	0.3084	0.1246
S03 银行	1.0000	1.0000	0.4948	0.3463	0.6363	1.0000	—	—	0.5075	0.1888	0.2583	—
S04 银行	0.3028	0.3334	1.0000	1.0000	1.0000	0.7996	1.0000	0.2605	0.5387	0.3108	0.1431	0.1191
S05 银行	—	—	0.9605	0.4421	0.0026	0.0349	0.0183	0.2728	0.3333	1.0000	1.0000	0.3206
S06 银行	0.0653	0.0683	—	0.7871	0.1920	—	0.5669	0.5208	—	0.6801	—	1.0000
S07 银行	0.1240	0.0769	0.8726	1.0000	—	0.3649	0.4893	1.0000	1.0000	—	0.0623	0.2972

注：表中数据为国有商业银行及股份制商业银行 2002～2012 年间的均值数据。

5.3.4　核心竞争力评价值结果

通过以上步骤，可以分别得到国有商业银行和股份制商业银行的内在核心竞争力四类竞争资源要素的评价值，以及外显核心竞争力三类竞争优势程度的评价值。具体评价值结果见表 5-9 和表 5-10 所示。

表 5-9　商业银行内在核心竞争力竞争资源要素水平评价值

银行类型	人力及人才竞争资源要素水平	信息及科技竞争资源要素水平	经营及管理竞争资源要素水平	市场及客户竞争资源要素水平	内在核心竞争力水平
国有商业银行	0.6345	0.5974	0.8538	0.3517	0.6094
股份制商业银行	0.4409	0.7387	0.9329	0.3810	0.6234

注：内在核心竞争力水平值为四项竞争资源要素值的平均值。

通过上表评价结果可知：

1）国有商业银行及股份制商业银行在四项竞争资源的投入分布方面总体还不够均衡，对于经营及管理竞争资源要素方面重视程度很高，在市场及客户竞争资源要素方面的投入还相对较少。总体而言，国有商业银行和股份制商业银行的内在核心竞争力水平的提升空间还是很大的，需要商业银行合理调整所拥有的竞争资源要素比例和重点，以便更好的提升内在核心竞争力水平。

2）国有商业银行和股份制商业银行在竞争资源要素的投入重点也不尽相同。国有商业银行在竞争资源投入的优先序方面为：经营及管理要素>人力及人才资源要素>信息及科技资源要素>市场及客户资源要素；股份制商业银行在竞争资源投入的优先序方面则为：经营及管理要素>信息及科技资源要素>人力及人才资源要素>市场及客户资源要素。从投入重点可以看出，国有商业银行重视人力及人才资源投入，而股份制商业银行则更重视信息及科技资源要素的投入。

表 5-10　商业银行外显核心竞争力竞争优势程度水平评价值

银行类型	盈利能力水平	持续发展能力水平	安全性和抗风险能力	外显核心竞争力水平
G01	0.5347	0.1981	0.5392	0.4240
G02	0.2804	0.4019	0.3932	0.3585
G03	0.2845	0.3008	0.2553	0.2802
G04	0.4253	0.3718	1.0000	0.5990
G05	0.6111	0.9648	0.3065	0.6275
均值	0.4272	0.44748	0.49884	0.45784

银行类型	盈利能力水平	持续发展能力水平	安全性和抗风险能力	外显核心竞争力水平
S01	0.2835	0.3296	0.2871	0.2682
S02	0.4883	0.6541	0.3025	0.5392
S03	0.8747	0.5648	0.2199	0.5203
S04	0.4586	0.7944	0.2382	0.5573
S05	0.1228	0.6066	0.5906	0.3397
S06	0.1668	0.2321	0.4021	0.2805
S07	0.1331	0.3534	0.3707	0.3160
均值	0.3512	0.51026	0.3643	0.4030

注：外显核心竞争力水平值通过熵权进行计算而得。

通过表5-10可知：

1）国有商业银行在盈利能力、持续发展能力、安全性及抗风险能力方面总体情况比较均衡和稳定，故其总体外显核心竞争力值亦相对较高；股份制商业银行则在盈利能力、安全性及抗风险能力方面的总体情况相对较弱，故相对于国有商业银行而言，其外显核心竞争力值相对低。股份制商业银行应更进一步提升其盈利能力、加强安全性和风险防控水平，进一步提升其外显核心竞争力，从而获取更大的竞争优势。

2）在资产规模、业务收入额、净利润增长及每股收益率等方面，股份制商业银行的持续增长能力增长幅度较快，表现了强有力的发展态势，但真正体现商业银行"内功"的盈利能力、安全性及抗风险能力等方面，还相对较为欠缺，需要股份制商业银行进行进一步的经营战略调整，注意不光要跑的快，而是更要有后劲，要为持续、健康发展打好更为坚实的基础。

3）从评价排序来看，国有商业银行的外显核心竞争力排序为：安全性及抗风险能力>持续发展能力>盈利能力；而股份制商业银行的外显核心竞争力排序为：持续发展能力>安全性及抗风险能力>盈利能力。从排序中可以看出，两类不同商业银行在市场竞争中的侧重不同，即国有商业银行十分注重安全性及风险控制，而股份制商业银行侧更为注重发展速度和规模经营。

5.4　本章小结

本章根据商业银行核心竞争力的层次划分和构成要素、能力特点，分别构建了内在核心竞争力和外显核心竞争力的评价指标体系。首先，确定了核心竞争力评价对象。

其次，构建并确定内在核心竞争力的一级评价指标体系以人力及人才资源要素、信息及科技资源要素、经营及管理资源要素、市场及客户资源要素等四类竞争资源要素为构建基础；构建并确定了外显核心竞争力的一级评价指标以盈利能力、持续增长能力、安全性及抗风险能力等三类竞争优势程度指标为构建基础。再次，在一级指标权重确定方面，分别应用了专家打分法和熵权法，基础数据源分别来源于商业银行核心竞争力状况调查以及商业银行经营绩效数据。最后，得出商业银行核心竞争力评价结果，该结果将作为系统动力学仿真模型初始值。

第6章　商业银行核心竞争力提升机制构建

6.1　商业银行核心竞争力提升机制理论基础

6.1.1　机制理论及系统演进理论

"机制"（mechanism）一词源于希腊文，原指机器的构造和运作原理，借指事物的内在工作方式，包括有关组成部分的相互关系以及各种变化的相互联系。在韦氏词典（Merriam Webster），"机制"解释为"涉及或导致某些行动，反应和其他自然现象的一系列相关的基本活动或过程"[170]。《现代汉语词典》解释"机制"为：泛指一个系统中，各元素之间的相互作用的过程和功能，多用于自然科学。"机制"原意是指有机体为实现某一种生理功能，器官内部和器官之间的物理化学过程，以及这一过程中间各种功能单位之间的关系。机制概念被结构功能主义者引入到了社会科学领域[171-172]，其含义指为实现某种社会功能，社会中各个群体、组织之间的相互合作、竞争和冲突的关系，以及在实现功能过程中各种社会因素所发挥的作用。

杰克逊（Jackson，2003）认为，"机制"是一种由个体输入向量与结果输出之间函数关系所产生的，对应于信息向量向社会决策和转化映射的信息空间分类。一个机制 M 是由 g 输出函数作用的结果，$M = M_1 \times \cdots \times M_n$ 是信息（策略）空间的复合，$g: M \rightarrow D \times IR^n$ 是输出函数，其中 D 为决策集，d 和 d' 为决策集构成元素，$d \subset D$；根据实际应用情况，决策集 D 可以是无限集，也可以为有限集；对于每一个信息变量可描述为 $m = (m_1, \cdots, m_n)$，$g(m) = [g_d(m), g_{t,1}(m), \cdots, g_{t,n}(m)]$ 表示通过 g 所产生的决策和转化结果，t 为选择函数。[173]

席西民和尚玉钒（2002）认为，任何社会经济系统（记作 S）都可视为由一组相关要素或子系统（记为 $a_i \in \Omega$，Ω 为要素或子系统集合）组成。系统在每一瞬间都会显示出一定的状态特性（记为 x），而推进系统深化的作用力主要有外力（系统外部环境对系统发展的推动或阻力）和内力（系统内部环境对系统发展的作用力及系统组成部分间的各种作用力）；系统在从某一状态向另一状态深化过程中，都伴随着一定的输入和产出（见图 6-1）。[174]

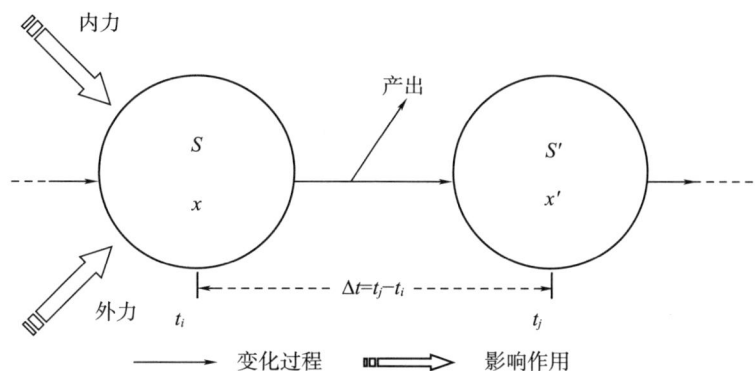

图 6-1　系统演化过程示意图

6.1.2　价值链及知识价值链模型

6.1.2.1　知识链与价值链理论

波特（Porter，1984）提出了"知识链（K-Chain）"概念，认为知识链是形成一个完整知识组织创新周期的一系列互动过程，它主要由四部分内容组成，内部知晓（internal awareness），内部响应（internal responsiveness），外部知晓（external awareness）和外部响应（external responsiveness）。这四个部分之间相互渗透，从而加快创新的速度。

与知识链紧密相关的是知识供应链（knowledge supply chain，KSC）概念。该概念是由美国的"下一代制造项目"（next generation manufacturing project，NGMP）提出的。知识供应链是指通过需求与供应关系将知识的供应、创新、传播、使用等过程的相邻知识结点联系起来，把概念转换为知识化产品，再到最终用户的一个功能网链。[175] Rechard Hall 和 Pierpaolo Andfiam（1998）从供应链的角度提出知识链的概念，认为知识链是一种管理供应链隐性知识的方法。[176]知识链的管理过程其实就是核心能力的识别、培育和转换的过程。在这个意义上，美国学者 Holsapple C. W 和 Singh M.（2001）提出了一个系统的知识链模型（knowledge chain mode1），该知识链是从组织内的知识和组织的核心竞争能力的关系出发构建的，包括了知识链的主体部分和知识链的产出，知识链的主体部分包括了五种初级活动和四种高级活动。五种初级的知识活动：知识获取、知识选择、知识生成、知识内化和知识外化；四种高级的知识活动包括领导、合作、控制和测量。知识链的产出就是知识。在两者的基础上通过提高竞争能力，组织敏捷性，商业名誉和创新来构建企业的竞争优势。[177]

波特（Porter，1985）在其《竞争优势》（*Competitive Advantage*）一书中提出了价值链理论，他认为，"每一个企业都是在设计、生产、销售、发送和辅助其产品的过程中进行种种活动的集合体。所有这些活动可以用一个价值链来表明。"[17] 价值链理论中分析了总价值、价值活动和利润的内涵以及内在关系，界定了企业的价值活动为企业所从事的物质上和技术上、具有明显差异的各项环节和活动，而这些活动是企业创造对具有价值产品的基石；利润则是总价值与从事各种价值活动的总成本之差。

图 6-2　波特价值链

价值链理论对企业价值的内在构成和形成过程进行了深入分析，认为企业价值是通过一系列既不相同而又相互关联的活动构成的，而这些活动可以划分为基本活动（包括生产作业、内外部后勤、市场和销售、生产服务和对外服务等）和辅助活动（生产采购、技术研发、人力资源管理和企业基础设施构建等）两大类，基本活动和辅助活动中所形成的各不同环节，即形成了一个创造价值的动态过程，即价值链。需要注意的是，两类活动中并不是所有的环节都会创造价值，对企业创造价值和实现价值目标产生重要和主要影响的一般会集中于某几个或某些环节。

价值链通常被认为是分析企业核心能力的有效工具，而且价值链在经济活动中是无处不在的。企业与企业之间存在着行业价值链，企业内部各业务条线与业务系统之间的联系构成了企业的价值链，而企业业务条线和业务单元内部之间亦存在着价值链的联结。企业面临的价值链既有外部价值链，又有内部价值链，而价值链上的每一项价值活动，均会对企业的价值最大化目标产生直接或间接的影响。

波特（Porter，1984）曾说过："消费者心目中的价值由一连串企业内部物质与技术上的具体活动与利润所构成，当你和其他企业竞争时，其实是内部多项活动在进行竞争，而不是某一项活动的竞争。"[17] 从波特的价值链分析阐述中可以揭示，企业与企业之间的竞争，不仅仅是某个流程或环节上的竞争，而是整体价值链的竞争，而整个价值链的综合竞争力即决定企业的竞争力。同时，企业在经营过程中，实际上只有某个或某些特定的价值活动能够真正创造价值，而这些真正创造价值的经营活动，即为价值链上的"战略环节"或"核心环节"。企业所要保持和实现的核心竞争优势，实际上也就是企业在价值链某些特定的战略环节和核心环节上的优势。

运用价值链理论和分析方法来确定企业核心竞争力，需要重点关注和分析企业所拥有和控制的竞争资源状态，并且重点研究企业价值链上的战略环节和关键环节，分析这些环节上竞争资源的实际应用和能力转化情况，以及这些关键环节和获得重要的核心竞争力，以形成和巩固企业在行业内的竞争优势。

6.1.2.2 知识价值链模型理论

基于波特（Poter，1985）的价值链理论，马蒂厄和魏格玛（Mathieu & Weggema，1997）提出了知识价值链模型，突出了知识管理的四个方面，主要包括：知识需求要在企业的经营战略需求的指导下进行；需要确定组织的知识需求和已获取和拥有的知识之间的定量和定性差距；确定采取弥补知识差异的手段，如开发新知识、购买知识、改进或剔除不适宜的知识；明确知识使用的对象和目的，实现知识共享，并被用于为客户和股东的利益服务。[177] 提姆·鲍威尔（Tim Powell，2002）利用知识管理学派所认为的数据、信息和知识之间存在一种价值链关系的思想，亦提出了知识价值链模型。[178]

陈永长（Yong-Long Chen，2004）提出了一个整合性知识价值链模型（KVC），其主要思想是主要基于以下理论：[179] 德鲁克（Drucker，2009）所著的《下一个社会的管理》中所提出的企业知识管理思想和知识工作者思想；迈克尔·波特（Porter，1985）的价值链理论；日本的野中郁次郎（Nonaka，1991 & 1995）的知识螺旋模型；卡普兰和诺顿（kapulan & Norton，1990）所设计的平衡计分卡（Balanced scorecard）；哈佛大学心理学家迦德纳（Gardner，1995）的多元智慧理论。图6-3所示。

知识价值链模型构建主要包含三部分节点：知识输入端（input knowledge）、知识活动端（knowledge activities）与价值输出端（output values）。知识输入端的设计依据是基于知识经济的发展趋势与德鲁克的思想为基础的；知识活动端主要是根据Porter的价值链与Nonaka的知识螺旋推演而得；价值（目标）输出端，则整合了罗伯特·卡普兰及戴维·诺顿的平衡计分卡与迦德纳的多元智慧理论。图6-3所示。

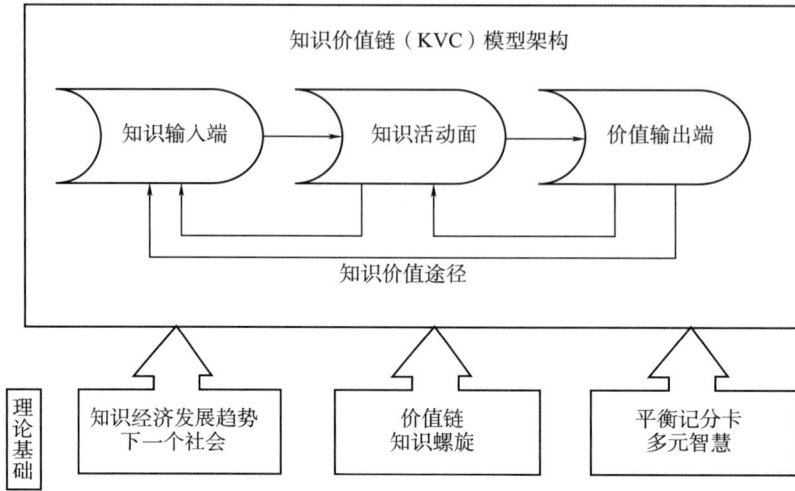

图6-3　知识价值链模型

总体而言，知识价值链模型（KVC）是一个包含知识输入端、知识活动端、价值输出端的集成式模型，其模型核心是指知识以多元化渠道进行积聚，并线性收敛至单一窗口，从而进入企业组织的知识信息库中，之后通过以知识螺旋为核心的四种知识增值活动运作后，再以非线性发散式的多元价值（目标）贡献度输出。如图6-4所示。

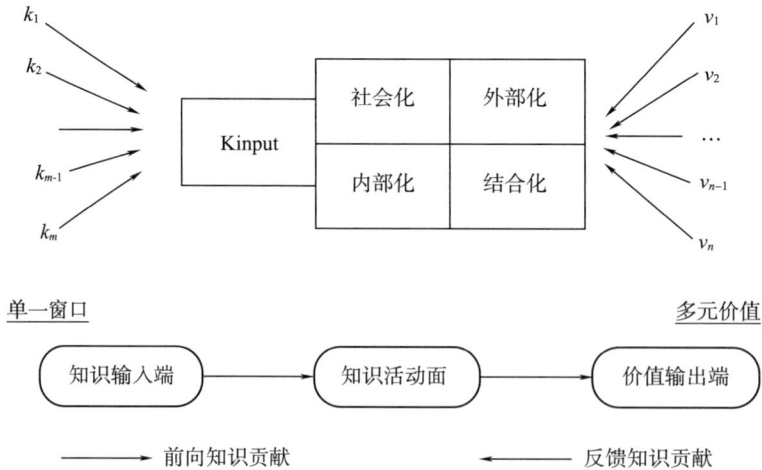

图6-4　知识价值链（KVC）模型

从图6-4可以分析得出，由知识输入、知识活动到价值输出的三个过程中，既有单向层进的过程，又有反向的信息互馈循环过程。即初始阶段，知识信息从流程从知识输入端至知识活动端，再到价值输出端实现单向层进式流入；结束阶段，价值输出端的知识信息又沿原前向路径实现反向回溯。两个阶段的前向和反向知识流向形成了一个知识循环。通过整合后的多元价值输出后，对内可以不断反馈在知识来源或知识活动过程，形成双向的知识增值演进；对外则可与上、中、下游的企业组织以各自的知识价值输出链，形成另一个更庞大的知识价值链体系，从而在企业组织间得以将知识的价值整合发挥到最大效益。[180-181]

6.1.2.3　商业银行知识价值链

商业银行组织对各种信息资源、资金、人力进行着复杂而庞大的经营和管理，价值链中的各种价值活动构成了复杂的价值链系统。商业银行的价值链系统是指能够为客户和银行组织创造价值，并能够起到支持作用的银行内部、银行之间以及银行与客户之间的价值活动的总和。根据商业银行价值活动涉及的范围，其价值链可以分为内部价值链和外部价值链系统又由诸多的分系统构成，每个分系统又均有各自的价值输入、应用转化和效益输出等子系统；而贯穿于商业银行价值链的重要手段和方式，即为商业银行对竞争资源要素所运用的组织学习方式和知识吸收能力，三者形成了商业银行知识价值链。借鉴相关研究成果和文献[182]，商业银行整体价值链模型如图 6-5 所示。

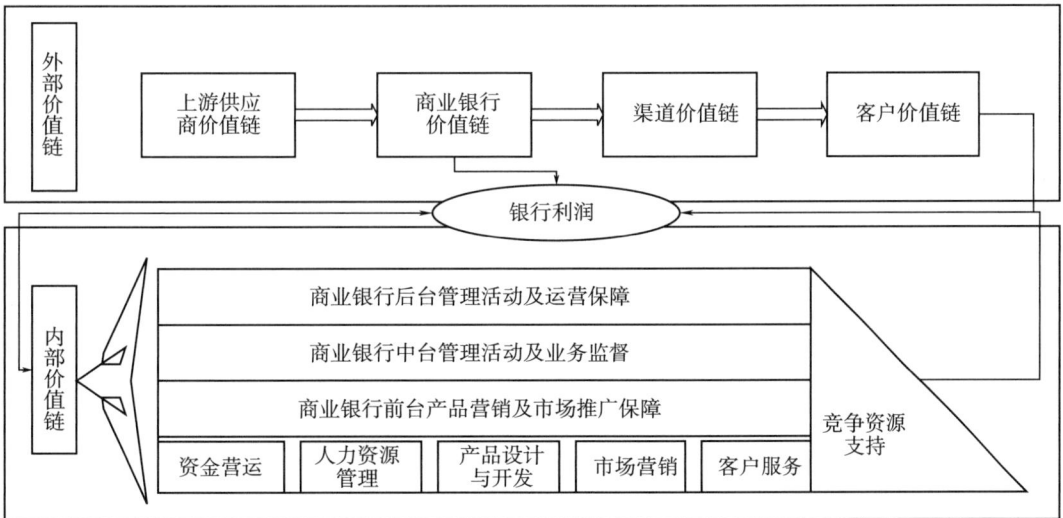

图 6-5　商业银行价值链系统模型

在研究商业银行核心竞争及提升机制演进路径时，需要应用知识链及价值链理论，才能更为深入地了解到核心竞争力提升的内在路径和演进机理。

6.2　商业银行核心竞争力提升机制构建

6.2.1　核心竞争力提升机制内涵

商业银行组织是一个复杂管理系统，为了实现股东权益最大化和提升社会公众认知度的目的，需要协调、组织其内部单元的协作和利益资源分配，应对外部因素变化，从而实现其组织的商业银行功能。根据以上关于机制的论述，本书将机制理论引入商业银行操作核心竞争力系统中，可以从组织中的内在联系和外在影响方面分析商业银行核心竞争力的提升机制内涵。

基于机制理论和系统演化理论，商业银行核心竞争力提升机制可以定义为：由竞争资源要素信息变量 M 与输出函数 g 构成，M 为竞争资源要素信息集，$M = M_{ph} \times M_{tt} \times M_{om} \times M_{mc}$，$M_p$，$M_s$，$M_f$，$M_e$ 分别表示"人力及人才资源要素信息"、"信息及技术资源要素信息"、"经营及管理资源要素信息"和"市场及客户资源要素信息"4 个子知识信息空间。以 M_{mc} 信息空间为例，其信息变量 $m_{mc} = (m_{mc1}, \cdots, m_{mcn})$，结果函数 $g(m_{mc}) = \{g_d(m_{mc}), g_{t,1}(m_{mc}), \cdots, g_{t,n}(m_{mc})\}$，表示商业银行组织运用一系列决策手段、知识吸收能力及组织学习技巧，对市场及客户资源要素信息进行有效聚合和耦合，从而产生出市场及客户资源竞争方面的核心竞争力效果输出。基于机制理论核心竞争力提升机制的内涵主要包括：

1）从核心竞争力能力系统的构成来看，提升机制的载体是由作为机制信息变量的 4 类竞争资源要素构成，从而形成了商业银行的核心竞争力体系基础。核心竞争力的提升总体表现为商业银行组织的竞争资源要素总体利用效能的提升和转化管理效果的改善。

2）从核心竞争力能力系统的特性来看，提升机制的载体各构成部分的功能实现可以由 4 类竞争资源要素来代表。作为核心竞争力存量的竞争知识资源要素，其掌握量越多和吸收程度越深，则表明核心竞争力能力系统的各部分实际功能越完善。

3）从核心竞争力系统所处的组织环境来看，商业银行的企业文化对商业银行核心竞争力的培育和提升有着非常重要的推动作用，可视为提升机制运行的内部环境；而核心竞争力能力系统所处的经济社会环境、金融科技环境、金融竞争及监管环境及客户资源环境等因素则构成了核心竞争力提升机制运行的外部环境。

4）从核心竞争力系统的各构成要素之间的相互关系来看，商业银行运用组织学习手段，并结合知识吸收能力的应用，聚合不同竞争资源要素并使之产生耦合作用，从而形成核心竞争力的提升机制，即商业银行在核心竞争力机制的形成过程中，运用了组织学习方式和应用了自身的知识吸收能力，实现对竞争资源要素的信息聚合和耦合。

6.2.2　核心竞争力提升机制路径

商业银行核心竞争力提升机制的核心是竞争资源要素的聚合和耦合；商业银行的竞争资源要素整合能力正是通过这两个过程来影响商业银行核心竞争力的提升。因此，商业银行核心竞争力提升过程实质上是竞争资源要素整合能力的实现过程和组织架构框架内递进的学习过程。通过对商业银行竞争资源要素整合过程的分析，也可以揭示商业银行核心竞争力提升机制的内在规律。

商业银行核心竞争力提升机制的流程具体如下：在内外部组织环境条件的影响下，商业银行组织运用自身的知识吸收能力，对信息及科技资源要素、人力及人才资源要素、经营及管理资源要素、市场及客户资源要素等 4 类竞争资源要素，在不同知识价值链中进行聚合和产生耦合；同时，商业银行组织架构中的员工个体、部门团队与银行组织 3 个层次之间通过运用组织学习方式和知识吸收能力手段，对竞争资源要素进行层次递进式的吸收和转化，从而自下至上形成商业银行总体组织的核心竞争力。商业银行核心竞争力的提升又反过来影响和促进核心竞争力资源要素和组织环境，以上形成了核心竞争力提升的系统性循环。如图 6-6。

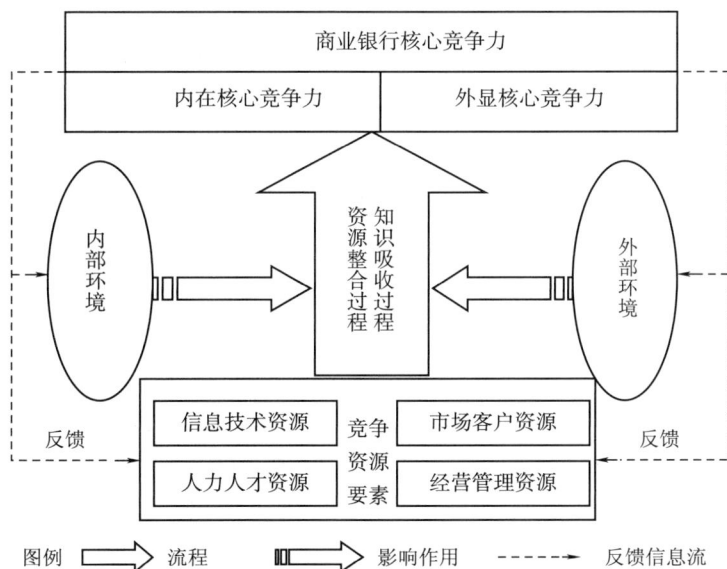

图 6-6　商业银行核心竞争力提升机制路径

6.3   金融生态环境与核心竞争力提升机制

商业银行组织必须面对和适应复杂的内、外部金融生态系统环境，将有限的竞争资源积累和整合成为具有独特特质的资源和持续的发展能力及竞争能力，以适应日益激烈的金融竞争。

良好的金融生态环境，能够促进金融业的健康发展，而金融业的健康发展，反过来又能够有力地支持、促进经济发展和社会进步。现代商业银行必须适应复杂的外部金融生态环境，从公司治理、内部控制、管理文化等多方面，深入分析影响核心竞争力的因素。需要指出的是，金融生态环境的改善需要政府和整个社会来推进，良好的金融生态环境将有利于商业银行培育和提升核心竞争力。[183]同时，良好和稳定的金融生态环境将有利于促进金融业的健康和可持续发展，进而促进社会进步和经济发展，外部金融生态环境的有序维护和有序竞争，不能仅靠银行自身来推动，金融生态环境的改善需要政府和整个社会来推进；外部金融生态环境的有效改善，才能有利于我国商业银行巩固核心竞争优势。[184]

6.3.1   内部金融生态环境因素

基于本研究第三章"3.1 核心竞争力影响因素构成"内容的论述，以及参考上述参考文献及研究成果，本研究所确定的内部金融生态环境因素主要包括公司内部治理、银行企业文化和银行金融创新等。

6.3.1.1   公司内部治理因素

1999 年 9 月，巴塞尔银行监管委员会专门就商业银行的治理问题颁布了《加强银行机构公司治理》。2002 年 6 月 4 日中国人民银行下发的《股份制商业银行公司治理指引》及《股份制商业银行独立董事和外部监事制度指引》等商业银行公司治理方面的指导性文件，将商业银行治理问题提升到前所未有的历史高度。[185-186]

经合组织（OECD）于 2004 年发布了《公司治理原则》，将公司治理（corporate governance）定义为：公司管理层、董事会、股东以及其他利益相关者之间的一整套关系。公司治理通过制定公司目标、确定实现这些目标和监督执行的手段来构成治理架构。良好的公司治理应当提供适当的激励，以使董事会和管理层追求符合公司和股东利益的目标，并应便于实施有效的监督。无论是在单个公司内部，还是对一国经济整体而言，有效公司治理机制都一定程度有助于提高信心，这对于市场经济的稳健运行十分必要。[187]

我国界定商业银行公司治理是指控制、管理商业银行的一种机制或制度安排，是商业银行内部组织结构和权力分配体系的具体表现形式，其核心是在所有权、经营权分离的情况下，为妥善解决委托—代理关系而提出的董事会、高管层组织体系和监督制衡机制。

金翔俊（2006）认为，内部公司治理环境主要包括企业股东之间的关系、股东与经营者之间的关系方面的一系列法律与制度安排，包括股东大会与董事会制度、独立董事制度、监事会制度、高级管理层激励与约束制度等。[188]李维安（2009）认为，公司治理有广义和狭义之分，狭义的公司治理，是指所有者（股东）对经营者的一种监督与制衡机制，即通过股东大会、董事会、监事会及管理层所构成的公司治理结构的内部治理；广义的公司治理则指通过一系列包括正式或非正式的内部、外部的制度或机制来协调公司与所有利益相关者（stakeholders）股东、债权人、供应者、雇员、政府、社区之间的利益关系。[189]

有效的公司治理是获得和维持公众对银行体系信任和信心的基础，这是银行业乃至整个经济体系稳健运行的关键所在。不健全的银行公司治理会导致银行破产，对存款保险体系造成潜在的影响，并可能对宏观经济产生广泛影响。同时，不健全的银行公司治理会导致市场对银行能否妥善管理资产与负债，以及存款管理方面的能力失去信心，由此触发银行挤兑或流动性危机。

6.3.1.2　银行企业文化因素

美国管理学界《比较优势》一书中提到，在经营发展最成功的企业和公司里面，位居第一位的不是利润指标，不是规章制度，也不是任何一种管理工具、方法和手段，甚至也不是科学技术，而是企业或公司文化[190]。

肖艳芳（2003）认为，企业核心竞争力的培育取决于多种因素，但优良的企业文化对于培育企业核心竞争力有着特定的价值，并指出企业文化不仅是企业核心竞争力形成的基础，而且还是企业核心竞争力的组成部分。[191]曾康霖（2004）认为，银行的核心竞争力就是企业文化。[192]王延增和曹雅玮（2008）界定银行企业文化为商业银行在长期为客户提供金融服务的过程中逐渐形成的，并得到全体银行成员认同和遵行的具有自身特色的价值观念、行为规范和道德规范等内容组成的总和；企业文化虽然不是商业银行直接的、外显的核心竞争力，但它却是塑造核心竞争力的核心要素。[193]

商业银行核心竞争力是指商业银行通过运用组织学习和其自身知识吸收能力，对其组织体系中所拥有的积累性或知识性竞争资源要素，进行有机资源的聚合和使之产生耦合。核心竞争力能够为商业银行创造具有独特性的竞争优势，能为客户创造更好的价值，且难以被竞争对手模仿和超越的重要原因恰恰就是企业文化。由于企业文化具有很强的渗透性和整合性，它可以渗透和贯穿于商业银行中的经营模式和管理模式、人力资源管理、金融产品和服务、市场营销策略等各个层面，进而对商业银行经营和管理体系中的知识价值链进行知识和信息的有效整合，并使之产生耦合，最终使商业银行体现出一种独特的企业形象和文化魅力，从而形成商业银行的核心竞争力和竞争优势。[194]

6.3.1.3　银行金融创新因素

金融创新是金融机构为了最大程度追求盈利或逃避管制而进行的创造性变革，它是金融业发展的灵魂和不竭动力。金融创新主要包括技术创新、业务及产品创新、体制及机制创新、人力资源管理创新等方面。金融创新通过在金融领域创造或引进具有全新特质的新理念、新事物、新技术，并经过模仿与推广中的能量释放，推动金融发展从低级走向高级，从初始走向发达，成为金融业界追求变革和实现经营目标的最主要和持久动力源。[195]金融创新过程中的自由化浪潮导致了金融竞争更加激烈，在一定程度上促进了金融业经营效率的提高，产生了许多新型的信用工具及交易手段，大大方便了市场参与者的投融资活动，降低了交易成本，极大地促进了资本的国际自由流动，有利于资源在国际间的合理配置，在一定程度上促进了国际贸易的活跃和世界经济的发展。

当今时代，持续变化和不断升级的客户群体及需求特征，为金融创新提供了广阔的空间和发展机遇。外部经济金融环境的变化和银行业竞争的不断加剧为持续创新提供了压力和动力。而现代信息网络技术的迅猛发展成为管理和业务创新的基石和重要保障。无论是适应不同层次客户、不断变化的金融需求，还是应对国外金融机构的激烈挑战，银行业都必须加快金融创新。要么创新，要么被淘汰，只有不断创新，竞争主体才能保持竞争优势。要建立激励创新的机制，形成浓厚的鼓励创新、宽容失败的氛围，努力培育创新型人才。要适应市场需求，创新服务理念、金融产品、服务方式和业务流程，改变同质化、低层次竞争的状况，提高金融服务水平，增强盈利能力、风险防控能力、核心竞争力。

现代银行业的发展表明，只有不断地变革机制和体系、完善和改进管理、创新和改善业务流程和产品服务、改进经营和管理体系，并及时吸收和利用先进的科技成果，吸纳和利用优秀的金融专业人才及人员，才能实现竞争资源要素的优化和组合，从而培育和提升自身的核心竞争力，达到实现竞争优势的目的。

6.3.2　外部金融生态环境因素

外部环境因素的变化会影响资源要素的积累与耦合速度，从而影响核心竞争力的提升。本研究将着重从"金融及科技发展因素"、"金融竞争及监管因素"、"市场及客户资源环境"等三类与核心竞争力关系最密切的因素着手进行分析。

6.3.2.1　金融及科技发展因素

随着计算机、通信技术创新和自动化业务发展速度的不断加快，现代商业银行及金融界对电子信息管理系统及其相关技术的依赖程度日趋加深，系统的良好运转已成为保障银行正常运营和发展的基本条件。[196]

商业银行组织要从两方面着手提高自身应对金融科技环境方面的核心竞争力。一方面要通过更新自身的计算机系统及设备，提高技术含量，从硬件方面提高操作风险防范能力；另一方面，要进一步提升信息技术人员的专业知识水平和加强对全体银行业务操作人员的操作专业培训，增加其在防范和应对电子技术方面的风险防范意识和能力。需要指出的是，金融科技环境的改善，需要进行大量的科技投入和培训投入，而提高组织自身科技方面的核心竞争力是有时间滞后性的，即通过一定时间的积累和投入增长，核心竞争力将会逐步提升。

6.3.2.2 金融竞争及监管因素

现代商业银行处于日益复杂的金融环境中，商业银行为了实现其经营目的，在产品、服务、科技、创新等多方面展开了日益激烈的竞争。商业银行通过在宏观方面调整经营战略、微观方面调整经营策略，来适应金融竞争形势和金融环境的变化。同时，各银行机构的经营指标和任务的层层分解，在竞争压力之下，有可能会导致一些银行经营机构和管理部门在某些业务操作上出现违规行为。而合规是商业银行经营管理活动的底线和规则，故监管部门会从合规层面约束和引导金融机构之间的竞争行为。

金融监管包括合规监管和风险监控两个层面。金融监管主要目的是限制商业银行过度竞争、保障金融市场运营秩序以及金融资产的合规经营，对金融价格、业务经营范围和市场准入等内容进行直接控制，通过直接管制、现场和非现场稽核监管来完成实现。监管当局通过出台相关商业银行业务和操作监管指引、风险管理原则等标准和文件，来指导和规范商业银行的业务和操作行为，同时提高商业银行的合规管理水平和风险管理水平。[197]

商业银行组织需要在激烈的金融竞争环境、金融监管范围内，规范的经营商业银行业务，正确确立银行发展方向，深入学习和吸收相关金融监管政策制度的内在要求，将监管要求转化为内在知识和发展的内在驱动力，从而实现合规经营和合规发展。

6.3.2.3 市场及客户资源因素

商业银行是重要的服务性行业，其竞争其实就是客户资源的竞争，商业银行的经营和管理必须"以客户为导向"，实现"以客户为中心"的经营和管理战略。我国商业银行在客户资源划分、重点客户群体维护和营销、客户关系管理（CRM）等诸多方面与国外先进银行的管理理念、策略上还存在着相当差距。[198]对银行客户资源的有效管理，是商业银行在激烈的金融竞争中生存和发展所不可忽略的重要因素，而客户资源的储备、维护和拓展会直接影响商业银行的竞争实力和管理能力，从而影响商业银行核心竞争力。[199]

6.4 知识吸收能力与核心竞争力提升机制

6.4.1 知识吸收能力理论

近些年来，知识吸收能力（absorptive capacity，ACAP）概念被广泛应用于企业管理、知识管理、企业能力、组织学习、复杂组织等学科领域。科恩与利文索文（Cohen & Levinthal，1989 & 1990）最早系统的提出了"知识吸收能力"概念，并将其定义为"企业从环境中识别、消化和开发知识的能力"，认为知识吸收能力是一种"识别外部信息的价值、消化和应用到商业用途的能力"，强调知识吸收能力的核心是企业组织对外部知识的识别、获取、转化及利用。[200]之后学术界对知识吸收能力进行了一定的研究，进一步充实和拓宽了知识吸收能力理论体系。需要注意的是，知识吸收能力本身并不能直接创造竞争优势，它通过对组织识别、评估和吸收外部知识信息的效果产生关键性影响，从而对竞争优势的形成和持续起到重要支撑作用。[201]

莫厄里和奥克斯利（Mowery & Oxley，1995）认为，知识吸收能力是对外部转移来的隐性知识进行处理，并对所吸纳的知识进行修正的一组广泛的技能。[202]蒂姆（Kim，1998）定义知识吸收能力定义为"一组技能和知识的集合"，它是企业进行学习从而解决问题的能力。[203]扎赫拉与乔治（Zahra & George，2002）认为知识吸收能力是企业的一组惯例和流程，由潜在吸收能力和实际吸收能力构成；企业组织通过获取、消化、转化和开发利用知识及技术来产生动态组织能力，以达到获取和持续竞争优势的目的[10][204]。雷恩和科卡（Lane & Koka，2006）总结了不同的吸收能力研究成果，认为吸收能力是一种企业利用外部知识的能力，而对外部知识的应用主要通过三个不同的过程来实现，即通过探索性学习对企业外部潜在的、有价值的知识进行识别和理解；通过转化学习吸收有价值的新知识；通过开发性学习应用已消化的知识、创造新的知识和商业价值。[205]

诸多研究文献强调，学习的隐含性、复杂性和技术的特性是影响知识吸收能力的关键因素，并认为外部知识的特性将直接影响企业组织对知识的吸收和消化；知识的特征是影响知识认知、获取和消化的重要变量。[205-207]也有研究认为吸收能力的实质就是企业的知识基础或先验知识程度，即先验知识的水平是知识吸收能力的影响因素。[203][208]同时，国别差异和文化差异对于企业组织获取知识的能力也会产生消极障碍，[209-210]企业组织中具有兼容性的价值观和行为标准会对企业之间的组织学习产生积极促进作用，而文化冲突与误解会对知识的共享和组织学习产生阻碍作用。[211]

科恩与利文索文（Cohen & Levinthal，1990）将组织知识吸收能力划分为三个维度，分别为对知识的识别能力、消化能力和应用能力。[201]蒂姆（Kim，1998）认为知识吸收能力由已有知识基和努力强度两维度构成。[203]登博斯等（Van den Bosch，1999）

针对知识吸收能力的内容和过程的差异性和特点，将知识吸收能力划分为效率、范围和柔性三个维度，效率指基于成本的视角分析企业识别、消化和利用外部知识的效能，范围是指企业吸收知识的广度，柔性则是指企业对外部知识和自身已有知识的整合程度。[212] 明伯埃瓦等（Minbaeva，2003）基于知识吸收能力的内生视角，将知识吸收能力划分为员工能力和员工激励两个维度。[213] 雷恩和鲁帕金（Lane & Lubatkin，1998）提出"学生企业"和"老师企业"，认为知识吸收能力是"学生企业"从"老师企业"获取新知识、技术后进行吸收、消化、评价及应用的能力，并认为，吸收能力有三个维度——识别、吸收和利用。[206] 徐二明等（2008）从知识转移理论模型出发，探讨了知识吸收能力的构成维度，以知识转移的四个阶段为基础，认为企业知识吸收能力由知识获取能力、整合能力、转化能力和应用能力四个维度构成。[214]

6.4.2　内在核心竞争力提升机制

内在核心竞争力是商业银行核心竞争力能力体系的内在基础，而内在核心竞争力的提升取决于竞争资源要素的聚合机制。本书构建内在核心竞争力聚合模型，从竞争资源要素的聚合过程入手，并分析和研究竞争资源要素聚合与内在核心竞争力之间的关系。竞争资源要素的聚合体现为 4 类竞争资源要素的积累。由于各类资源要素具有不同的特点，故各种资源要素聚合过程各不相同。

6.4.2.1　竞争资源要素聚合过程

知识积累分为静态知识积累和动态知识积累，静态积累指知识的储备和维持，而动态积累则指知识的重构和使用。处于组织学习过程的个人或组织，均表现为会向更专业或更先进的知识主体学习，或将自身积累的经验和知识进行交流和共享，从而形成知识存量的增长[215]，这个过程形成了内在核心竞争力的提升。根据罗林堡（Rosenberg，1982）知识平台观点，在知识积累相对静态的量的扩张阶段，组织的固化使活化知识得到不断的积累，但由于此刻某类知识层面的量的积累尚未引起质的变化，故此时的组织能力尚处于静态稳定阶段，一旦能力积累达到或超过一定阈值，就会引起整个组织能力的动态变迁。[216]

企业能力实质是一个系统，能力的提高是组织系统内各子系统协调发展的结果。如果在能力系统中仅单纯增加某一要素的投入，而不增加其他要素的投入，其他各要素的投入增量为零，则企业的总体能力增长呈效益递减趋势，即能力增长速度远低于该要素的投入增长速度；如果各要素协调增长，则总体能力的提高呈效益递增趋势，即企业能力增长速度高于任一要素的增长速度。[217]

综上所述，竞争资源要素的聚合是提升内在核心竞争力的必要条件，而构成资源要素组成部分的量聚合达到或超过一定阈值时，即资源要素聚合需要达到合理的量，才会由量变形成质变，从而形成和提升核心竞争力。

6.4.2.2　内在核心竞争力提升模型

根据第 2 章中关于企业技术能力理论的论述，商业银行核心竞争力在实质上亦可被视为商业银行组织的一种技术能力，而这种能力由信息及科技资源要素、人力及人才资源要素、经营及管理资源要素、市场及客户资源要素等 4 项资源要素构成，商业银行需要对竞争资源要素存量进行有效运作，才能实现核心竞争力的提升。

本书参照企业技术能力的度量模型[218]，构建商业银行内在核心竞争力提升与资源要素聚合的关系模型。该模型可以有效反映出商业资源要素存量的变化与核心竞争力之间的关系，并可体现出资源要素量变到质变的规律。具体模型如公式（6.1）所示：

$$cc_i = \alpha \times it^{\beta_1} \times hp^{\beta_2} \times mo^{\beta_3} \times mc^{\beta_4} \tag{6.1}$$

式中，cc_i 代表内在核心竞争力，rp 代表银行员工个体资源要素，it 代表信息及科技资源要素、hp 代表人力及人才资源要素、mo 代表经营及管理资源要素、mc 代表市场及客户资源要素。α 代表金融环境影响因子，表示内部金融环境、外部金融环境等因素对核心竞争力提升的影响；β_i 代表各竞争资源要素对核心竞争力提升的作用因子，表示竞争资源要素对核心竞争力提升的作用强度；$0<\alpha<1$，$0<\beta_i<1$，其中 α 值和 β_i 值可通过专家对相关的因素进行评估来获取其数值。

需要指出的是，当有 4 个条件全部成立时，连乘公式可用于度量核心竞争力的提升状况。具体条件如下：

条件 1：it，hp，mo，mc 等四项要素的任何一项需为严格的非零值，否则会使 mc_l 为零。

说明：内在核心竞争力是一种系统能力，只有在各项资源要素都具备的情况下，才会出现内在核心竞争力的提升。

条件 2：分别对 it，hp，mo，mc 求导，可得到竞争资源要素的聚合增速，见公式（6.2）。由公式（6.2）可知，在其他参数不变情况下，因 $0<\beta_i<1$，故核心竞争力的增长需要 4 类知识要素同时起作用，而仅单纯增加某一类竞争资源要素时，内在核心竞争力的提升速度小于此类竞争资源要素聚合速度。

$$\begin{cases} \dfrac{\partial cc_i}{\partial it} = \beta_1 \dfrac{cc_i}{it} \\[2mm] \dfrac{\partial cc_i}{\partial hp} = \beta_2 \dfrac{cc_i}{hp} \\[2mm] \dfrac{\partial cc_i}{\partial mo} = \beta_3 \dfrac{cc_i}{mo} \\[2mm] \dfrac{\partial cc_i}{\partial mc} = \beta_4 \dfrac{cc_i}{mc} \end{cases} \tag{6.2}$$

说明：仅单纯增加某类竞争资源要素，内在核心竞争力提升速度将小于此类竞争资源要素的聚合速度。只有竞争资源要素实现增量的匀速和均衡适配，才能提高竞争资源要素的聚合效率，真正提升内在核心竞争力。

条件 3：对公式（6.1）中的 mc_l 求全微分，可得公式（6.3），

$$dcc_i = \frac{\partial cc_i}{\partial it}dit + \frac{\partial cc_i}{\partial hp}dhp + \frac{\partial cc_i}{\partial mo}dmo + \frac{\partial cc_i}{\partial mc}dmc \qquad (6.3)$$

根据公式（6.2）求导结果，对公式（6.3）进行变换，可得公式（6.4），

$$dcc_i = \beta_1\frac{dit}{it}cc_i + \beta_2\frac{dhp}{hp}cc_i + \beta_3\frac{dmo}{mo}cc_i + \beta_4\frac{dmc}{mc}cc_i \qquad (6.4)$$

将公式（6.4）中 mc_l 左除，可得到公式（6.5），

$$\frac{dcc_i}{cc_i} = \beta_1\frac{dit}{it} + \beta_2\frac{dhp}{hp} + \beta_3\frac{dmo}{mo} + \beta_4\frac{dmc}{mc} \qquad (6.5)$$

说明：内在核心竞争力的提升速度是各项竞争资源要素聚合速度之和。只有实现各项竞争资源要素聚合速度的均衡适配，才能够最大限度提高内在核心竞争力提升速度。即：内在核心竞争力的增长是以 β_i 为权重的资源要素按比例增长的总和。

条件 4：如果 4 类资源要素聚合速度相同，均为 V，则有公式（6.6）。

$$\frac{dcc_i}{cc_i} = \beta_1 V + \beta_2 V + \beta_3 V + \beta_4 V = V(\beta_1 + \beta_2 + \beta_3 + \beta_4) \qquad (6.6)$$

$$\frac{dcc_i}{cc_i}/V = \beta_1 + \beta_2 + \beta_3 + \beta_4 \qquad (6.7)$$

由公式（6.7）可知，当 $\beta_1+\beta_2+\beta_3+\beta_4>1$ 时，内在核心竞争力的提升速度高于资源要素聚合速度，即内在核心竞争力提升遵循"增速效应"；当 $\beta_1+\beta_2+\beta_3+\beta_4\leqslant 1$ 时，内在核心竞争力的提升速度低于资源要素聚合速度，即内在核心竞争力提升遵循"延迟效应"。

以上条件假设及公式推导说明：

1）"增速效应"是指在较长的时间内，商业银行组织获取和吸收到的竞争资源要素会使内在核心竞争力得到提升，从而促进商业银行组织获取和吸收竞争资源要素的能力增强。此时，如果增加一定的竞争资源要素配置，即会产生较大的资源要素聚合效果，从而迅速转化和提升内在核心竞争力。

2）"延迟效应"是指商业银行组织需要一定的时间，才能将从金融生态环境中吸收的竞争资源要素真正转化为组织所能掌握的内在知识和竞争能力，即在一定时间内通过加大竞争资源要素配置，实时获取很多的资源要素，但这些知识需要经过一定的时间后才能形成积累，然后再转化成为内在核心竞争力。

6.4.3 外显核心竞争力提升机制

竞争资源要素耦合是商业银行通过组织学习方式和应用知识吸收能力，有效使用

竞争资源要素、从而产生竞争资源要素聚合增量，并最终实现竞争优势的实践过程，通过该过程，商业银行的银行员工个体、部门团队与总体组织三个层次不仅增加了竞争资源要素，而且在业务经营和管理中可以协助商业银行组织吸收和适应金融生态环境，发挥企业文化的无形功能及作用，从而使商业银行三个层次能够综合运用竞争资源要素，实现提升外显核心竞争力的目的。

因各类竞争资源要素的形成环境、过程和方式存在差异性、局部性、具体性和特质性等特点，故导致各类资源要素具有不同的传导层次和传导特点[219]。商业银行组织所拥有的竞争资源要素需要通过不同路径，将隐性资源要素充分吸收和转化，并使隐性资源要素形成优质资源要素，再从优质资源要素成为不同于其他竞争对手的资源要素，最终使商业银行从竞争中的优势转化为胜势，形成竞争资源要素的耦合过程，亦即外显核心竞争力的提升过程。

6.4.3.1 竞争资源要素耦合过程

商业银行需要将组织内员工个体、部门团队和总体组织 3 个层次所拥有的各类资源要素，进行知识的共享、转移和吸收，使之构成银行组织的竞争资源要素体系，进而转化为商业银行组织的外显核心竞争力，并运用到实际的银行业务管理与业务操作实践中，见图 6-7。

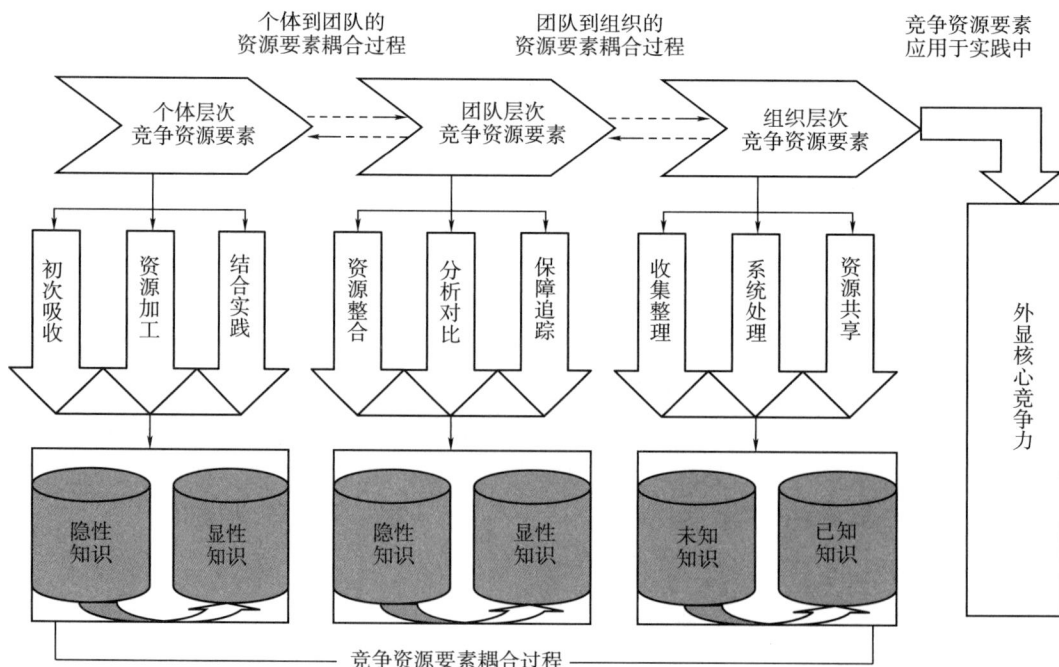

图 6-7　竞争资源要素耦合模型

（1）员工个体层次资源要素耦合过程

员工个体是组织中的最基本单元，是创造、储存和使用知识的载体；员工个体在积累竞争资源要素之后，会在业务管理和操作过程中利用自身已聚合的资源要素信息去指导自身的业务管理和业务操作行为，从而实现银行员工层次上的资源要素耦合。银行员工层次的竞争资源要素耦合行为过程如下：

1）资源要素初次吸收过程。员工个体将从不同渠道（组织内部和组织外部）所获取到的信息技术信息、经营管理信息、市场客户信息、人力资源信息转化为个体的隐性知识，从而提高自身的竞争资源要素掌握程度。

2）资源要素加工过程。员工个体将已初次获取的竞争资源要素进行思维加工，从而形成自己的资源储备和资源体系，并用以此指导自身的业务操作和管理行为。

3）资源要素与实践结合过程。员工个体是通过实际的业务操作和管理，分析其中的规律，结合自身已认识和掌握的竞争资源要素，经过总结后纳入个体记忆，形成其自身独有的资源要素。

通过以上三个过程，员工个体将竞争资源要素进行吸收、加工和总结，将其用于业务操作和管理过程，从而完成了个体层次的竞争资源积累过程，实现了资源要素在个体层次上的耦合。

商业银行应采取相应的激励机制鼓励银行员工主动共享其自身所拥有的隐性资源要素，并为银行员工之间的交流创造良好氛围和条件，以促进隐性资源要素的转移和在组织内部之间的扩散和利用。

（2）部门团队层次资源要素耦合过程

部门团队是组织中具有相对完整功能的最小单元，是知识交流的基本单位。部门团队需要对成员中每个个体对于资源要素的认知进行整合，并要分析和总结团队个体中本身所存在的问题，形成适合于本部门团队业务管理与业务操作的竞争资源要素，从而实现了团队层次上的竞争资源要素耦合。银行团队层次学习中的资源要素耦合行为过程如下：

1）员工个体知识整合过程。由于员工个体对于竞争资源要素的认知水平和掌握程度参差不齐，部门团队需要分析每个员工个体的知识层次、水平的优势和弱势，根据员工个体的特点和岗位职责，整合员工个体所具有的资源要素，采用组织讨论、技术练兵等方式，协调员工个体之间对于竞争资源要素方面的相互交流与学习，形成部门团队内部的资源要素互补，从而提高每个员工的资源要素吸收和掌握水平。

2）行为分析对比过程。部门团队需要根据经营和管理要求，并根据市场竞争和营销策略的规划及方案，将部门团队内部的业务操作和管理行为进行分析，对照制度规定观察部门团队中业务操作和管理不一致或比较薄弱的地方，并要通过树立合规典型或学习反面素材的方法，让部门团队成员找到资源要素掌握水平的差距，从而促使部门团队内部及成员主动学习。

3）保障与追踪过程。部门团队需要采取适当的激励措施，以增加部门团队成员之间交流资源要素的动力，培育良好的资源共享和资源转移氛围，构建和应用良好的企业文化，保障团队部门层次的资源要素耦合过程；同时要合理运用有关规章制度的约束性，保障银行团队层次的组织学习过程有序展开，并要跟踪知识耦合之后的业务操作和管理行为，来及时发现知识耦合效果是否存在负效应的情况。

（3）总体组织层次资源要素耦合过程

总体组织层次上的知识耦合是指商业银行通过正式的管理方式和信息沟通渠道，整合组织中的团队部门、员工个体已获取和掌握的资源要素，将业务管理和操作中的资源要素进行规范化、统一化、合理化，并将这些资源要素从全局角度进行调配和应用于业务经营和管理实践中，发挥竞争资源要素的全力优势，形成1+1>2的作用，从而将竞争资源要素形成优势竞争资源要素，从优势转化为胜势。组织层次学习中的资源要素耦合行为过程如下：

1）资源要素归集整理过程。商业银行组织高层需要加强与员工个体、部门团队之间的相互沟通，组织银行员工个体、部门团队充分和有效传递和共享竞争资源要素，然后将银行员工个体、部门团队具有代表性、有效性、合规性的资源要素进行系统性归集、整理，使隐含于银行员工个体、部门团队之间的资源要素由隐性知识转化为商业银行总体组织层次的显性知识，从而提高组织总体的资源要素水平。

2）制度化和程序化过程。商业银行组织需要将已归依和整理的竞争资源要素进行相应的分类、归纳，用文字、视频、声音等介质方式将其转化为制度化和程序化的保存形式。一般而言，商业银行组织以规章制度、操作规程和业务手册、流程规定等形式将竞争资源要素予以制度化和程序化，并将规范化的资源要素作为指导商业银行组织及员工业务操作和管理工作的指针。

3）资源分配共享过程。商业银行需要根据经营和管理特点，结合市场竞争策略和客户营销方案，集中优势竞争资源要素在不同的业务条线、部门团队进行重新分配和共享，集中发挥竞争资源的优势势能，应用于关键和重要业务和管理领域，从而形成优势竞争资源的充分应用和效能发挥。

6.4.3.2 外显核心竞争力提升模型

野中郁次郎（Nonaka，1995）提出的知识创造理论中的知识螺旋模型（SECI）认为：知识创造是通过隐性知识和显性知识持续不断的转换过程而实现的，通过社会化、外部化、组合和内部化进行交互运作等方式实现其过程，使隐性知识与显性知识不断进行转换和重组，从而实现知识创造的良性循环。[95] 魏江等（2008）认为知识的各种形态是一个连续体，显性知识和隐性知识处于连续体的两端，而介于其中的是中性知识。[220]邵昶和丁栋虹（2009）认为知识转化过程是一个知识"量子跃迁"的动态过程（即知识转化过程中的中间状态），而不是一个连续函数过程，通过隐性知识的转化过程，以逐步降低自身动态性和不确定性，达到知识转化目的和效果，并构建螺旋桨式SECI 模型。[221]

依据以上理论和第 2 章中关于竞争资源要素耦合的论述，本研究构建了竞争资源要素—核心竞争力转化模型，见图 6-8。

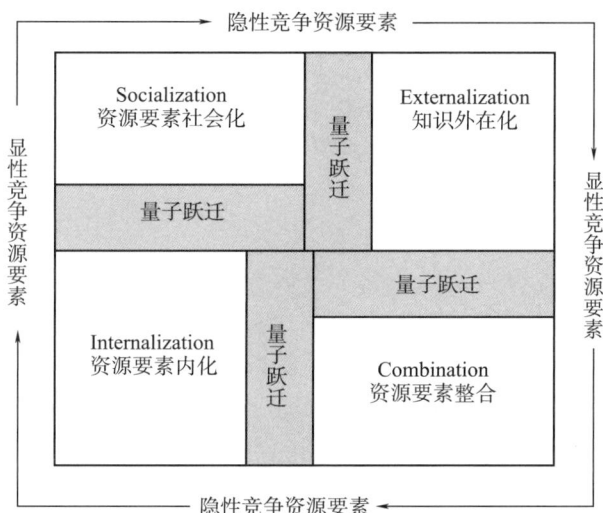

图 6-8　竞争资源要素–核心竞争力转化模型

图 6-8 展示了商业银行核心竞争力中的隐性资源要素向显性资源要素的转化过程。商业银行组织在形成外显核心竞争力的过程中，需要实现两阶段转移：第一阶段为隐性资源要素向显性资源要素的转移；第二阶段为竞争资源要素向核心竞争力的转移。而这两种转移均遵循"量子跃迁"的规则——一种形态的知识向另一种形态的知识进行跳跃。隐性资源要素向显性资源要素转移的过程是一个具有许多间断点的非连续函数过程，并非光滑曲线，隐性资源要素在这些间断点上进行不断跳跃，通过跳跃降低隐性资源要素的动态性和不确定性，从而向显性资源要素不断靠拢接近并转换形态；资源要素在向核心竞争力的转移亦遵循"量子跃迁"规律。

通过以上两阶段的转移，实现了两种对接（耦合），即隐性资源要素与显性资源要素的耦合，竞争资源要素与核心竞争力的耦合。商业银行组织需要在员工个体、部门团队和组织层次之间不断地实现两阶段的对接（耦合），从而最终形成外显核心竞争力。

6.5　核心竞争力提升机制路径依赖性分析

在核心竞争力的提升过程中，商业银行组织必须注意不能使自身的核心竞争力发展成为僵化的核心。核心竞争力一旦形成和培育之后，会有相当长的时间惯性。而随着金融生态环境的变化，商业银行需要及时更新和调整核心竞争力的能力体系构成和竞争资源要素配置，才能保持核心竞争力的时代性和生命力。但在客观实践中，商业银行不遗余力试图构建自身的核心竞争力，却往往又可能忽略了新的市场环境和客户需求变化，在此情况下，商业银行的核心竞争力可能会面临着故步自封的危险，商业银行的核心竞争力存在一定的时滞性和提升障碍——核心竞争力刚性特性。本节内容将分析核心竞争力的路径依赖性特征和提升障碍，以及发现克服问题的措施和路径。

6.5.1　核心竞争力路径依赖性

从系统演化的一般规律可知，在一个开放的环境中，具有复杂的非线性动力学机制的系统总是会存在多个可能的相对稳定状态。在一定的阈值条件达到后，环境的变化与系统内部的波动将会相互耦合，并通过复杂系统的潜能释放机制会放大这种耦合作用，系统即会从原有的稳态进行过渡和跃迁，从而达到一个新的稳态，使系统由无序走向有序。在此过程中由于正反馈的作用的存在，偶然因素将会对系统状态的跃迁过程产生持久的影响，从而决定和影响新的状态。

商业银行组织处于一个复杂的金融生态系统之中，该生态环境具有开放性、循环性和交互性的特点，其中各环境要素的影响存在非线性，形成一个相对动态平衡的体系。由于金融生态环境中的内部生态环境和外部生态环境各种因素均可能会通过不同的路径和方式，对商业银行价值链中的竞争资源要素的获取、吸收、转化和应用产生程度不同的影响。而核心竞争力体系的路径依赖指：一个具有正反馈的系统演进的路径决定于系统的初始状态，对初始状态的偶然性事件非常敏感，系统一旦因此而改变方案，该系统的演进路径将会呈现前后连贯、相互依赖的特点，同时很难为其他潜在的、甚至更优的体系所取代。[222]

路径依赖性为商业银行核心竞争力带来的有利方面是会形成模仿障碍。核心竞争力之所以能够成为持续竞争优势的源泉，一个很重要原因即是其难以模仿性的特点。而难以被模仿的原因即是由于客观存在的核心竞争力的路径依赖性特征，路径依赖性会对模仿者产生认识吸收、思维转化、模仿时间与经济障碍。同时，还有一个原因即是核心竞争力所存在的"因果模糊性"（casual ambiguity）是沿着某一路径经由自增强机制形成的，所以在企业的投入与产出间存在所谓的"因果模糊性"（casual ambiguity）和锁定状态（Lock-in），使得模仿者不能轻易寻找核心竞争力的成因，也无法简单转移核心竞争力。

路径依赖性为商业银行核心竞争力带来的不利之处是，会使商业银行企业在培育和提升核心竞争力，仅强调某一部分的能力资源要素，而使其他部分资源要素丧失其匹配性及协调性，产生核心竞争力的刚性问题，会影响商业银行组织对四项主要竞争资源要素在获取、吸收、转化和应用方面的全局考虑和合理配置问题，同样也会影响内部金融生态因素中的企业文化、管理思维、金融科技应用等方面，从而增大适应金融生态环境的难度。

所以说，当商业银行核心竞争力陷入某种路径时，如果不能适应金融生态环境的变化，则其组织学习能力、知识吸收能力均会出现下降；可能会进而丧失路径转移和路径重组的机遇时，在一定时间内会丧失自身的优势竞争地位，影响到核心竞争力的生命力和经营目标的实现。[223]

6.5.2　核心竞争力提升的障碍因素

由于核心竞争力提升过程中存在着路径依赖性，当处于闭锁状态时，商业银行的核心竞争力体系会处于相对"封闭"状态，而此刻核心竞争力体系再在面对金融生态环境因素变化时，会出现"麻木"和"迟钝"状态。加之，商业银行组织在将竞争资源要素从聚合到耦合过程中，需要运用组织学习措施和应用知识吸收能力，而由于组织学习自身、金融生态环境因素的复杂性和动态性，故在核心竞争力的提升过程中会存在诸多不可预见的困难，而这些问题和困难又会影响和阻碍商业银行组织进行正常的竞争资源要素分配、转化和应用，即"核心竞争力提升障碍"[224]。

参考相关文献，并基于核心竞争力路径依赖性的相关分析，可以总结得出在商业银行核心竞争力能力体系和提升过程中，主要包括"组织学习障碍"、"组织及制度障碍"和"环境感知障碍"等。

6.5.2.1　组织学习障碍

组织学习障碍主要体现在以下三方面：

1）3C 模式——组织学习过程的思维误区。3C 指自满（complacency）、保守（conservation）和自大（conceit），由于 3C 模式的存在，组织的心智模式被过度强化，其发送途径被弱化或割裂，故在组织的可持续发展过程中会不可避免的遇到障碍。

2）沟通失衡——组织学习过程的障碍。由于机制不健全、信息不对称以及组织伦理差异化等原因，会导致组织内部的沟通失衡，从而使个体、团队和组织层次的学习过程产生组织学习障碍。

3）永恒记忆——组织学习过程的陷阱。由于组织自身会认同和延续曾经促使组织发展的成功的思维模式，从而产生思维定式，但随着组织环境的变化，这种思维定式在很大程度上会影响和制约组织的创新意识以及对于新知识的学习。[225]

由于员工个体在进行相应的业务及操作学习过程中，个体动机、主动性、主观能动性方面存在差异性，同时由于商业银行在对员工个体进行具体组织学习时，在管理方式、激励措施以及培训安排等方面，有可能与员工个体在组织学习目的及学习过程方面的知识理解、学习目的上产生冲突，故存在着组织学习过程中的银行员工层次障碍。

商业银行应制定出合理有效的员工组织学习计划和相应的学习激励制度，合理安排组织学习时间和内容，注重组织学习效果，并加大对组织学习效果方面的奖励，从而有效激励员工的学习主动性和积极性。综上所述，通过改善商业银行组织的组织学习效果可以有效解决个体层次学习的障碍。

6.5.2.2　治理及制度体系障碍

由于商业银行的主要治理架为层级式，规模越大，管理层级和业务延伸越宽，其经营和管理节点越多，价值链也就越长。由于治理架构在形成之后，就存在相当时长的稳定性，故在当面临金融生态环境出现复杂变化时，从信息的传递、分析到汇报和决策，现有治理架构在应对时会出现一定的时滞性和低效性，从而在一定程度上可能会影响核心竞争力的提升。另外，加之企业治理架构和组织结构方面的长期固有性和稳定性，会使得商业银行组织体系出现管理和业务操作惰性，故使得在面临环境发生变化时，也不会轻易采取激进式变革方法，而宁可采用过渡式或渐进式变革，从而可能丧失抓住核心竞争力创新的机遇。

同时，商业银行的管理和业务制度制定和执行是有相对较长的稳定期，一旦制定和执行就不会轻易改变。而当金融生态环境因素发生复杂和巨大变化时，往往制度和政策会具有执行惯性，在应对变化时会出现一定的迟滞性和思维限定性，故在一定程度上也会影响核心竞争力的提升和应变。

6.5.2.3　环境变化感知障碍

在组织学习障碍和治理及制度体系障碍的共同影响下，商业银行可能会在对信息获取的路径、渠道变化方面，用固有模式和沿袭旧有方法对竞争资源要素进行获取、整合；其次，由于核心竞争力的优势特性存在，使得商业银行组织会依照旧有方式对竞争资源要素进行聚合和耦合时，存在过度的自信，导致可能会缺乏对金融生态环境因素的持续深入分析和继续进行创新的动力，在一定程度上对竞争信息的获取失去灵敏度，在资源要素配置和转化时可能会存在一定的过时性。商业银行对环境变化感知的障碍，将主要影响竞争资源要素的获取、配置和投入，从而客观上影响核心竞争力的提升。[226]

商业银行竞争资源要素的聚合与耦合是商业银行运用组织学习方式培育和提升核

心竞争力的重要活动，由于组织学习障碍、治理及制度障碍、环境变化感知障碍的客观存在，商业银行的核心竞争力提升必然会受到影响，并在一定程度上会降低资源要素聚合与资源要素耦合的效率。

还需要特别指出的是，商业银行的核心竞争力是具有时效性的，不是一成不变和静态的，它总是受金融生态环境的动态变化影响，与金融市场和客户需求紧密相关。在复杂、动态的金融生态环境中，商业银行必须要对自身所拥有的核心竞争力进行动态更新和发展，克服路径依赖的负效应和最大程度消除三大障碍，才能提升核心竞争力的生命力。

6.6　本章小结

本章提出和构建了商业银行核心竞争力的提升机制。基于机制理论和系统演化理论的分析，以及知识链和价值链理论，提出了商业银行核心竞争力提升机制的内涵和提升流程。同时，提出了商业银行知识价值链，以此来分析商业银行核心竞争力在形成和提升过程中的资源要素及信息进行聚合和耦合的过程。

本章研究和分析了商业银行内部及外部金融生态环境因素对核心竞争力提升和演进的具体影响和作用。其中，内部金融生态环境因素包括公司内部治理、银行企业文化和银行金融创新等因素；外部金融生态环境因素包括金融科技发展、金融竞争监管及市场及客户资源等因素。同时，本章分析了知识吸收能力对商业银行核心竞争力的资源要素及信息进行聚合和耦合的过程，分析了内在核心竞争力和外在核心竞争力的提升机制。同时，本章对核心竞争力机制中存在的路径依赖性特点进行了研究，从组织学习、治理及制度体系、环境变化感知等方面深入研究了核心竞争力的提升障碍因素，并提出相应的总体建议。

第7章　商业银行核心竞争力提升机制仿真分析

7.1　核心竞争力提升机制仿真建模原理及过程

7.1.1　系统动力学仿真原理

7.1.1.1　系统动力学理论及应用

（1）系统动力学理论

系统动力学（system dynamics，SD）是由麻省理工学院（MIT）的福瑞斯特（Jay W. Forrester，1956）创立的一门研究系统动态复杂性的科学。SD 是系统科学和管理科学的一个分支，是一门认识系统问题和解决系统问题的交叉综合学科。SD 主要研究信息反馈系统，它从系统内部的组织结构、信息流动、物质流动，以及由此形成的反馈结构出发，构建系统的动态模型，将定量方法和定性方法结合，运用综合推理的方法，借助计算机模拟进行调查研究与政策分析，SD 被视为研究社会、经济及生态等复杂大系统规律的实验室。[227-230]

SD 是以反馈控制理论为基础，综合应用控制论、决策论、信息论等理论与方法，以计算机仿真技术为手段建立 SD 模型，从而研究复杂社会经济系统的定量方法[231]。在分析非线性复杂系统方面，SD 具有其明显优势：一是它将问题的分析和解决从系统外部转移到系统内部，从系统内部结构和行为模式入手探讨解决方案；二是在修改输入政策变量时直观易行，可容易比较不同输入政策变量的效果。[232]

（2）系统动力学的应用

SD 自诞生至今，其理论内容、技术和模型体系等方面一直处于深度和广度的发展和研究过程中，SD 在社会、经济、金融、企业管理、城市建设规划各个领域中均得到广泛应用，包括大规模的战略与决策研究的世界模型、国家模型及区域或城市发展模型。SD 在国内外成功应用的经验主要包括：以丹尼斯·米都斯（Dennis. L. Meadows，1972）为首的国际研究小组，对世界范围内的人口、资源、工农业及环境污染等要素进行的世界性研究课题——由罗马俱乐部提供财政支持所建立的 SD 世界模型[233]；彼得·圣吉的"第 5 项 修炼"中利用 SD 哲学理论，建立了"组织学习实验室"——微世界（microworld），对组织学习的因果反馈行为进行研究，通过研究复杂现象的本质，寻求问题的解决方法[234]。

苗丽娜（2007）运用 SD 对"金融生态环境"进行了评价研究，构建了金融生态环境系统的因果关系图及 SD 模型，并通过模型进行了仿真实验，验证了法治环境和政府行为在金融生态环境中的重要性。[235]张球（2008）从系统动力学的角度分析了金融生态演化的动力因素，认为技术进步与制度创新、金融企业之间的竞争与市场需求是金融生态演化的重要动力要素；同时，分析了政府行为、经济基础、社会信用状况、中介服务水平等影响金融生态系统演化的制约因素，较为系统的从内部因素和外部因素分析了我国金融生态系统。[236]

7.1.1.2　核心竞争力的系统动力学思考

思考 1：商业银行组织是复杂性组织系统，它处于复杂环境之中，具有相对的不稳定性和不平衡性，任何微观和宏观的因素变动对商业银行组织经营和管理都可能产生不同程度的影响。商业银行核心竞争力在形成、培育和提升过程中将会面临哪些具体的金融生态环境影响因素，不同金融生态环境因素的影响程度有多深？

思考 2：商业银行组织系统又是一个能力集合体，其能力系统具有高度复杂性和多维度的特性，而金融生态环境的复杂性及金融竞争的激烈性要求商业银行组织必须拥有核心竞争力，并通过有效途径和措施提升核心竞争力。那么有效途径和措施都有哪些？它们如何在能力体系中发挥作用？

思考 3：商业银行核心竞争力是一个能力体系，在体系中各种影响因素之间的关系是复杂的、相互关联的，既存在线性关系，又存在非线性关系。在研究中，将重点分析影响因素之间应保持何种合理的动态适配状态和作用关系，从而实现商业银行优势竞争资源要素投入和核心竞争能力效果的最佳配比。

思考 4：商业银行核心竞争力划分为内在核心竞争力和外显核心竞争力两个层次，其能力的提升过程是商业银行在复杂环境中，运用相关知识吸收和组织学习等技能和方式，对优势竞争资源要素进行聚合和产生耦合的过程；在能力提升过程中，它将表现出非线性的复杂特征。

思考 5：商业银行拥有对信息及科技资源、人力及人才资源、经营及管理资源、客户及营销资源等要素的整合能力，如何运用这种整合能力从而发挥整合效果，将对商业银行内在核心竞争力的形成产生重要影响；商业银行对优势竞争资源的整合能力存在于银行员工层次、部门团队层次和银行组织层次，并由下至上形成层进关系。

思考6：通过研究商业银行核心竞争力的提升过程和变化过程，可以发现商业银行在当前经营和管理中、核心竞争力培育和提升中所存在的问题，并且观察和分析自身核心竞争力的变化趋势和规律。

以上分析可知，对于商业银行核心竞争力的思考问题解决，完全可以使用系统动力学方法对商业银行核心竞争力进行系统性思考和深入研究。

7.1.1.3　系统动力学仿真建模步骤

（1）系统动力学仿真建模思路

SD是研究复杂系统规律的策略实验室，当采用不同的策略时，将会得到不同的结果。本研究针对商业银行核心竞争力的提升演进路径和竞争力能力体系建立起系统力学模型，并对核心竞争力的不同投入策略进行仿真检验，从中寻找出系统性的规律。运用SD解决问题的主要步骤为：

运用SD理论、方法对所要研究的对象及问题进行系统性分析；对所研究的对象进行系统的结构分析，划分系统层次与子模块，并确定总体与局部的反馈机制；建立数学的规范模型；运用SD模型进行仿真模拟与政策分析，进而根据模型信息进行进一步修正；检验评估模型。

（2）系统动力学仿真建模流程

根据SD模型的建模思路和问题分析，可构建SD仿真研究的基本过程，主要过程可分为系统分析（任务调研、问题定义和确定系统边界）、结构分析（反馈结构分析和变量定义）和模型建立及修正（方程建立、模型建立及模型仿真模拟、模型修正）3个部分[229][236]，具体流程见图7–1。

（3）仿真建模语言及工具

SD是一种以反馈控制理论为基础，以计算机仿真技术为手段，通常用以研究复杂的社会经济系统的定量方法。SD适用于处理长期性和周期性的问题，通过模拟真实世界系统，并使用计算机系统进行跟踪、模拟世界系统随时间变化的动态行为；它将现实生活中的复杂系统映射成SD流图，使用DYNAMO（dynamic models）语言将系统流图模型送入计算机并计算出数字结果。使用DYNAMO写成的反馈系统模型经计算机模拟，可以得到随时间连续变化的系统图像[229]。

SD仿真工具主要使用Vensim仿真软件。Vensim是由美国Ventana Systems公司开发的，一种可概念化、文件化的，可与最佳化动态系统模型图形结合的接口软件；它可提供一种简易而具有弹性的方式，以建立包括因果循环（casual loop）、存货（stock）与流程图等相关的模型。使用Vensim建立动态模型，只需将图形化的各式箭头符号连

系统
分析

结构
分析

```
┌─────────────────────────┐
│   确定研究系统及主要问题   │
└─────────────────────────┘
            │
┌─────────────────────────┐
│     确定系统研究边界      │
└─────────────────────────┘
            │
┌─────────────────────────┐
│     分析系统因果关系      │
└─────────────────────────┘
            │
┌─────────────────────────┐
│   构建系统动力学模型流图   │
└─────────────────────────┘
            │            ┌─────────────────┐
            │            │  确定反馈回路     │
            │←───────────│  变量间关系       │
            │            └─────────────────┘
┌─────────────────────────┐
│   确定流图变量和参数量纲   │
└─────────────────────────┘
            │
┌───────────────────────────────────┐
│ 确定水平变量、速率变量、辅助变量和常数 │
└───────────────────────────────────┘
            │
┌─────────────────────────┐
│      确定方程种类        │
└─────────────────────────┘
            │
      ◇ 方程两边量纲是否一致?  N
        时间是否正确?  ────────→
            │ Y
┌─────────────────────────┐
│      系统行为分析        │
└─────────────────────────┘
            │
┌─────────────────────────┐
│    情境分析及模拟仿真     │
└─────────────────────────┘
            │
┌─────────────────────────┐
│      系统修正调整        │
└─────────────────────────┘
```

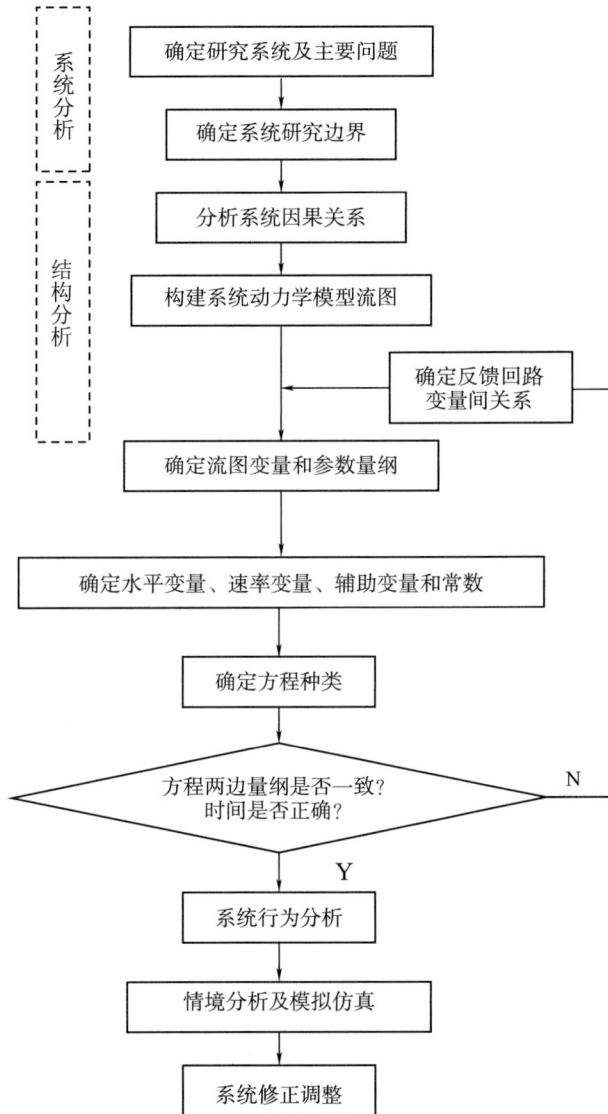

图 7-1　系统动力学建模流程

接各式变量符号，并将各变量之间的关系以方程式形式写入模型，各变量之间的因果关系便随之完成。

　　Vensim 仿真建模步骤包括模型中各变量分析、因果关系图及流图构建、仿真模型变量数学方程构建、仿真模型修正等。[237]通过 Vensim 仿真系统建立仿真模型，可以了解到系统变量之间的因果关系与反馈回路，并可通过 Vensim 系统功能了解各变量的输入与输出间关系，便于深入了解模型架构与进行修正模型。

（4）仿真模型研究对象分析

对商业银行核心竞争力提升机制 SD 仿真模型重点分析以下问题：

1）有效性检验分析。对仿真模型控制变量进行变量灵敏度分析，从而检验分析核心竞争力提升机制仿真模型的有效性。

2）因素相互关系分析。对仿真模型变量进行相关性分析，从而验证商业银行核心竞争力提升机制仿真模型中各影响因素间的相互关系。

3）因素变动趋势分析。利用已建立的仿真模型进行实证研究，分析在当前优势竞争资源投入政策下，不同核心竞争力相关影响因素的变动趋势。

本章将构建商业银行核心竞争力提升机制 SD 模型，并通过系统动态模拟与政策分析，来验证商业银行核心竞争力的提升机制和能力演化规律、能力提升变动趋势。

7.1.2 系统动力学仿真过程

在本书中将构建商业银行核心竞争力系统仿真变量，包括流位变量、流率变量、辅助变量和相关常量，并根据变量之间的作用关系和逻辑关系，构建系统仿真变量方程；在构建完毕变量体系和计算方程后，以国有商业银行、股份制商业银行、城市商业银行等不同类型的 2002—2012 年的经营型和管理型数据作为模型初始仿真数据值，以核心竞争力提升机制模型中的竞争资源要素投入变量作为分析因子，观察某类一资源要素在投入比例不相同时，对核心竞争力的路径影响和作用灵敏度影响；以及资源要素投入总量变化对核心竞争力产生的作用影响程度。同时，通过构建仿真模型和研究数据变化趋势，从而研究商业银行内在核心竞争力、外显核心竞争力和竞争资源整合能力三者之间的相互关系，以及核心竞争力与资源整合障碍、银行企业文化之间的系统性影响关系。

7.1.2.1 仿真模型因果关系分析

根据本书第 2 章对核心竞争力的理论论述，第 3 章中核心竞争力影响因素的分析，以及第 5 章对操作管理能力提升机制的论述分析，可确定如下核心竞争力提升机制 SD 仿真模型中的主要因果关系：

1）内在核心竞争力的形成是竞争资源要素聚合的结果。4 类竞争优势资源要素（人力及人才资源、信息技术资源、经营及管理资源、市场及客户资源）的线性组合可构造和反映内在核心竞争力。

2）外显核心竞争力的形成是竞争资源要素耦合的结果。商业银行基于自身的知识吸收能力，运用组织学习方式，对员工个体层次、部门团队层次、总体组织层次 3 个层次的竞争资源要素进行耦合，从而构造和反映商业银行总体层面的外显核心竞争力。

3）银行组织环境对优势竞争资源要素的聚合和耦合过程产生重要影响。在不同的外部组织环境因素影响下，相同的竞争资源投入下所获得的竞争资源要素聚合会产生不同效果；而内部组织环境中的商业银行企业文化和组织文化会影响各层次资源要素整合的障碍及路径依赖性，从而影响各层次的资源要素整合效果。

4）企业能力的本质是企业所拥有的知识，商业银行核心竞争力的实质即商业银行组织所拥有的优势竞争资源要素；商业银行核心竞争力的形成和应用，即是建立在优势竞争资源要素聚合和整合的基础上。在核心竞争力仿真建模中，可利用竞争资源要素存量的变动表示竞争资源要素配置，通过调节竞争资源要素配置来调控仿真模型，从而反映核心竞争力提升机制的内在规律性。

7.1.2.2　仿真模型结构流图

（1）因果关系图

因果关系图是系统动力学的基本工具之一，它是定性描述系统中变量因果关系的一种有向图模型，即用图形式描述变量之间相互影响和作用的关系。在绘制流图和建立系统数学仿真之前，需建立因果关系图。因果链和因果关系回路是因果关系图中的重要概念，因果链表示变量之间因果关系的箭头线，它可以定性反映两变量之间影响关系的变化方向（可以分为正因果链和负因果链），但不能反映变化间的变化量大小及变化的时间延迟；因果关系回路指两个或两个以上的因果链形成的闭合回路（可以分为正因果关系回路和负因果关系回路），其基本特性是：变量之间不能确定回路的起点和终点，也无法断定哪个变量是原因，哪个变量是结果。因关系流图和仿真模型流的基本路径与变量构成一致，故具体可参照仿真模型流图。

（2）仿真模型流图

在构建因果关系图的基础上，还要构建系统流图来进一步描述系统，从而为系统仿真和定量分析打下基础。在研究中，将变量因果关系图中的符号由点改为对应的符号，并遵循相应的流线连接变量的关联关系，即可得到流图。流图是进行定量分析的有力工具，是为了便于掌握系统的结构及行为的动态性而引入的图像模型，它根据变量关系来分析系统中的反馈回路，是由积累、流率、物质流、信息流等符号构成的，可直观形象地反映系统结构和动态特征。从因果关系图到流图，在系统问题刻画上已经发生了质的变化，流图中的流位变量 $L(t)$ 已经具备了定量分析的表达式，再通过建立流率变量和辅助变量的关系式，即可以实现定量分析。

根据以上建立的各变量间相互关系和构造方程，可构建出核心竞争力提升机制仿真模型流图。基于前述研究成果和系统动力学分析，本书使用 Vensim 仿真工具来构建"商业银行核心竞争力提升机制系统动力学模型"系统流图，如图 7-2 所示。

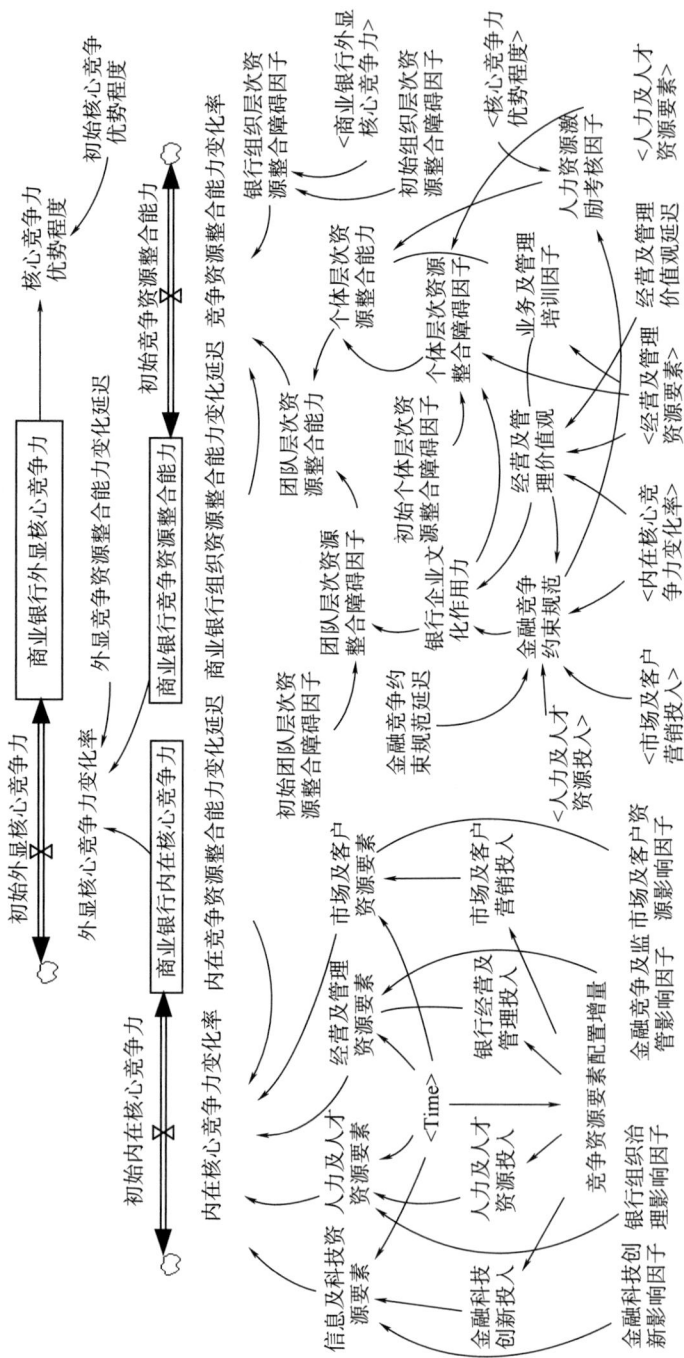

图 7-2　商业银行核心竞争力提升机制系统动力学仿真模型

7.1.2.3　管理能力仿真模型变量分析

在系统动力学研究中，存量（level variable，以下用 LEV 表示）和变量（rate variable，以下用 RAV 表示）是最基本的两种变量。此外，辅助变量（auxiliary variable，以下用 AUV 表示）和常量（constant，以下用 C 表示）也是重要的模型变量。[230],[238-239]

（1）存量（流位变量）

存量也称为状态变量，流位变量、积累变量或水平变量，是系统中具有积累效应的变量，反映物质、能量、信息等对时间的积累，其取值是系统从初始时刻到特定时刻的物质流动或信息流动的结果，即其当前时刻变量值等于初始变量值加上变动时刻的积累改变量。它表明系统当前所处的状态，并为决策和行动提供信息基础，使系统产生惰性并具有记忆功能，成为系统动态平衡的源泉。

公式表示：若流位变量 LEV（t）满足关系：LEV（t）= LEV（$t-\Delta t$）+ΔLEV（$t-\Delta t$），其中 $\Delta t>0$，ΔLEV（$t-\Delta t$）为从 $t-\Delta t$ 时刻到 t 时刻 LEV（t）的增量，LEV（$t-\Delta t$）为前一时刻观测值，则称 LEV（t）变量为存量（状态变量）。当系统的物质流和信息流停止流动时，即 $\Delta t=0$ 时，存量保持当前 t 时刻其状态值。

（2）流量（流率变量）

流量也称为决策变量，流率变量、速率变量。指存量的时间变化，即随着时间的累积，流入变量和流出变量间的差而形成、描述积累效应快慢的存量，它表示单位时间内状态变量的变化值。流率变量描述系统积累效应变化的快慢，反映系统状态的变化速度或决策幅度的大小。

公式表示：若流位变量函数 LEV（t）和流率变量函数 RAV（t）满足：LEV（t）= LEV（$t-\Delta t$）+$\Delta t\times$RAV（$t-\Delta t$），其中 $\Delta t>0$，则 RAV（t）= LEV（t）- LEV（$t-\Delta t$）/Δt 称为流位变量函数 LEV（t）的流率。流率函数 RAV（t）可分解为流入率和流出率，即 RAV（t）= R_i（t）-R_o（t），R_i（t）为流入率，R_o（t）为流出率。当系统中的物质流和信息流停止时，流率变量值为零。

基于商业银行核心竞争力提升机制的分析，可知商业银行的内在核心竞争力、外显核心竞争力和银行组织竞争资源整合能力 3 个变量之间的相互关系，是核心竞争力提升机制研究中的核心和关键。本章相应地构建 3 个流位变量来分别表示内在核心竞争力变量、外显核心竞争力变量、银行组织资源整合能力变量，并分别构建三对流位流率对，构建出模型主导结构流位流率系统：｛INC（t），RINC（t）；EXC（t），REXC（t）；RIC（t），RRIC（t）｝，具体说明如下：

内在核心竞争力流位流率对。流位变量：内在核心竞争力 INC（t），流率变量：内在核心竞争力变化率 RINC（t）。

外显核心竞争力流位流率对。流位变量：外显核心竞争力 EXC（t），流率变量：外显核心竞争力变化率 REXC（t）。

竞争资源整合能力流位流率对。流位变量：竞争资源整合能力 RIC（t），流率变量：竞争资源整合能力变化率 RRIC（t）。

（3）辅助变量与常量

辅助变量是表达决策过程（从流位变量到流率变量之间的信息传递和转换过程）的中间环节和中间变量，它描述从流位变量到流率变量之间的局部结构，是分析反馈结构的有效手段和系统模型化的重要内容；常量是在系统研究和分析过程中，随时间变化而变化极小或相对不变的量，常量一般为系统中的局部目标或标准。构建辅助变量与常量的主要目的是为了更好的构造流位变量与流率变量。根据第 2 章和本章中关于核心竞争力要素构成及核心竞争力能力体系提升的相关论述，结合流位变量和流率变量的分析，可构造以下辅助变量和常量。

1）内在核心竞争力辅助变量与常量。竞争资源要素类辅助变量。核心竞争力竞争资源要素是商业银行核心竞争力能力体系中的最重要构成要素。本研究中引入"人力及人才资源要素（HRRF）"、"市场及客户资源要素（MCRF）"、"经营及管理资源要素（MORF）"和"信息及科技资源要素（ITRF）"4 个变量作为竞争资源要素类辅助变量。

金融生态环境影响类辅助变量。金融生态环境因素对竞争资源要素的获取具有重要影响作用。本研究中引入"金融科技发展影响因子（FTEG）"、"市场及客户资源影响因子（CREG）"、"金融竞争及监管影响因子（FREG）"和"公司内部治理影响因子（BEEG）"4 个变量作为主要的金融生态环境影响类辅助变量。

同时，根据金融生态环境影响因素的特征，可以构建出 4 类影响因子的表函数。商业银行核心竞争力的投入情况与金融生态环境状况会直接影响竞争资源要素的获取和掌握效果。良好的竞争资源要素配置状态和金融生态环境将会有利于竞争资源要素的获取和吸收。

竞争资源要素配置类辅助变量。引入"金融科技创新投入（ITII）"、"市场及客户营销投入（MCMI）"、"人力及人才资源投入（HREI）"、"银行经营及管理投入（BOMI）"4 个变量作为竞争资源要素配置类辅助变量。对此类变量的数值赋值。

以上 4 类辅助变量的初始值可利用商业银行的经营及管理数据（2002—2012 年）进行赋值，并引入"竞争资源要素配置增量（RDAV）"作为模型控制变量。根据竞争资源要素配置具有周期性的特性，本研究利用正弦函数构造变量 RDAV，令 RDAV $= sin$（（$time$/仿真周期）$\times k\pi$），$time$ 为仿真周期，k 为控制竞争资源要素配置增长变化的量。

2）外显核心竞争力辅助变量与常量。初始外显核心竞争力（$initial\_AC$）。本研究对商业银行核心竞争力提升机制的分析，是建立在体现商业银行核心竞争力的经营绩效评价基础之上的，商业银行的经营及管理数据（2002—2012 年）进行赋值，作为 SD 仿真模型的初始值。

外显核心竞争力延迟（*time*_ AC）。由于竞争资源要素由知识形态转化为核心竞争力形态的过程，具有"延迟效应"的特点，故引入常量"外显核心竞争力延迟"以反映能力提升的时间延迟特性。

核心竞争力优势程度（CCAL）。核心竞争优势度的提升表明商业银行竞争资源从内在核心竞争力转化为外显核心竞争力的转化程度，以及外在核心竞争力所体现出的优势情况，故引入辅助变量"核心竞争力优势程度"，并令"核心竞争力优势程度"与"外显核心竞争力"成正比关系。

3）竞争资源整合能力辅助变量与常量。个体层次整合能力类辅助变量。引入"个体层次资源整合能力（PRIC）"、"管理及业务培训因子（MOTG）"、"人力资源激励考核因子（HRMG）"和"个体层次资源整合障碍因子（PRIG）"等 4 个变量作为辅助变量，用以描述个体层次学习能力获得的方式及需要克服障碍。同时构造"初始个体层次资源整合能力障碍因子"常量，以控制个体层次的资源整合能力障碍因子变化情况。

团队层次整合能力类辅助变量。引入"团队层次资源整合能力（TRIC）"、"团队层次资源整合障碍因子（TRIG）"两个变量作为辅助变量，用于描述银行团队层次学习能力获取的方式及需要克服的学习障碍。同时构造"初始团队层次资源整合能力障碍因子"常量，以控制团队层次的资源整合能力障碍因子变化情况。

组织层次整合能力类辅助变量。引入"银行组织资源整合能力（ORIC）"和"组织层次资源整合障碍因子（ORIG）"两个变量作为辅助变量，用于描述银行组织层次的学习能力获取方式及需要克服的学习障碍。同时构造"初始组织层次资源整合能力障碍因子"常量，以控制整体银行组织的资源整合能力障碍因子变化情况。

银行企业文化作用力类辅助变量。引入"经营及管理价值观（OMVO）"、"金融竞争约束规范（FCRR）"两个变量来构造"银行企业文化作用力（BCCF）"。"经营及管理价值观"是商业银行内化于其经管和管理过程的，并且影响和主导商业银行对经营及管理竞争资源的吸收和利用，故它是"经营及管理竞争资源要素"及"内在核心竞争力变化率"的函数；而"金融竞争约束规范"是"市场及客户营销投入"及"内在核心竞争力变化率"的函数。由于"经营理念及价值观"和"金融竞争约束规范"的树立和形成需要一定的时间，故引入"经营及管理价值观延迟（*time*_ BCVO）"和"金融竞争约束规范延迟（*time*_ BCBR）"反映这两种指标随时间变化的情况。

（4）其他函数说明

1）数学函数。VENSIM 函数库中的数学函数主要包括 SIN、EXP、LN、SQRT、ABS、INTEGER、MODULO 等七个函数，主要应用于描述变量间的基本数学关系（见表 7-1）。本书主要使用 SIN、SQRT、INTEGER 3 个函数。

表 7-1　主要仿真数学函数表

函数	函数形式	函数功能
SIN	SIN（{x}）	取正弦
EXP	EXP（{x}）	e^x
LN	LN（{x}）	取对数
SQRT	SQRT（{x}）	取平方根
ABS	ABS（{x}）	取绝对值
INTEGER	INTEGER（{x}）	取整数
MODULO	MODULO（{x}，{$base$}）	取余数

2）表函数。由于在仿真模型中，需用辅助变量描述某些变量之间的非线性关系，而表函数则是模型在一定控制范围内以列表形式给出的估计函数值。表函数一般主要有两种类型的表函数：TABLE 和 TABHL，本研究将采用 TABLE 表函数。一般情况下，在表函数中需要对两个变量进行归一化或规整化处理，根据经验或相关数据给定大致趋势关系图。

在本书中，将运用表函数对商业金融生态环境产生影响的 4 个主要影响因子进行描述和运算，包括金融科技创新影响因子（ITIG）、银行组织治理影响因子（BOGG）、金融竞争及监管因子（FCRG）和市场及客户资源影响因子（MCRG）。

3）延迟函数。在系统动力学对系统的研究中，存在大量的延迟现象，即物质和信息需要经过一定的时间后，才能由发出者到达接受者；延迟是一个过程，它的输出以某种方式落后于它的输入。一般而言，延迟分为物质延迟（material delay）和信息延迟（information delay）。物质延迟指物质在系统中流动过程中产生输出落后于输入的行为；信息延迟指信息在系统传递过程中的输出落后于输入或存在着感知的逐渐调整。VENSIM PLE 中主要延迟函数有 DELAY1、DELAY2、DELAY3 和 SMOOTH、SMOOTH3 等。本书主要使用 SMOOTH 函数。

以上各类变量符号及变量、函数定义见表 7-2。

表 7-2　仿真模型变量符号及定义

类型	符号	变量定义	类型	符号	变量定义
状态变量	INC	银行组织内在核心竞争力	速率变量	RINC	内在核心竞争力变化率
	EXC	银行组织外显核心竞争力		REXC	外显核心竞争力变化率
	RIC	银行组织竞争资源整合能力		RRIC	竞争资源整合能力变化率
辅助变量	HRRF	人力及人才资源要素	辅助变量	HREI	人力及人才资源投入
	ITRF	信息及科技资源要素		ITII	金融及科技创新投入
	OMRF	经营及管理资源要素		BOMI	经营及管理资源投入
	MCRF	市场及客户资源要素		MCMI	市场及客户营销投入
	PRIC	个体层次资源整合能力		BCCF	银行企业文化作用力
	PRIG	个体层次资源整合障碍因子		OMVO	经营及管理价值观
	TRIC	团队层次资源整合能力		FCRR	金融竞争约束规范
	TRIG	团队层次资源整合障碍因子		MOTG	业务及管理培训因子
	ORIG	组织层次资源整合障碍因子		HRMG	人力资源激励考核因子
	RDAV	竞争资源要素配置增量		CCAL	核心竞争力优势程度
常量	initial_ INC	初始内在核心竞争力	常量	Initial_ PRIG	初始个体层次资源整合障碍
	initial_ EXC	初始外显核心竞争力		Initial_ TRIG	初始团队层次资源整合障碍
	initial_ RIC	初始竞争资源整合能力		Initial_ ORIG	初始组织层次资源整合障碍
	time_ INX	内在核心竞争力延迟		time_ OMVO	经营及管理价值观延迟
	time_ EXC	外显核心竞争力延迟		time_ FCRR	金融竞争约束规范延迟
	time_ RIC	竞争资源要素整合能力延迟		time_ CCAL	初始核心竞争力优势程度
表函数	ITIG	金融科技创新影响因子	表函数	BOGG	银行组织治理影响因子
	FCRG	金融竞争及监管影响因子		MCRG	市场及客户资源影响因子

7.1.2.4　仿真模型数学方程

（1）主要变量数学方程

系统动力学研究通过因果关系图、流图、流位与流率变量分析等方法，最终建立定量动力学仿真模型。系统动力学方程是对系统要素之间的关系进行描述的一组数学关系式，其实质是微分方程组；而构造数字方程则是系统动力学中研究中不可缺少的环节，它是定量分析与仿真的必要条件。

系统动力学的计算方程主要有：流位变量方程（L），流率变量方程（R），辅助方程（A），初始值方程（N），常量方程（C）等 5 种。

1）流位变量方程（L 方程）。流位方程也称水平方程，是系统动力学中的基本方程，它描述存量（状态变量，LEAVEL）变化的过程，即存量是流量变化对时间的积累，可用积分形式进行描述。流位变量数学方程公式如下：

$$L: \text{LEV}(t) = \text{LEV}_0 + \int_0^t \left(\sum R_i(t) - \sum R_o(t) dt \right) \tag{7.1}$$

其中，LEV (t) 表示在 t 时刻流位变量 LEV 的值，LEV_0 表示 LEV 的初始值，R_i 表示流位变量的输入量，R_o 表示流位变量的输出量，$\sum R_u(t) - R_o(t)$ 表示流位变量的净流量。上式表明：流位变量在 t 时刻的值等于流位变量初始值加上在 $[0, t]$ 时间区间内净流量变化对时间的积累。

2）流率变量方程（R 方程）。流率方程又称速率方程，是描述在一个单位时间区间 DT 内流量形成的方程式，其实质是调节系统现实状态与目标状态之间偏差的决策规则。流率变量数学方程公式如下：

$$R: \text{RAV}(t) = f[\text{LEV}(t), \text{AUV}(t), \text{RAV}_1(t - \Delta t)] \tag{7.2}$$

其中，LEV (t) 表示在 t 时刻流位变量 LV 的值，AUV (t) 表示辅助变量在 t 时刻的值，RAV $(t-\Delta t)$ 表示在 $t-\Delta t$ 时刻流率变量值。流率变量数学方程的建立需要确定流率变量关系式，其基本关系表达式主要有：乘积式、差商式、和差式、表函数式等，在建模过程中需要根据实际情况选择相应的关系表达式。

3）辅助方程（A 方程）。引入辅助变量方程的目的，是为了更清楚地表述和简化流率方程，从而描述决策过程。在仿真计算时，辅助变量方程是在流位变量之后，故辅助变量方程具有流率变量方程的形式。辅助变量数学方程式如下：

$$A: \text{AUV}(t) = g[\text{LEV}(t), \text{AUV}_1(t), \text{RAV}(t - \Delta t)] \tag{7.3}$$

其中：LEV (t) 表示 t 时刻的流位变量值，$\text{AUV}_1(t)$ 表示 t 时刻的另一辅助变量值，RAV $(t-\Delta t)$ 表示 $t-\Delta t$ 时刻的流率变量值。

4）初始值方程（N 方程），常量方程（C 方程）。N 方程主要用于为流位变量赋予初始值，在模型程序中通常紧随流位方程（L 方程）之后；C 方程主要用于给常量赋值。

（2）变量数学方程构造

根据以上相关论述及分析，本书构建起商业银行核心竞争力提升机制的系统动力学仿真建模变量数学方程，具体如下：

流位变量方程（L 方程）

$$\text{INC} = \text{INTEG} \quad (\text{RLC}, \textit{initial\_ INC})$$
$$\text{EXC} = \text{INTEG} \quad (\text{RAC}, \textit{initial\_ EXC})$$
$$\text{RIC} = \text{INTEG} \quad (\text{ROLC}, \textit{initial\_ RIC})$$

流率变量方程（R 方程）

$$RINC = (HRRF + ITRF + OMRF + MCRF)/time\_\ INC$$

$$REXC = (INC \times RIC)/time\_\ EXC$$

$$RRIC = TRIC/TRIG/time\_\ RIC$$

辅助方程（A 方程）

Ⅰ. 核心竞争力优势程度：$CCAL = initial\_\ CCAL \times EXC$

Ⅱ. 竞争资源要素相关辅助变量：

$$HRRF = HREI \times BOGG(Time)$$

$$ITRF = ITII \times ITIG(Time)$$

$$OMRF = BOMI \times FCRG(Time)$$

$$MCRF = MCMI \times MCRG(Time)$$

Ⅲ. 竞争资源要素配置相关辅助变量：

$$RDAV = SIN(time/20) \times n\pi$$

$$HREI = C_1 + RDAV \times p_1$$

$$ITII = C_2 + RDAV \times p_2$$

$$BOMI = C_3 + RDAV \times p_3$$

$$MCMI = C_4 + RDAV \times p_4$$

其中，C_i 为常量，是商业银行组织的人力及人才资源要素、信息及科技资源要素、经营及管理资源要素和市场及客户资源要素等管理及经营情况的评价值，并以该评价值替代相应的竞争资源要素配置初始值；p_i 亦为常量，是对应商业银行组织的"人力及人才资源投入"、"金融科技创新投入"、"市场及客户营销投入"等 4 个方面分配竞争资源要素配置总量的比例值。

Ⅳ. 竞争资源吸收能力相关辅助变量：

$$PRIC = (MOTG + HRMG)/PRIG$$

$$MOTG = OMRF \times OMVO$$

$$HRMG = ORLR \times FCRR$$

$$TRIC = PRIC/TRIG$$

$$PRIG = initial\_\ PRIG/(HRRF + OMRF)$$

$$TRIG = initial\_\ TRIG/BCCF$$

$$ORIG = inital\_\ ORIG/EXC$$

Ⅴ. 企业文化作用力相关辅助变量：

BCCF = OMVO + FCRR

OMVO = SMOOTH(OMRF × RINC, *Time_* OMVO)

FCRR = OMVO × SMOOTH[(MCMI + HREI) × RINC, *Time_* FCRR]

7.1.3 模型仿真初始值确定

在商业银行核心竞争力提升机制仿真模型中，需要对相应变量赋予一定初始值，从而使模型输出结果可切实反映被研究的各类商业银行的外显核心竞争力状况。

（1）竞争资源要素配置初始值

以表5-9中"人力及人才资源要素"、"信息及科技资源要素"、"经营及管理资源要素"和"市场及客户资源要素"等4类与商业银行核心竞争力紧密相关的经营及管理评价值的算术平均值，作为商业银行核心竞争力提升机制仿真模型中"竞争资源要素配置"的变量初始值。详见表7-3所示。

（2）内在和外显核心竞争力初始值

以表5-9和表5-10中"内在核心竞争力"和"外显核心竞争力"评价结果的算术平均值，作为商业银行核心竞争力提升机制仿真模型的变量赋初值。其中：以内在核心竞争力评价结果算术平均值作为模型中内在核心竞争力的初始值，以外显核心竞争力评价结果算术平均值作为模型中外显核心竞争力初始值。详见表7-3所示。

（3）银行组织竞争资源整合能力初始值

对于银行组织层次的资源整合能力初始值，可通过内在核心竞争力初始值、外显核心竞争力初始值和竞争资源要素评价初始值来共同构造，即将4类竞争资源要素的均值和内在及外显核心竞争力的均值输入仿真模型，通过调整相应参数实现对仿真模型的控制，并检验变量对仿真模型的影响，从而验证仿真模型的有效性。具体计算过程如公式（7.4）所示：

$$initial\_RIC = \frac{initial\_INC}{HRRF + ITRF + OMRF + MCRF} + \frac{initial\_EXC}{HRRF + ITRF + OMRF + MCRF}$$

$$(7.4)$$

其中，*initial_* RIC 表示银行组织层次的资源整合能力初始值，*initial_* INC 和 *initial_* EXC 分别表示内在核心竞争力和外显核心竞争力的初始值，HRRF、ITRF、OMRF 和 MCRF 分别表示人力及人才资源要素、信息及科技资源要素、经营及管理资源要素和市场及客户资源要素等4类核心竞争力竞争资源要素的评价值。经计算可得国有商业银行和股份制商业银行的竞争资源整合能力初始值。详见表7-3所示。

表 7-3　商业银行核心竞争力提升机制仿真模型初始值

竞争资源要素水平	人力及人才竞争资源要素水平	信息及科技竞争资源要素水平	经营及管理竞争资源要素水平	市场及客户竞争资源要素水平
国有商业银行	0.6345	0.5974	0.8538	0.3517
股份制商业银行	0.4409	0.7387	0.9329	0.3810
核心竞争力体系	内在核心竞争力	外显核心竞争力		竞争资源整合能力
国有商业银行	0.6094	0.4579		0.4379
股份制商业银行	0.6234	0.4091		0.4141

7.2　系统动力学仿真模型变量分析

本节将以提升机制的系统动力学仿真模型中的各能力变量间的相关分析，以及模型控制变量对变化灵敏度分析为研究重点，分别对国有商业银行和股份制商业银行两大类银行的仿真模型进行相关性和灵敏度分析。具体分析过程如下：

7.2.1　模型变量因素间相关性分析

商业银行核心竞争力提升机制表现为其构成要素间的相互作用与相互制约的关系，在仿真模型中体现为变量的相关性；通过对仿真模型中主要变量相关性的分析研究，可以验证商业银行核心竞争力提升机制的有关论述。

7.2.1.1　相关性分析测度思路

（1）仿真模型相关变量初始值确定

以表 7-3 "商业银行内在核心竞争力竞争资源要素水平评价值"中的数值，作为仿真模型中"竞争资源要素配置增量"的变量初始值；以表 7-3 内在和外显核心竞争力，以及竞争资源整合能力的数据，作为核心竞争力提升机制仿真模型中各能力变量的初始值。

（2）仿真模型测度参数设置

设 $k=1$，即设定在"竞争资源要素配置增量"总体增加的条件下进行仿真模型验证；同时，设集合 P 取值为 $[0.25, 0.25, 0.25, 0.25]$，即设定各项操作风险管理的投入比例为平均适配。运行仿真模型，可得到各变量的仿真输出曲线。通过对主要变量输出曲线进行相关性分析，来验证能力提升机制中各要素的作用关系。

7.2.1.2　内在和外显核心竞争力变量因素相关性分析

在商业银行核心竞争力理论体系中，本书构造了四类"竞争资源要素"变量。通过

第 5 章和第 6 章中关于对内在和外显核心竞争力评价和提升机制的研究结论得出：内在核心竞争力的提升体现为竞争资源要素总量的增加，并且是以个体层次竞争资源整合能力为基础进行竞争资源要素的吸收和转化；而外显核心竞争力提升则体现了商业银行核心竞争力优势程度的提升。故将模型中"内在核心竞争力"、"外显核心竞争力"、"核心竞争力优势程度"和"个体层次资源整合能力"的输出曲线簇集成于图 7-3、图 7-4 中。

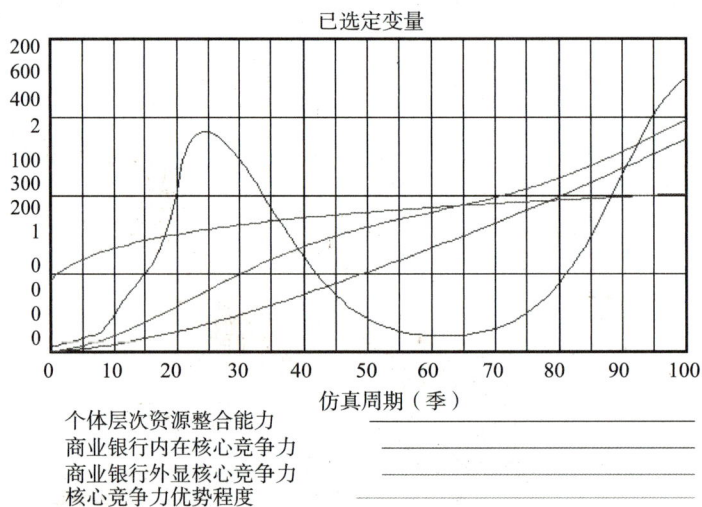

图 7-3　国有商业银行核心竞争力仿真输出分析

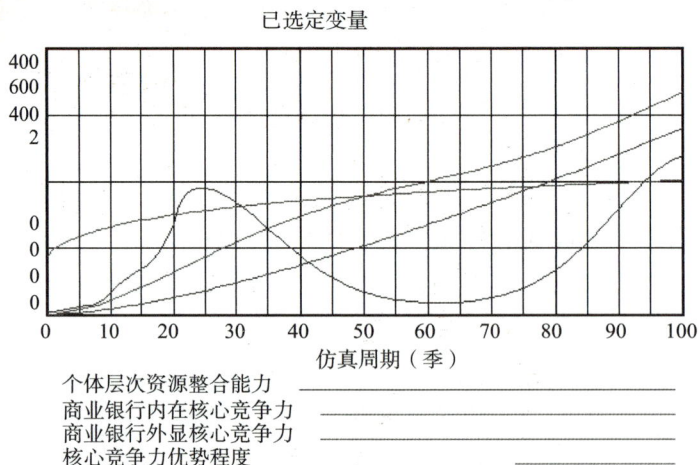

图 7-4　股份制商业银行核心竞争力仿真输出分析

从以上图 7-3、图 7-4 可知：

1)"外显核心竞争力"曲线与"核心竞争力优势程度"曲线变动趋势相同，即随着外显核心竞争力提升速度的上升，核心竞争力优势程度会随之上升，同时上升到一定程度后，其优势会逐渐减弱。说明商业银行的竞争优势是在一定时期内能够保持的，如果想进一步长期保持竞争优势需要进一步提升其外显核心竞争力水平。

2）"内在核心竞争力"曲线呈稳定线性提升态势，而"个体层次资源整合能力"变动较大，呈周期性波动趋势，即银行员工对于竞争资源要素的吸收和转化具有周期性规律，而非一直上升趋势。

7.2.1.3　企业文化作用力与资源整合障碍相关性分析

企业文化作用力作为核心竞争力提升中重要的内部影响因素，主要通过影响银行组织中不同层次对竞争资源要素获取、吸收和转化的效果，从而对核心竞争力的提升产生深层次的影响。企业文化作用力的影响作用主要体现为如何克服商业银行组织内各层次的竞争资源整合障碍。故将模型中"银行企业文化作用力"曲线以及各层次的竞争资源要素整合障碍曲线簇集成于图 7-5、图 7-6 中。

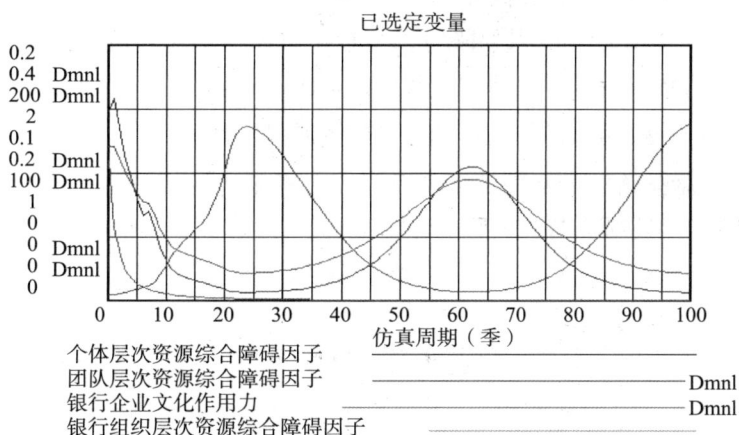

图 7-5　国有商业银行企业文化作用力与资源整合障碍间关系

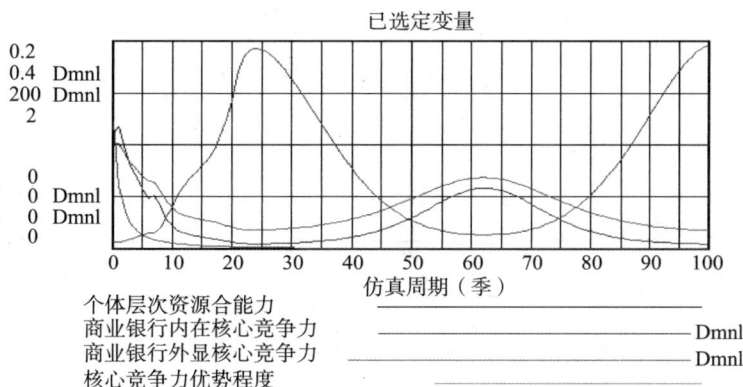

图 7-6　股份制商业银行企业文化作用力与资源整合障碍间关系

从以上图7-5、图7-6可知：

1）"银行企业文化作用力"曲线总体呈波动形态。曲线前期变动幅度较小，到达一定时间后，其提升幅度加大，随后其提升幅度下降。曲线趋势说明了竞争资源要素配置与银行企业文化作用力之间的时间延迟效应，即随着竞争资源要素配置的增加，银行企业文化作用力需要经过一定时间的吸收和转化，才能提升其增速；同时，银行企业文化作用力具有滞后性，即到达一定时间后，会出现下降趋势，因此需要在一定时间进行更新和调整，以适应商业银行竞争需要。

2）"个体层次资源整合障碍因子"和"团队层次资源整合障碍因子"曲线的增幅相对均较为平缓，随"银行企业文化作用力"的增长成反向变化，即当银行企业文化作用力增强时，两层次的资源整合障碍即在一定程度上降低；而当银行企业文化作用力下降时，两层次的资源整合障碍即在一定程度上会加强。

3）"银行组织层次学习障碍因子"曲线随着"银行企业文化作用力"曲线的上升而下降，并到达一定时期后，其降幅趋于稳定，不易受企业文化作用力的影响。即使在"银行企业文化作用力"曲线下降时，银行组织层次的学习障碍依然持续降低，这体现了风险管理文化力对银行组织学习障碍的有效和持续影响力。

7.2.1.4　竞争资源整合能力与核心竞争力提升相关性分析

商业银行的竞争资源能力将对商业银行核心竞争力的提升起到非常重要的影响。故将仿真模型的组织层次"商业银行竞争资源整合能力"、"商业银行内在核心竞争力"、"商业银行外显核心竞争力"输出曲线簇集成于图7-7、图7-8中，可得到以下变动趋势：

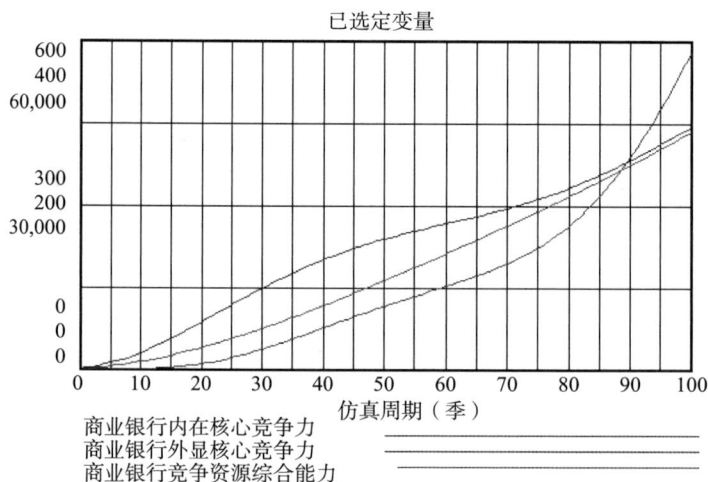

图7-7　国有商业银行竞争资源整合能力与核心竞争力间关系

已选定变量

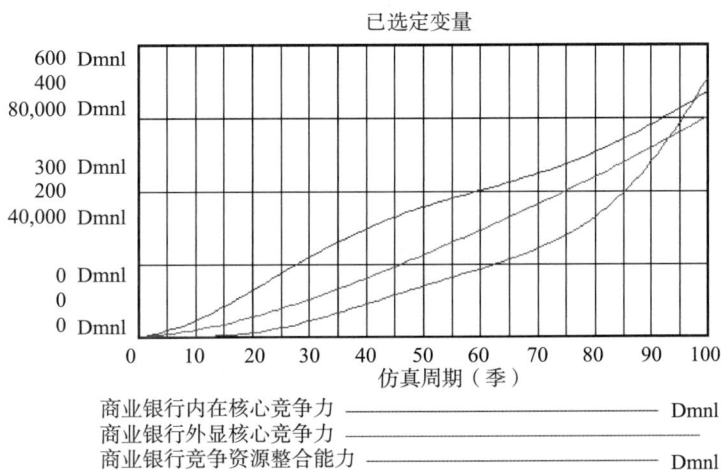

图 7-8　股份制商业银行竞争资源整合能力与核心竞争力间关系

从以上国有商业银行和股份制商业银行的核心竞争力模型输出图可知：

1）较之"商业银行外显核心竞争力"而言，"商业银行内在核心竞争力"提升曲线变动幅度相对交大，在前期有所波动上升之后，后期总体呈现线性上升变动趋势。说明商业银行在获取竞争资源要素后，在前期需要一定的时间需要吸收和转化，从而形成内在核心竞争力。

2）"商业银行外显核心竞争力"提升曲线总体变化均较为平缓，前期呈现类线性变化，后期总体呈现非线性的指数提升趋势。

3）"商业银行竞争资源整合能力"提升曲线前期变化相对较为平缓，反映了银行组织层次学习能力的变化具有相对稳定性；后期曲线呈现非线性的指数提升趋势，说明银行组织对竞争资源的整合。

综上所述，商业银行的竞争资源要素的线性聚合过程可以实现内在核心竞争力的提升，而竞争资源要素的应用和有效耦合则促使和提升商业银行的外显核心竞争力。同时，商业银行外显核心竞争力的提升需要依赖于商业银行组织的竞争资源整合能力对已积累的竞争资源要素进行有效耦合，故外显核心竞争力提升呈现非线性的指数提升趋势。该结果验证了竞争资源要素的聚合与耦合过程对能力提升机制产生重要影响的论述。

7.2.1.5　各层次竞争资源要素整合能力相关性分析

"个体层次资源整合能力"和"团队层次资源整合能力"是形成组织层次"商业银行竞争资源整合能力"的基础，对于提升商业银行组织核心竞争力产生重要的影响。故将三层次的模型输出曲线集成于图 7-9、图 7-10 中，可得到以下变动趋势：

已选定变量

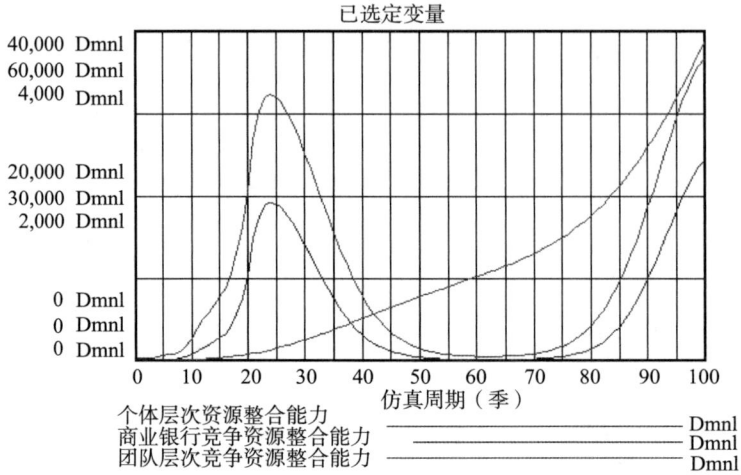

图 7-9　国有商业银行各层次让竞争资源整合能力关系

已选定变量

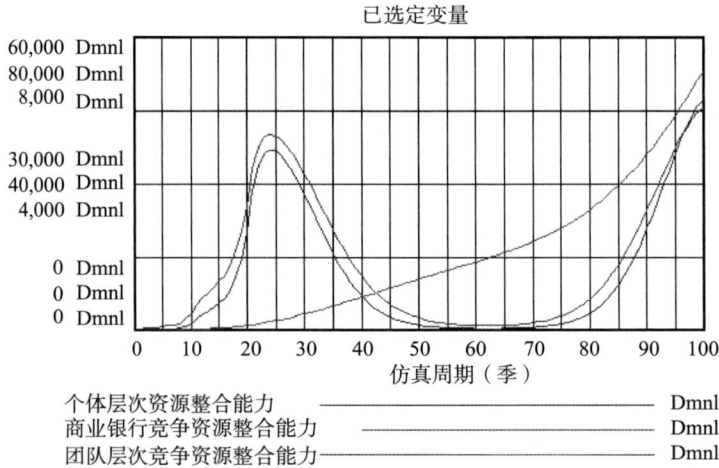

图 7-10　股份制商业银行各层次间竞争资源整合能力关系

从以上国有商业银行和股份制商业银行的核心竞争力模型输出图可知：

1）"个人员工资源整合能力"曲线和"团队层次资源整合能力"曲线形状基本相同，均呈正弦曲线形状，前期提升幅度较大，后期提升幅度减缓并呈下降趋势，且"团队层次资源整合能力"曲线随"个人员工资源整合能力"变化而同步变化。说明员工个体行为与部门团队行为的相关性较大；银行员工层次学习能力曲线变化幅度大于银行团队层次学习能力曲线变化幅度，说明了银行员工层次在学习过程中存在着较强的个体性和学习障碍，而银行团队层次的学习则具有一定的稳定性。

2）"商业银行竞争资源整合能力"曲线在前期呈现线性变化，变化幅度相对较小，后期呈指数形式变化，变化幅度相对较大。银行组织层次的竞争资源能力曲线不同于个体和团队层次的竞争资源能力曲线形状，说明当个人和团队层次的竞争资源能力达到一定程度和一定时点时，会使银行组织层次的竞争资源整合能力得到快速提升，即使当个体及团队层次竞争资源能力出现下降时，银行组织层次的竞争资源能力亦会因能力积累的惯性而继续保持提升态势。

7.2.2　竞争资源配置投入灵敏度分析

从商业银行核心竞争力提升机制模型中可以看到，如果调节竞争资源要素的配置投入，会对竞争资源要素的聚合及耦合效果产生直接的影响，并且会影响到银行组织总体的整合能力水平，进而引起核心竞争力的变化，故核心竞争力竞争资源要素配置是核心竞争力提升的控制变量。

本书将通过调节竞争资源要素配置增量的变化，验证核心竞争力提升机制与实际情况的拟合性，检验能力提升机制系统动力学模型的可信性。

7.2.2.1　竞争资源要素配置总量周期变化

本书引入"竞争资源要素配置增量（RDAV）"作为模型中竞争资源要素配置问题的控制变量，并根据竞争资源要素配置具有周期性的特点，利用正弦函数来构造变量 RIAV，即令 RIAV $=\sin$［（$time$/仿真周期）$\times k\pi$］，$time$ 为仿真周期，k 为竞争资源要素配置总量的周期变化调控参数，用于测度仿真模型中竞争资源要素配置对于商业银行核心竞争力提升的影响效果。

设定 k 取值为（1，2，0，−1），根据正弦函数特性可知，RIAV $=\sin$［（$time$/仿真周期）$\times k\pi$］在区间［0，1］、［−1，1］、［0，0］、［−1，0］内变动，即表示竞争资源要素配置总量的"增加"、"波动"、"不变"和"减少"等变动趋势。将参数 k 值输入仿真模型，通过运行仿真模型，即可得到不同的竞争资源要素配置对外显核心竞争力影响的曲线簇，如图 7−11 和图 7−12 所示。

从国有银行和股份制商业银行的仿真结果可知：在仿真时间段季度内，不同趋势的竞争资源要素配置总量变化，引起不同的外显核心竞争力提升率的变动。外显核心竞争力提升的效果变化情况依次为："竞争资源要素配置增加>竞争资源要素配置波动>竞争资源要素配置不变>竞争资源要素配置减少"，即外显核心竞争力与竞争资源要素配置总量具有正相关关系。

结果说明：增加竞争资源要素配置投入，可提升外显核心竞争力。故仿真模型在竞争资源要素配置与外显核心竞争力的提升方面，与核心竞争力提升机制定性分析结论相一致，仿真模型在此方面具有良好的拟合性。

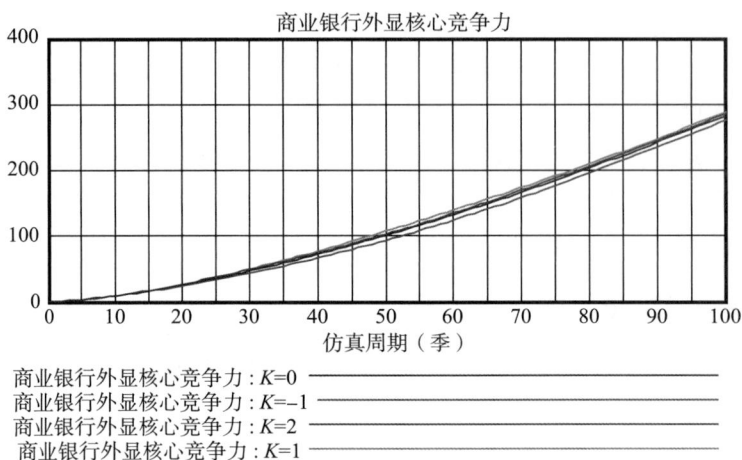

商业银行外显核心竞争力：K=0
商业银行外显核心竞争力：K=−1
商业银行外显核心竞争力：K=2
商业银行外显核心竞争力：K=1

图 7−11　国有商业银行竞争资源配置总量变化

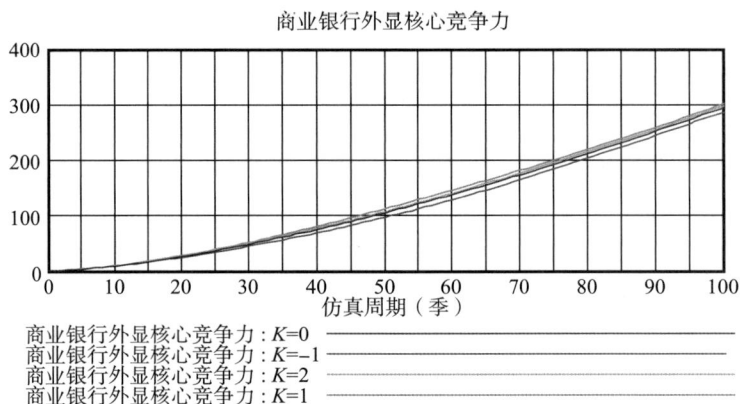

商业银行外显核心竞争力：K=0
商业银行外显核心竞争力：K=−1
商业银行外显核心竞争力：K=2
商业银行外显核心竞争力：K=1

图 7−12　股份制商业银行竞争资源配置总量变化

7.2.2.2　竞争资源要素单项因素配置比例变化

不同类型的竞争资源要素配置对商业银行核心竞争力具有不同的影响，以下将测试单项竞争资源要素配置比例单独变动时，商业银行内在核心竞争力提升效果的变化情况。

以"市场及客户资源要素"变量 p_4 变化情况为例，测度内在核心竞争力提升情况。

设 $k=1$，即在核心竞争力竞争资源要素配置总量增加的条件下，测度 p_4 变化情况。设 p_1，p_2，p_3 变量值不变，p_4 变量值在区间 $[0.1，0.7]$ 变动，变动增量值为 0.2，设定 p_4（1）$=0.1 p_4$（2）$=0.3 p_4$（3）$=0.5 p_4$（4）$=0.7$，观察外显核心竞争力的提升变化情况。仿真输出如图 7−13、图 7−14 所示：

商业银行内在核心竞争力

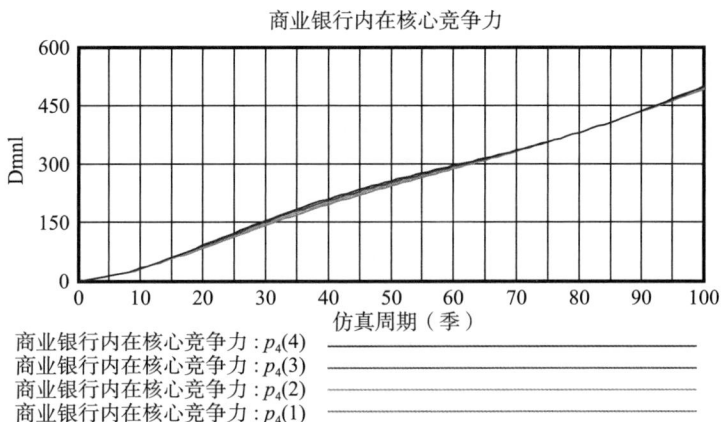

商业银行内在核心竞争力：$p_4(4)$
商业银行内在核心竞争力：$p_4(3)$
商业银行内在核心竞争力：$p_4(2)$
商业银行内在核心竞争力：$p_4(1)$

图 7-13　国有商业银行单项竞争资源要素配置比例变化

商业银行内在核心竞争力

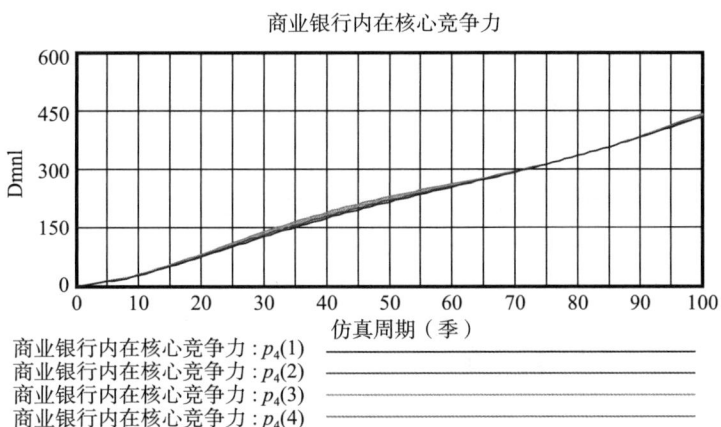

商业银行内在核心竞争力：$p_4(1)$
商业银行内在核心竞争力：$p_4(2)$
商业银行内在核心竞争力：$p_4(3)$
商业银行内在核心竞争力：$p_4(4)$

图 7-14　股份制商业银行单项竞争资源要素配置比例变化

由图 7-13，图 7-14 可知，当 4 项竞争资源要素配置比例相等时（$p_1 = p_2 = p_3 = p_4 = 0.1$），内在核心竞争力的增幅最大；而当单项竞争资源要素配置 p_4 比例分别增加 200％、400％和 600％时，内在核心竞争力的提升幅度几乎一样，且远远低于 4 项竞争资源要素投入比例相同时的增幅。

结果说明：单纯增加某项竞争资源要素配置比例，可以实现内在核心竞争力的提升；但随着该项竞争资源要素配置的持续提升，内在核心竞争力提升比例远远小于该项竞争资源要素配置提升比例；当各项竞争资源要素配置比例实现合理适配时，内在核心竞争力提升幅度最大。

通过以上测度过程和结果分析，证实了本书第六章中关于商业银行核心竞争力的提升是各构成要素协调发展、合理适配结果的论述，即单纯增加某一类竞争资源要素的投入，核心竞争力的提升呈现收益递减规律的结论。

7.2.2.3 竞争资源要素多项因素配置比例变化

设 $k=1$，即在竞争资源要素配置总量增加的条件下，测度 p_i 的变化对操作外显核心竞争力的影响效果。

设定 $P=\{p_i\}$，$i=1$，2，3，4，p_1、p_2、p_3、p_4 分别为"人力及人才资源投入"、"信息及科技资创新投入"、"银行经营及管理投入"和"市场及客户营销投入"4类竞争资源要素配置总量的分配比例，且 $p_1+p_2+p_3+p_4=1$。分别令 $P=\{p_i\}$ 按照假定方案进行数值变化，$\{p_1, p_2, p_3, p_4\}=\{[0.2, 0.2, 0.2, 0.4]$，$[0.2, 0.2, 0.4, 0.2]$，$[0.2, 0.4, 0.2, 0.2]$，$[0.4, 0.2, 0.2, 0.2]\}$，将4种假定方案值输入模型进行仿真计算，可得到外显核心竞争力变动趋势仿真数据值，如图7-15、图7-16所示：

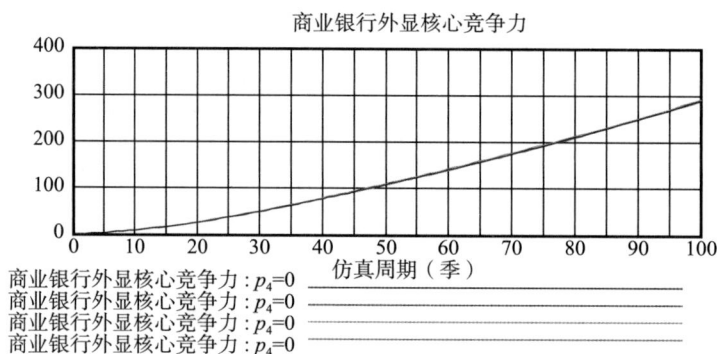

图7-15 国有商业银行竞争资源配置多因素比例变化

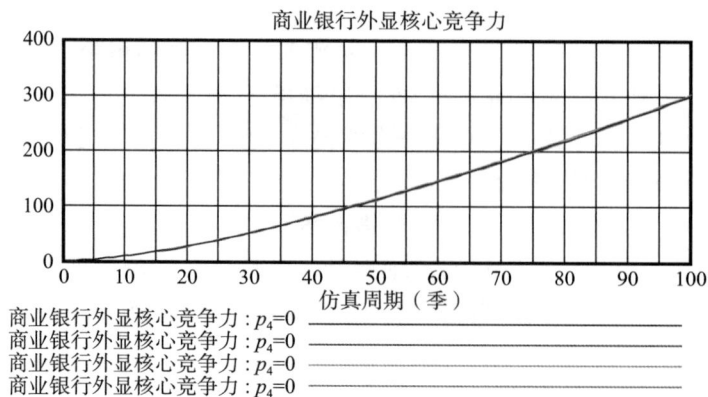

图7-16 股份制商业银行竞争资源配置多因素比例变化

表7-4 竞争资源配置投入多项因素配置比例变化仿真输出值

商业银行类型	p_1 仿真输出值	p_2 仿真输出值	p_3 仿真输出值	p_4 仿真输出值	排序结果
国有商业银行	288.942	291.665	289.285	289.401	$p_2>p_4>p_3>p_1$
股份制商业银行	300.089	302.587	300.414	300.502	$p_2>p_4>p_3>p_1$

由图7-15、图7-16及表7-4和上表中仿真参数值数据可知，在仿真时间段的100个季度内，不同的竞争资源要素配置分配比例，会引起不同的外显核心竞争力提升变动。国有商业银行和股份制商业银行的外显核心竞争力提升的效果变动情况依次为：方案 p_2（信息及科技创新投入）>方案 p_4（市场及客户营销投入）>方案 p_3（经营及管理资源投入）>方案 p_1（人力及人才资源投入）。

结果说明：

1）商业银行首先应重视信息及科技创新投入，为提升商业银行外显核心竞争力打下良好基础。即在一定程度上适当提高信息及科技创新投入比例，能够有效提升商业银行外显核心竞争力。原因是信息及科技创新投入直接影响商业银行的软硬件竞争基础，提升银行组织总体的竞争资源吸收和转化效果，并用通过同时通过完善和改进业务系统，有利于业务流程制度的执行和对业务的管理监督，从而促进商业银行核心竞争力总体水平。

2）其次，商业银行应侧重市场及客户的有效营销投入，为保持和拓展市场份额和持续增加有效客户资源做好相应的稳定和营销工作，以有效提高商业银行外显核心竞争力。

3）再次，商业银行应侧重经营及管理方面的投入，为经营和管理提供良好的机构运行、业务操作平台，将人力人才资源管理，信息及科技运行，市场及客户营销等工作与业务系统设备、银行员工个体、组织环境应对的竞争资源要素有机结合，从而提升核心竞争力水平。

以上分析说明，商业银行各项竞争资源要素配置投入侧重的变化会对竞争资源要素的聚合和耦合效果产生影响，从而影响核心竞争力的总体效果。即不同类型的竞争资源要素配置侧重对商业银行核心竞争力提升的影响效果各不相同的。

7.3 核心竞争力提升机制仿真分析

7.3.1 仿真模型参数及初始值

（1）控制变量参数设定

设参数 $k=1$，即设定竞争资源要素配置总量按照逐年增加的条件下进行仿真模型验证。

（2）初始值确定

具体赋值情况见7.1.3中"模型初始值确定"。将控制变量与各竞争资源投入、各能力体系的指标初始值输入仿真模型，经过仿真计算可得到国有商业银行和股份制商业银行两大类银行在未来10年内的各因素提升情况。仿真模型的初始值数据见表6-5，主要变量输出数据见附录E。详见本章"7.1.3 模型仿真初始值确定"。见表7-5所示。

表7-5　商业银行核心竞争力提升机制仿真模型初始值

竞争资源要素水平	人力及人才竞争资源要素水平	信息及科技竞争资源要素水平	经营及管理竞争资源要素水平	市场及客户竞争资源要素水平
国有商业银行	0.6345	0.5974	0.8538	0.3517
股份制商业银行	0.4409	0.7387	0.9329	0.3810

核心竞争力体系	内在核心竞争力	外显核心竞争力	竞争资源整合能力
国有商业银行	0.6094	0.4579	0.4379
股份制商业银行	0.6234	0.4091	0.4141

7.3.2　仿真输出结果及分析

本书选取"个体层次资源整合能力"、"团队层次资源整合能力"、"商业银行竞争资源整合能力"、"商业银行内在核心竞争力"、"商业银行外显核心竞争力"5个变量，同时选取四项竞争资源要素，运行SD仿真模型，可以得到国有商业银行和股份制商业银行在n个仿真周期（以季作为仿真周期，共设置40个季共计10年的仿真周期）内的变量输出值。各变量的仿真模型具体输出数据见附录E。

各变量仿真输出平均值如表7-6所示。

表7-6　商业银行主要能力仿真变量输出结果均值

仿真输出变量	国有商业银行	股份制商业银行
内在核心竞争力	1.8827	2.0815
外显核心竞争力	0.7069	0.7281
竞争资源整合力	0.6612	0.7764
团队层次资源整合力	1.1547	2.0861
个体层次资源整合力	0.5196	1.1200
仿真输出变量	国有商业银行	股份制商业银行
人力及人才资源要素	0.5994	0.7308

续表

仿真输出变量	国有商业银行	股份制商业银行
信息及科技资源要素	1.0615	0.7601
经营及管理资源要素	0.7927	0.8509
市场及客户资源要互	1.7941	1.9516

从仿真结果数据可以看出：

1）国有商业银行及股份制商业银行在 10 年的仿真期中，内在及外显核心竞争力均得到了较大的提升；股份制商业银行核心竞争力的提升幅度相对较快。

2）股份制商业银行在总体竞争资源整合能力方面有较大提升，尤其在团队层次资源整合能力方面更为突出。

3）股份商业银行在四项竞争资源要素的投入方面较为均衡，并侧重于市场及客户资源营销资源方面的投入；国有商业银行则更为重视信息及科技资源竞争资源要素的投入，同时也加强了市场及客户资源营销资源方面的投入。

7.4　本章小结

本章以系统动力学仿真理论为基础，运用 Vensim 仿真工具，构建商业银行核心竞争力提升机制仿真模型。在模型中，以商业银行组织的内在核心竞争力、外显核心竞争力、竞争资源要素整合能力的相互作用关系作为仿真模型的核心分析因素。以核心竞争力竞争资源投入作为控制变量，对控制变量进行灵敏度分析，验证提升机制仿真模型的有效性；以仿真模型中的变量间的影响关系作为分析因素，对有关变量进行相关性分析，验证提升机制重要要素间的关系规律。运用灵敏度分析和相关性分析两种方法验证商业银行核心竞争力提升机制。

本章以第 5 章中对商业银行核心竞争力体系的评价结果作为输入初始值，对内在核心竞争力、外显核心竞争力、不同层次（员工个体、团队部门和银行组织层次）的竞争资源整合能力的提升情况进行仿真研究，得出不同类型商业银行核心竞争力的变动趋势和相关分析，并提出相应的提升路径建议。

通过该章研究可得出以下结论：

1）商业银行核心竞争力的有效培育提升，是通过对人力及人才资源要素、信息及科技资源要素、经营及管理资源要素、市场及客户资源要素等四类资源要素进行合理适配的结果。

2）商业银行应根据自身情况对各类竞争资源要素的投入情况进行相应的动态调整，而非静态不变的。

3）核心竞争力提升机制体系中各影响要素之间会产生复杂的影响关系和效果，而竞争资源整合能力及银行企业文化要素对促进核心竞争力的提升方面起到了非常重要的作用。

4）不同类型的商业银行在实现核心竞争力提升的路径方面各不相同，需要将银行员工个体、团队部门、银行组织 3 个层次的竞争资源整合能力进行充分耦合，发挥其最大效用，从而更有利于实现核心竞争力的有效提升。

第8章 结论与展望

8.1 研究结论

本书分析了商业银行的组织特点和服务特点，结合商业银行组织的复杂性特点和所处的复杂金融生态环境，以资源基础论、核心能力理论、动态能力理论和知识创造理论，以及技术能力理论为理论研究基础，对我国商业银行的核心竞争力的内涵、构成维度、影响因素、评价体系、提升机制及机制仿真进行了较为深入的研究，并得出如下研究结论：

1）商业银行核心竞争力的内涵指商业银行组织在复杂金融环境中，为应对金融竞争和实现其经营目标，对所获取和拥有的内部和外部优势竞争资源要素，进行有效整合和吸收，使其转化并成为商业银行的显著竞争优势、并具有独特特点的系统性动态能力。

同时，商业银行核心竞争力的层次划分为内在核心竞争力和外显核心竞争力两层。其中，商业银行内在核心竞争力是一种内部潜在能力，它体现了商业银行实现可持续稳定发展的潜力，也是实现经营战略和发展目标，以及实现社会和公众认可的坚实基础和依托；商业银行外显核心竞争力是一种外在表现能力，它体现了商业银行现有的竞争态势和资源利用水平。

商业银行核心竞争力的关键特性主要包括：核心竞争力的动态平衡性、核心竞争力的周期演进性、核心竞争力的知识转化性、核心竞争力的路径复杂性和核心竞争力的文化影响性。

2）商业银行核心竞争力的构成要素是商业银行实施竞争的重要基础，包括商业银行组织所控制和运用的人力及人才资源、信息及科技资源、经营及管理资源和市场及客户资源等竞争资源；其核心功能是培育和提升商业银行组织对内、外部优势资源的吸收和整合、转化和应用的系统性能力。

商业银行核心竞争力影响因素包括内在和外在影响因素，其中，外在影响因素包括金融科技创新、金融市场环境、社会公众认可等影响因素；内在影响因素包括人力及人才资源管理、金融市场及客户资源、银行经营及管理水平等影响因素。内在和外在影响因素共同对商业银行核心竞争力的形成和提升产生作用。

3）通过对商业银行业界专业人员及银行员工进行问卷调查，设计了"商业银行核心竞争力状况及影响因素调查问卷"，设定了"金融服务技术创新"、"人力人才资源管理"、"银行经营管理水平"和"金融市场竞争环境"等4项一级指标和20项二级具体影响指标因素。基于问卷统计结果，获取"金融服务技术创新"指标在四项一级指标中的重要度和关注度最高这一结论。

4）以调查问卷统计结果数据为建模依据，运用结构方程（SEM）模型工具和LISREL程序语句，运行模型调试方法和统计学检验方法，构建起商业银行核心竞争力影响因素变量相互作用的SEM模型。

通过模型分析和研究，得出了内源变量之间以及外源潜变量对内源潜变量之间的总体影响作用路径及关系。其中，内源潜变量之间作用关系中，模型支持"科技投入重视程度"对"软硬件技术领先性"产生显著的影响作用关系，且影响作用方向为正向；模型支持"软硬件技术领先性"对"金融产品业务特色"产生显著的影响作用关系，且影响作用方面为正向。其中，内、外源潜变量作用关系中，模型支持"市场和竞争策略定位"会对"金融产品业务特色"产生直接和显著的影响作用关系，且影响作用方向为正向；"市场和竞争策略定位"会对"银行总体服务环境"产生显著的影响作用，且作用方向为正向，而"客户资源保有及拓展"则对"银行总体服务环境"产生的影响作用方向为负向。

5）本书根据商业银行核心竞争力的层次划分和构成要素、能力特点，分别构建了内在核心竞争力和外显核心竞争力的评价指标体系。内在核心竞争力的一级评价指标体系以人力及人才资源要素、信息及科技资源要素、经营及管理资源要素、市场及客户资源要素等四类竞争资源要素为构建基础；外显核心竞争力的一级评价指标以盈利能力、持续增长能力、安全性及抗风险能力等三类竞争优势程度指标为构建基础。

基于评价模型及评价数据运算结果，得到如下结论：

国有商业银行及股份制商业银行在四项竞争资源的投入分布方面总体还不够均衡，需要商业银行适当调整所拥有的竞争资源要素比例和重点，以便更好的提升内在核心竞争力水平。

国有商业银行和股份制商业银行在竞争资源要素的投入优先序并不相同，体现了两类商业银行在培育和提升核心竞争力方面各有侧重。国有商业银行和股份制商业银行在盈利能力、持续发展能力、安全性及抗风险能力等外显核心竞争力水平方面存在差异，也各有侧重，故其外显核心竞争力的水平方面也不尽相同。

6）本书基于机制理论和金融生态环境理论，从商业银行所处的内部和外部金融环境视角，从员工个体层次、团队部门层次和银行组织层次三个不同层次分析内部及外部金融生态环境因素对核心竞争力提升和演进的具体影响和作用。其中，内部金融生态环境因素包括公司内部治理、银行企业文化和银行金融创新等因素；外部金融生态环境因素包括金融科技发展、金融竞争监管及市场及客户资源等因素。

同时，本书认为，商业银行核心竞争力存在路径依赖性特点和提升障碍因素。其中，路径依赖性为商业银行核心竞争力带来的有利方面是会形成模仿障碍，而不利方面则是会形成核心竞争力的刚性；而提升障碍则主要包括"组织学习障碍"、"组织及制度障碍"和"环境感知障碍"，对核心竞争力的培育和提升起到阻碍和迟滞作用。

7）本书基于系统动力学理论为基础，运用 Vensim 仿真工具，对商业银行核心竞争力提升机制进行了仿真分析。通过该章研究可得出以下结论：

商业银行核心竞争力的有效培育提升，是通过对人力及人才资源要素、信息及科技资源要素、经营及管理资源要素、市场及客户资源要素等四类资源要素进行合理适配的结果。商业银行应根据自身情况对各类竞争资源要素的投入情况进行相应的动态调整，而非静态不变的。核心竞争力提升机制体系中各影响要素之间会产生复杂的影响关系和效果，而竞争资源整合能力及银行企业文化要素对促进核心竞争力的提升方面起到了非常重要的作用。不同类型的商业银行在实现核心竞争力提升的路径方面各不相同，需要将银行员工个体、团队部门、银行组织 3 个层次的竞争资源整合能力进行充分耦合，发挥其最大效用，从而更有利于实现核心竞争力的有效提升。

8.2　创新成果

本书以商业银行的核心竞争力为研究对象，运用定性和定量相结合、主观调查和客观分析相结合、理论研究和实证分析相结合的研究方法，全面、系统地探究我国商业银行核心竞争力的内涵和构成维度，影响核心竞争力的作用因素和核心竞争力提升路径，构建商业银行核心竞争力评价体系和提升机制，研究具有重要的理论意义和实践意义。具体创新点如下：

1）本书创新性的将金融生态系统理论及复杂性理论引入到商业银行核心竞争力的研究中，系统、全面地分析商业银行组织所处的金融系统和各种内外部环境，从而构建商业银行核心竞争力的理论内涵、组成要素及构成维度，并创新性的提出商业银行内在核心竞争力和外显核心竞争力的概念，并以此作为研究商业银行核心竞争力的切入点。

2）本书将设计"商业银行核心竞争力影响因素调查问卷"，并将向各类商业银行从业人员发放，从而调查银行业界对核心竞争力的实际认知情况，同时获取影响银行核心竞争力的影响因素变量，并对调查问卷数据进行信度和效度检验，运用结构方程（SEM）模型分析影响因素变量之间的内在关系，这是在核心竞争力影响因素研究方法上的创新。

3）本书将根据"商业银行核心竞争力"理论体系的内涵研究，以影响因素调查数据和2002—2012年商业银行经营绩效数据作为内在核心竞争力水平和外在核心竞争力水平的评价数据基础，构建起不同类型商业银行的核心竞争力评价体系，将主观调查结果和客观的数据进行有机结合，并为构建提升机制的仿真建模提供了初始数据。

4）本书运用机制理论和系统演化理论构建商业银行核心竞争力提升机制，结合金融生态环境理论，从商业银行金融环境的内部环境、外部环境，以及核心竞争力的内部影响因素和外部影响因素两个层面，分析和探究商业银行核心竞争力的生成和演进路径。

5）本书以系统动力学理论为基础，运用 Vensim 工具构建商业银行核心竞争力的提升机制仿真模型，并以商业银行2002—2012年的经营性数据和管理数据作为仿真数据，实现对核心竞争力演进路径的仿真分析。

8.3 研究展望

本书紧密围绕"商业银行核心竞争力"这一主题展开研究，重点分析和研究了商业银行核心竞争力的影响因素、能力评价以及能力提升机制，通过定性和定量研究，得出一系列创新性研究结论及成果。由于本人学术研究能力和研究数据及研究时间所限，在研究过程中尚存在一些不足和缺陷，具体如下：

1）在商业银行外显核心竞争力的评价指标体系的选取和构建方面，还存在较大的困难。由于体现商业银行绩效和社会认可度的指标众多，且之间的相关性不一，在最终能力评价指标的选取和分类方面，存在一定的困难。另外，在选取外显核心竞争力的绩效指标数据时，选取了2002—2012年的主要上市商业银行经营数据为计算基础，在数据收集和处理过程中，发现部分银行的数据缺失或不准确，给数据统计带来了一定的困难。

2）研究中为了能够分析不同类商业银行核心竞争力的区别和差异，将商业银行笼统划分为国有商业银行、股份制商业银行两大类，并未研究单个商业银行之间的核心竞争力差异。而实际上，不同类型的商业银行均会有其具有自身特性和个性化的核心竞争力，即使是归属为同一类型的单独国有商业银行或股份制商业银行，其核心竞争力也会有个性化差异。而这种具有个性化的核心竞争力是否能够复制或应用到其他商业银行中，从而产生同样或更好的效应，这是需要深入考虑的。

3）商业银行内在核心竞争力的四项竞争资源要素在向核心竞争力转化的过程中，

商业银行需要对各类竞争资源要素的投入进行配置和调整，才能有效形成和提升核心竞争力；但什么是合理的比例、适配程度的标准是什么，何种情况下需要对竞争资源要素的投入进行及时调整，而目前这方面的研究还存在相当的难度。

针对以上问题，在今后的研究中可以在以下方面展开：

1）同一类型下不同商业银行的核心竞争力比较研究。即尽可能在同一平台下、相同经营和服务特点下、近似竞争环境下，对各个商业银行的内在核心竞争力进行更深入的分析，追根溯源。

2）商业银行核心竞争力中的竞争资源要素投入比例、投入侧重对核心竞争力究竟会产生何种影响。在今后可以参考风险管理中的压力测试或敏感性测试方面进行借鉴性研究，从而寻找核心竞争力竞争资源要素投入调整的边界或预警区间，以为商业银行提供相应的管理及经营参考。

参 考 文 献

[1]［美］考夫曼·斯图亚特. 池丽平，蔡勖译. 科学新领域的探索［M］. 长沙：湖南科学技术出版社，2004

[2]［美］约翰·H·霍兰德. 陈禹，方美琪，周晓牧，韩晖译. 隐秩序：适应性造就复杂性［M］. 上海：上海科技教育出版社，2011

[3] Complexity System［J］. Science，1999（2）：80-107

[4] 金吾伦，郭元林. 复杂性科学及其演变［J］. 复杂系统与复杂性科学，2004（1）：1-5

[5] Halal William E.. The New Management［M］. New York：Barrett Koehler Publisher，1996

[6] 成思危. 复杂性科学探索［M］. 北京：民主与建设出版社，1999

[7]［美］詹姆斯·B·贝克斯利. 林继肯译. 银行管理［M］. 大连：东北财经大学出版社，1987

[8] 白钦先. 金融可持续发展研究导论［M］. 北京：中国金融出版社，2001

[9] 周小川. 完善法律环境，打造金融生态［N］. 金融时报，2004-12-07

[10] 杨子强. 优化金融生态环境，促进地方经济发展［J］. 济南金融，2005（05）：3-6

[11] 邹平座. 可持续发展呼唤良好金融生态［N］. 上海证券报，2005-10-11

[12] 斯蒂格勒. 新伯格雷夫经济学大辞典："竞争"词条［M］. 北京：经济科学出版社，1986

[13]［美］戴维·德雷诺夫，马克·尚利，武亚军译. 公司战略经济学［M］. 北京：北京大学出版社，1999

[14] 王明夫. 企业竞争力［M］. 北京：中国财政经济出版社，2001

[15] 范林根. 企业竞争力的形成与提升［M］. 上海：上海财经大学出版社，2010

[16] Porter M.. Competitive Strategy：The Core Concepts［J］. Competitive Advantage，1985：1-27

[17]［美］米采尔·E·波特，陈小锐译. 竞争优势［M］. 北京：华夏出版社，2005

[18] Ansoff H. I.. Corporate Strategy：An Analytic Approach to Business Policy for Growth and Expansion［M］. New York：McGraw-Hill，1965

[19]［美］安索夫（Ansoff, H. I., 1979），邵冲译. 战略管理［M］. 北京：机械工业出版社，2010

[20] Penrose E. T.. The Theory of the Growth of the Firm［M］. Oxford：Basil Blackwell，1959

[21] Lippmann S. A., Rumelt R. P.. Uncertain Limitability：An Analysis of Interim Differences in Efficiency under Competition［J］. The Bell Journal of Economics，1982，13（2）：418-438

［22］ Barney J.. Special Theory Forum：The Resource－Based View within the Conversation of Strategic Management ［J］. Strategic Management Journal, 1991, 13 （5）：363－380

［23］ Grant R. M.. The Resource－Based Strategy Theory of Competitive Advantage：Implications or Strategy Formulation ［J］. California Management Review, 1991, 33 （3）：114－135

［24］ ［美］汤姆·彼德, 罗伯特·沃特曼. In Search of Excellence：Lessons from America's Best－Run Companies ［M］. 北京：中央翻译出版社, 2001

［25］ Andrews K.. The Concept of Corporate Strategy. From Foss, N. （Eds.）Resources Firms and Strategies：A Reader in the Resource－Based Perspective ［M］. Oxford University Press, 1997 （5）：53－59

［26］ Christensen C. R., Andrews K. R., Bower J. L., Hammermesh R. G., Porter M. E.. The Company and Its Environment：Relating Opportunities to Resources ［J］. Business Policy：Test & Cases, 1987：227－253

［27］ Allison G.. The essence of Decision Making. ［J］ American Political Science Review, 197163 （3）：689－718

［28］ Pfeiffer J., Salanik G.. The External Control of Organizations：A Resource Dependence perspective ［J］. American Economic Review, 1978 （92）：1521－1534

［29］ Chandler A. D.. Strategy and Structure ［M］. Cambridge, MA：MIT Press, 1962

［30］ Chandler A. D.. Organizational Capabilities and the Economic History of the Industrial Enterprise ［J］. Journal of Economic Perspectives, 1992, 6 （3）：79－100

［31］ Selznick, Philip. Leadership in Administration ［M］. Evanston：Row, Peterson & Co, 1957

［32］ WEF－World. Economy Forum. The Global Competitiveness Reports ［R］. http：//www. weforum. org/, 1985

［33］ Prahalad C. K., Hamel G.. The Competence of the Corporation ［J］. Harvard Business Review, 1990 （5－6）：79－91

［34］ Sabourin V. I., Pinsonneault. Strategic formation of Competitive High Technology Clusters ［J］. Int. J. Technology Management, 1997, 13 （2）：165－178

［35］ 安德鲁·坎贝尔. 核心能力战略 ［M］. 大连：东北财经大学出版社, 1999

［36］ 吴敬琏. 我国商业银行改革的主要内容 ［J］. 西部论丛, 2003 （2）：22

［37］ 霍国庆. 企业知识管理战略 ［M］. 北京：中国人民大学出版社, 2007

［38］ 李正中, 韩智勇. 企业核心竞争力：理论的起源及内涵 ［J］. 经济理论与经济管理, 2001 （7）：54－56

［39］ 王毅. 我国企业核心能力实证研究 ［J］. 管理科学学报, 2002 （2）：74－82

［40］ 徐正良, 徐颖, 王利政. 企业核心竞争力的结构解析 ［J］. 中国软科学, 2004 （5）：82－87

［41］ 赵宏军. 构建企业核心竞争力三大体系 ［J］. 商业时代, 2004 （6）：9

［42］ ［美］多萝西·伦纳德. 巴顿. 知识与创新 ［M］. 北京：新华出版社, 2000

［43］ Oliver C.. Sustainable Competitive Advantage：Combing Institutional and Resource － Based Views, Strategic Management Journal, 1997, 18 （9）：697－713

［44］卡斯特，罗森茨韦克．组织与管理：系统方法与权变方法［M］．北京：中国社会科学出版社，2000

［45］Coombs R.．Core Competencies and the Strategic Management of R&D［J］．Managment，1996，26（4）：345-355

［46］Raffa M.，Zollo G.．Sources of Innovation and Professionals in Small Innovative Firms［J］．International Journal of Technology Management，1994，9（1）：481-496

［47］Porter M.．The Competitive Advantage of Nations［M］．New York（NY）：Free Press，1990

［48］范宪．企业核心竞争力理论：球论模型的新诠释［D］．上海：复旦大学，2003

［49］王松奇．2006年度中国商业银行竞争力报告［M］．北京：社会科学文献出版社，2006

［50］王丹丹．基于竞争力方程的上市银行竞争力研究［D］．浙江：浙江大学，2007

［51］贺书娅．穆迪公司及信用评级制度（上）［J］．城市金融论坛，2000（8）：46-51

［52］周小川．金融机构要经受得住经济周期下行时的考验［J］．金融纵横，2007（24）：19

［53］焦瑾璞．中国银行业国际竞争力研究［M］．北京：中国时代经济出版社，2002

［54］WEF-World Economy Forum．The Global Competitiveness Reports［R］．http：//www. weforum. org/，1994

［55］上海市城市金融学会．银行核心竞争力透视［M］．北京：中国金融出版社，2008

［56］宋安平．商业银行核心竞争力研究［D］．厦门：厦门大学，2003

［57］高斌．试论国有商业银行核心竞争力的构成要素和培养途径［J］．金融管理与研究，2006（4）：47-49

［58］李文军．商业银行竞争力评价模型［J］．河南金融管理干部学院学报，2006（02）：70-74

［59］殷雷．中国商业银行竞争力研究［D］．成都：西南财经大学，2002

［60］魏春旗，朱枫．商业银行竞争力［M］．北京：中国金融出版社，2005

［61］朱纯福．现代商业银行核心竞争力的结构性解释［J］．金融论坛，2001（1）：3-10

［62］朱凤涛．企业能力系统演化的实证分析［J］．工业技术经济，2006（12）：120-123

［63］中国银监会．商业银行风险监管核心指标（试行）［EB/OL］．中国银监会网站，http：//www. cbrc. gov. cn，2005-12-31

［64］夏嘉霖，孙芳．试析提高我国股份制商业银行的核心竞争力［M］．国际商务研究，2003（2）：41-45

［65］陈洪转，徐佩，赵永梅．商业银行核心竞争力评价指标体系研究［J］．管理科学文摘，2004（11）：37-39

［66］李正．基于创新的商业银行核心竞争力评价体系研究［J］．金融改革，2006（8）：24-26

［67］梁力军，李志祥．基于指标分析的股份制商业银行核心竞争力比较研究［J］．管理学家（学术版），2008（11）：473-479

［68］刘荣．股份制商业银行竞争力分析［J］．金融研究，2002（8）：82-92

［69］王宇，谢禹．商业银行竞争力评价方法研究［J］．商业研究，2005（12）：8-61

［70］赵子铱，邹康，彭琦．对我国银行业规模经济效率的测算［J］．统计与决策，2006（12）：100-101

［71］彭琦，邹康，赵子铱. 1993–2003 年中国银行业效率的实证分析—基于 DEA 测度技术的运用
［J］. 经济评论，2005（04）：82–89

［72］Tampoe M.. Exploiting the cero competences of your organization ［J］. Long Range Planning. 1994，
27（4）：66–77

［73］Campbell A.，Luchs K. S.. Core Competence–Based Strategy ［M］. International Thomson Business
Press，A Division of International Thomson Publishing Inc，1997

［74］侯刚，彭金城，张梦荣. 国有商业银行核心竞争力：问题与对策 ［J］. 云南财经大学学报，
2005（20）：82–83

［75］彭金城. 浅析商业银行的核心竞争力 ［J］. 湖北教育学院学报，2006（2）：126–128

［76］陈小宪. 全面开放与商业银行核心竞争力的提升 ［J］. 中国金融，2006（223）：20–22

［77］李镇西. 中小商业银行核心竞争力研究 ［M］. 北京：中国金融出版社，2007

［78］杨金龙，揭筱纹. 动态竞争能力：企业获取持续竞争优势的源泉 ［J］. 技术与市场，2007
（3）：53–55

［79］吕彦昭. 基于价值链理论的我国商业银行竞争优势研究 ［D］. 哈尔滨工程大学，2008

［80］Rumelt R. P.. Diversification Strategy and Profitability ［J］. Strategic Management Journal，1982，
3（4）:359–369

［81］Henderson R.，Cockbum I.. Measuring Competence Exploring in Effects in Pharmaceutical Research
［J］. Strategic Management Journal，1994，1（15）：63–84

［82］凯文·科因，斯蒂芬·霍尔，帕特里夏·克里福德. 公司的核心竞争力是否只是一个幻影
［R］. 麦肯锡战略论坛，1997

［83］Meyer M H，Utterback J M. The Product Family and the Dynamics of Core Capability ［J］. Sloan
Management Review，1993：29–47

［84］［美］迈克尔·A·希特，R·杜安·爱尔兰，罗伯特 E. 霍斯基森. 战略管理：竞争与全球化
（概念）—The Management of Strategy（Concepts）［M］. 北京：机械工业出版社，2012

［85］Teece D. J.，Pisano G.，Shuen A.. Dynamic Capabilities and Strategic Management ［J］. Strategic
Management Journal，1997，18（7）：509–533

［86］Zott C.. Dynamic Capabilities and the Emergence of Intra–Industry Differential Firm Performance：
Insights from a Simulation Study ［J］. Strategic Management Journal，2002，24（2）：97–125

［87］Subba J.，Narasimha P. N.. Strategy in Turbulent Environments：the Role of Dynamic Competence
［M］. Managerial & Decision Economics，2001（22）：201–213

［88］Grant. Toward a Knowledge–Based Theory of the Firm ［J］. Strategic Management Journal. 1996，17：
109–122

［89］［美］彼德·德鲁克. 知识管理 ［M］. 北京：中国人民大学出版社，哈佛商学院出版社，1999

［90］［美］彼德·德鲁克. 管理–使命、责任、实务（实务篇）［M］. 北京：机械工业出版社，
2006，246–249

［91］［美］哈默，钱皮著，王珊珊等译. 企业再造：企业革命的宣言书 ［M］. 上海：上海译文出版
社，2007

〔92〕 Nonaka I, Katsubiro Umemoto, Dai Senoo. From Information Processing to Knowledge Creation. A Parading shift in Business Management 〔J〕. Technology in Society, 1996, 18（2）：203－218

〔93〕 Wheeler. A Dynamic Capabilities Theory for Assessing Net Enablement 〔J〕. Information Systems Research, 2002, 13（2）：125

〔94〕 Heflat, Peteraf. The Dynamic Resource－based View：Capability Lifecycles, Strategic Management Journal, October Special Issue, 2003（24）：997－1010

〔95〕 Nonaka I. A.. Dynamic Theory of Organizational Knowledge Creation 〔J〕. Organization Science－ A Journal of the Institute of Management Sciences, 1994, 5（1）：14－37

〔96〕 Arrow K.. Economic Implications of Learning by Doing 〔J〕. Review of Economic Studies, 1962, 29：80

〔97〕 Desai Ashok V.. Achievements and Limitations of India's technological Capability 〔J〕, In：Technological Capability in the Third World, edited by Fransman, King K, 1984：244－262

〔98〕 Henderson R.. Successful Japanese Giants：A Major Challenge to Existing Theories of Firm Capability 〔C〕. Working Paper of MIT, 1990

〔99〕 魏江. 企业技术能力论—技术创新的一个新视角 〔M〕. 北京：科学出版社, 2002

〔100〕 王秀江, 彭纪生. 企业技术能力：一个新的概念界定与测量模型 〔J〕. 科学学与科学技术管理, 2008（12）：146－150

〔101〕 陈洪转. 中国商业银行核心竞争力评价研究 〔M〕. 北京：经济管理科学社, 2012

〔102〕 Collis D. J.. Research Note：How Valuable Are Organizational Capability 〔J〕. Strategic Management Journal, 1994（15）：143－152. Winter S.. Understanding Dynamic Capabilities, Strategic Management Journal, 2003（24）：991－995

〔103〕 Winter S.. Understanding Dynamic Capabilities, Strategic Management Journal, 2003（24）：991－995

〔104〕 梁宁建. 心理学导论 〔M〕. 上海：上海教育出版社, 2006

〔105〕 Carroll John B.. Mathematical Abilities：Some Results from Factor Analysis, In：Robert J. Sternberg, Talia Ben－Zeev, The Nature of Mathematical Thinking 〔M〕. Lawrence Erlbaum Associates, Publishers Mahwah, 1996

〔106〕 席酉民, 尚玉钒. 和谐管理理论 〔M〕. 北京：中国人民大学出版社, 2002

〔107〕 Armbrecht F. M. R., Chapas R. B.. Knowledge Management in Research and Development 〔J〕. Research Technology and Development, 2001（7－8）：28－48

〔108〕 Hafeez K. and Others. Core Competence for Sustainable Competitive Advantage：A structured Methodology for Identifying Core Competence 〔J〕. IEEE Transactions on Engineering Management, 2002, 49（1）：28－35

〔109〕 张维迎. 妙谈企业核心竞争力 〔N〕. 市场报, 2002－01－17

〔110〕 张维迎, 李其. 管理与竞争力 〔M〕. 上海：上海人民出版社, 2005

〔111〕 王先玉, 黄深厚, 李燹. 现代商业银行组织管理与人才管理 〔J〕. 北京：中国金融出版社, 2003

［112］丁国政，曹昱．银行组织结构的变化及对我国的启示［J］．中州学刊，2005（2）：53-55

［113］胡月晓．商业银行组织研究概述［J］．金融理论与实践，2008（12）：101-104

［114］［美］理查德·L·达夫特著．王凤彬译．组织理论与设计［M］．北京：清华大学出版社，1998

［115］［美］理查德·H·霍尔著．张友星，刘五一，沈勇译．组织：结构、过程及结果［M］．上海：上海财经大学出版社，2003

［116］［美］斯蒂芬·P·罗宾斯．组织行为学［M］．北京：人民大学出版社，2008

［117］季红益．基于组织环境的组织结构演进分析［J］．职业技术，2009（6）：70-91

［118］侯雪静，何雨欣．普华永道：2011年181家外资银行在中国总利润翻倍［EB/OL］．新华网，2012-07-17

［119］李新颜，殷树荣．商业银行打造学习型组织初探［J］．石家庄经济学报，2006（4）：462-464

［120］Argris C., Schon D. A. Organization Learning：A Theory of Action Perspective Reading［M］MA：Addison Wesley，1978

［121］Senge P. M.. The Fifth Discipline：The Art and Practice of the Learning Organization［M］New York：Currency Doubleday，1990

［122］Swee Goh. Toward a Learning Organization：：The Strategic Building Blocks［M］. Sam Advanced Management Journal，1998：15-22

［123］Crossan M., Lane H. W., White R. E.. An Organizational Learning Framework：From Intuition to Institution［J］Academy of Management Review，1999（24）：522 - 538

［124］孟玉红．学习型组织与银行业的可持续发展［J］．时代金融，2006（6）：61-62

［125］张同健．国有商业银行组织学习实施绩效系统经验分析［J］．番禺职业技术学院学报，2007（4）：32-37

［126］王凌飞，李世新．基于圣吉模型的中国银行业学习型组织构建探析［J］．中国集体经济，2008（8）：93-94

［127］陈国权，马萌．组织学习的过程模型研究［J］．管理科学学报，2000（3）：15-23

［128］刘铁忠．基于组织学习的企业安全管理能力研究［D］．北京：北京理工大学，2006

［129］孟庆伟，安会茹．企业技术创新能力的系统结构［J］．科技管理研究，2000（2）：27-28

［128］刘铁忠．基于组织学习的企业安全管理能力研究［D］．北京：北京理工大学，2006

［130］［美］伊查克·爱迪恩．企业生命周期［M］．北京：中国社会科学出版社，1997

［131］Winter S.. Understanding Dynamic Capabilities，Strategic Management Journal，2003（24）：991-995

［132］张杨，臧维．企业核心竞争力的路径依赖性分析［J］．经济师，2006（8）：211-212

［133］金融竞争力组织．产业竞争力评价指标体系［EB/OL］．http：//gcoforum. org/04_ pjxt_ 001. htm，2010-08-25

［134］［美］科特·斯赫克特．企业文化与经营业绩［M］．北京：人民大学出版社，2004

［135］［美］彼德·德鲁克．知识管理［M］．北京：中国人民大学出版社，1999

［136］容和平．基于核心竞争力的企业战略管理［M］．太原：山西经济出版社，2007

［137］黄文忠．中资商业银行核心竞争力构建—基于价值创造的研究［D］．厦门大学，2008

［138］陈洪转．基于价值链的商业银行核心竞争力影响因素研究［J］．金融教学与研究，2007（1）

［139］邓修权．核心能力构成要素的调查分析［J］．科研管理，2003（2）：109-115

［140］中华人民共和国中央人民政府．中华人民共和国银行业监督管理法［EB/OL］．http：//www. gov. cn/jrzg/2006-10/31/content_ 429279. htm，2006-10-31

［141］庄毓敏．商业银行业务与经营［M］．北京：中国人民大学出版社，2011

［142］刘凤军，梅宁．银行竞争与营销创新［M］．北京：经济科学出版社，2008

［143］宋安平．商业银行核心竞争力研究［M］．北京：中国金融出版社，2005

［144］［美］扎加，布莱尔著．沈崇麟译．抽样调查设计导论［M］．重庆：重庆大学出版社，2007

［145］马庆国．管理统计—数据获取，统计原理、SPSS 工具与应用研究［M］．北京：科学出版社，2004

［146］吴明隆．SPSS 统计应用实务：问卷分析与应用统计［M］．北京：科学出版社，2003

［147］俞宗尧．抽样调查应用问题及对策［J］．数据，2008（11）：39

［148］黄芳铭．结构方程模型理论与应用［M］．北京：中国税务出版社，2005

［149］Boomsma A.. The Robustness of LISREL against Small Sample Sizes in Factor Analysis Models, In：World H., Jdreskon K., Eds, System under Indirect Observation［M］New York：Elsevier North-Holland，1982：149-173

［150］郭强，董明伟．调查实战指南—问卷设计手册［M］．中国时代经济出版社，2004

［151］［美］伊恩·布雷著，胡零，刘智勇译．市场调查宝典：问卷设计［M］．上海：上海交通大学出版社，2005

［152］董明伟．调查实战指南：问卷设计手册［M］．北京：中国时代经济出版社，2004

［153］吴明隆．SPSS 统计应用实务：问卷分析与应用统计［M］．北京：科学出版社，2003

［154］张同健．基于调查数据的国有商业银行操作风险控制战略实证研究［J］．平顶山学院学报，2008（2）：47-53

［155］吕宝林，张同健．商业银行操作风险控制战略结构模型的构建与实证［J］．统计与决策，2008（6）：125-127

［156］邓明然，费伦苏，程婧瑶．商业银行操作风险的传导载体与模式研究［J］．武汉理工大学学报（信息与管理科学版），2007（8）：101-105

［157］陈阳，黄韫慧，王垒，施俊琦．结构需求量表的信效度检验［J］．北京大学学学报（自然科学版），2008（3）：490-492

［158］陶然．从统计数据质量角度谈调查问卷的设计质量［J］．市场研究，2007（11）：43-45

［159］KarenW. C., Kathy W., Issa Zakeri. Relative Reliability and Validity of the Block kids Questionnaire among Youth Aged 10 to 17 Years［J］．Journal of the American Dietetic Association，2008，108（5）：862-866

［160］蒋涛．市场调查的信度与效度研究［J］．科技信息（学术研究），2008（12）：381

［161］吴统雄．电话调查：理论与方法［M］．上海：联经出版社，1990

［162］侯杰泰，温忠麟，成子娟．结构方程模型及其应用［M］．教育科学出版社，2005

［163］Michael E. , Fridtjof W. , Nusseck, Christian Geiser, etc. Structural Equation Modeling of Multitrait-Multimethod Data：Different Models for Different Types of Methods ［J］. Psychological Methods, 2008, 13 (3)：230-253

［164］［美］詹姆斯·B·贝克斯利著. 林继肯译. 银行管理［M］. 大连：东北财经大学出版社, 1987

［165］［美］彼得·S·罗斯, 塞尔维亚·C·哈金斯著. 司燕翔译. 银行管理［M］. 北京：人民大学出版社, 2007

［166］中国银行业从业人员资格认证办公室. 银行业从业人员资格认证考试辅导教材：公共基础［M］. 北京：中国金融出版社, 2012

［167］翟发辉. 确定综合评价中因素权重的优化方法［J］. 科学技术与工程, 2008 (4)：1002-1004

［168］陈伟, 夏建华. 综合主、客观权重信息的最优组合赋权方法［J］. 数学的实践与认识, 2007 (1)：17-21

［169］李秀燕, 肖荣辉, 陈赐海. 熵的概念及其拓展［J］. 漳州师范学院学报（自然科学版）, 2009 (3)：2009 (3)：63-67

［170］王德禄, 李子祎. 基于信息熵理论的网络组织结构分析［J］. 现代管理科学, 2007 (1)：65-66

［171］Merriam Webster. Merriam Webster Dictionary ［M］. U. S：Merriam-Webster, 2004

［172］Alexander J. . Neofunctionalism：An Introduction, in Alexander, ed. ［M］Neofunctionalism, Sage, 1985：7-20

［173］Alexander J. . Neofunctionalism Today：Reconstructing a Theo recital Tradition, with P Colony, in G Ritzier, ed. , Frontiers of Social logical Theory ［M］. Columbia University Press, 1990：33-67

［174］Jackson Matthew O. . Mechanism Theory, Optimization and Operations Research, Edited by Ulrich Dregs, in the Encyclopedia of Life Support Systems ［M］. EOLSS Publishers：Oxford UK ［http：//www. Eolss. net］, 2003

［175］席酉民, 尚玉钒. 和谐管理理论［M］. 北京：中国人民大学出版社, 2002

［176］唐丽雯. 企业间合作知识创新收益分配的博弈分析［J］. 中国管理信息化, 2012, (10)：83-85

［177］Richard hall, Pierpaolo Andriani. Management Focus Analyzing Intangible Resources and Managing Knowledge in a Supply Chain Context ［J］. European Management Journal, 1998, 16 (6)：85-97

［178］Holsapple C. W. , Singh M. . The knowledge Chain Model, Activities for Competitiveness ［M］. Expert Systems with Applications, 2001

［179］Tim Powell. The knowledge value chain (KVC)：How to Fix It When It Break ［R］, 2002-02-03

［180］Chen Yong-Long, Yang T. C. , Lin Z. S. . A Study on the Modeling of Knowledge-value Chain, Society of Petroleum Engineers Inc ［EB/OL］. http：//www. spe. org/jpt, 2004-11-03

［181］黄卫国, 宣国良. 知识价值链［J］. 企业管理研究, 2006, 24 (3)：326-330

［182］余利明. 企业知识管理能力问题的研究［D］. 上海：复旦大学, 2003

［183］吕彦昭, 冯淑丽, 马津笛. 基于价值链视角的商业银行竞争力形成机理分析［J］. 商场现代化, 2010 (16)：140-141

［184］ 徐诺金. 论我国金融生态环境问题［J］. 金融研究，2005，（11）：31-38

［185］ 黄在亮，彭寿波，张宜. 论金融危机与金融生态环境的关系［J］. 魅力中国，2009，（03）：12-15

［186］ 中国人民银行. 股份制商业银行公司治理指引［EB/OL］. http：//www. gov. cn/gongbao/content/2003/content_ 62595. htm，2002-05-23

［187］ 中国人民银行. 股份制商业银行独立董事和外部监事制度指引［EB/OL］. http：//www. pbc. gov. cn/publish/bangongting/82/1637/16374/16374_ .html，2002-06-04

［188］ 经济合作与发展组织（OECD），杨宏进，薛澜译. 以知识为基础的经济［M］. 北京：机械工业出版社，1997

［189］ 金翔俊. 公司治理环境对企业效率的影响［D］. 上海：华东师范大学，2006

［190］ 李维安. 公司治理学［M］. 北京：高等教育出版社，2009

［191］ 蒋定之. 关于大型商业银行国际竞争力建设的若干思考［N］. 金融时报，2006-12-04

［192］ 肖艳芳. 企业文化与核心竞争力培育之关系研究［J］. 现代财经，2003（10）：60-62

［193］ 曾康霖. 核心竞争力与金融企业文化研究［M］. 成都：西南财经大学，2005

［194］ 王延增，曹雅玮. 基于核心竞争力的商业银行企业文化研究［J］. 金融论坛，2008，13（4）：54-57

［195］ 李建军. 基于核心竞争力构建的企业文化再造［J］. 经济管理，2009（2）：193-197

［196］ 何苗. 金融创新与我国银行业核心竞争力的构建［D］. 南京：河海大学，2007

［197］ 中国人民银行译. 巴塞尔银行监管委员会文献汇编—计算机和电讯系统中的风险［M］. 北京：中国金融出版社，2002

［198］ 刘毅，杨德勇，万猛. 金融业风险与监管［M］. 北京：中国金融出版社，2006

［199］ 梁健刚，沈军正. 商业银行客户资源经营方略研究［J］. 中国农业银行武汉培训学院学报，2004（2）：18-21

［200］ 刘舒燕，杨宇. 银行业下的客户资源管理研究［J］. 科技进步与对策，2003（5）：89-90

［201］ Cohen W. M. , Levinthal D. A. . Innovation and Learning：the Two Faces of R & D［J］. Economic Journal，1989，99（9）：569-596

［202］ Cohen W. M. , Levinthal D. A. . Absorptive Capacity：a New Perspective on Learning and Innovation［J］. Administrative Science Quarterly，1990，35（1）：128-152

［203］ Mowery D. , Oxley J. . Inward Technology Transfer and Competitiveness：the Role of National Innovation Systems［J］. Cambridge Journal of Economics，1995（19）：67-93

［204］ Kim L. . Crisis construction and Organizational Learning：Capability Building in Catching－up at Hyundai Motor［J］. Organization Science，1998，9（4）：506－521

［205］ Zahra S. A. , George G. . Absorptive Capacity：A Review Reconceptalization and Extension［J］. Academy of Management Review，2002，27（2）：185-203

［206］ Lane P. J. , Koka B. R. . The Reification of Absorptive Capacity：a Critical Review and Rejuvenation of the Construct［J］. Academy of Management Review，2006，31（4）：833-862

［207］ Lane P. J. , Lubatkin M. . Relative Absorptive Capacity and Interorganizational Learning［J］.

Strategic Management Journal, 1998, 19 (5): 461-477

[208] Bhagat B S., Kedia B L., Harveston P D., Triandis H C. Cultural Variation in the Cross-border Transfer of Organizational Knowledge: an Integrative Framework [J]. Academy of Management Review, 2002, 27 (2): 204-221

[209] Ahuja G., Katila R.. Technological Acquisitions and The Innovation Performance of Acquiring firms: A longitudinal study [J]. Strategic Management Journal, 2001, 22 (3): 197 - 220

[210] Parkhe A.. Interim Diversity, Organizational Learning, and Longevity in Global Strategic Alliances [J]. Journal of International Business Studies, 1991, 22 (4): 579-601

[211] Parkhe A.. Strategic alliance structuring: A Game Theoretic and Transaction Cost Examination of Interim Cooperation [J]. Academy of Management Journal, 1993, 36 (8): 794-829

[212] Prahalad C. K., Bettis R. A.. The Dominant Logic: A New Linkage between Diversity and Performance [J]. Strategic Management Journal, 1986, 7 (6): 485-501

[213] Van den Bosch, F. A. J., . Volberda H. W. , de Boer M. . Coevolution of Firm Absorptive Capacity and Knowledge Environment: Organizational Forms and Combinative Capabilities [J]. Organization Science, 1999, 10 (5): 551-568

[214] Minbeava D,, Pedersen T., Björkman I., Fey C. F,, Park H. J.. MNC knowledge transfer, subsidiary absorptive capacity, and HRM [J]. Journal International Business Studies, 2003 (34): 586-599

[215] 徐二明, 张晗. 企业知识吸收能力与绩效的关系研究 [J]. 管理学报, 2008 (6): 841-848

[216] 杜静, 魏江. 知识存量的增长机理分析 [J]. 科学学与科学技术管理, 2004 (1): 24-27

[217] Rosenberg N.. Perspectives on Technology [M]. London: Cambridge University Press, 1982

[218] Sharif Nawaz. Project Evaluation Framework for Industrial Technology Capability Enhancement [J]. Technology Analysis & Strategic Management, 1994, 1 (6): 151-167

[219] 魏江. 企业技术能力论—技术创新的一个新视角 [M]. 北京: 科学出版社, 2002

[220] 汪丁丁. 记住未来 [M]. 北京: 社会科学文献出版社, 2001

[221] 魏江, 王铜安, 喻子达. 知识整合的实现途径研究——以海尔为例 [J]. 科研管理, 2008, 29 (3):22-27

[222] 邵昶, 丁栋虹. SECI 知识转化模型中的"薛定谔猫悖论"及其理论解释 [J]. 中国工商经济, 2009 (2): 87-97

[223] 皮永华, 程惠芳, 丁小义. 企业核心能力形成的路径依赖性 [J]. 工业技术经济, 2002 (2): 46-47

[224] 张杨, 臧维. 企业核心竞争力的路径依赖性分析 [J]. 经济师, 2006 (8): 211-212

[225] 陆昌勤, 方俐洛, 凌文铨. 组织学习研究的历史、现状与进展 [J]. 中国软科学, 2001 (12): 115-118

[226] 戴万稳, 赵曙明, 蒋建武, Steve F. Foster. 复杂系统知识管理与组织学习过程动态模型研究 [J]. 中国软科学, 2006 (6): 120-128

[227] 苗强, 窦艳杰. 企业动态能力提升的障碍与对策研究 [J]. 中国商贸, 2011 (26): 83-84

［228］王其藩，蔡雨阳，贾建国．回顾与评述：从系统动力学到组织学习［J］．中国管理科学，2002（11）：237-247

［229］胡玉奎．系统动力学—战略与策略实验室［M］．浙江：浙江人民出版社，1988

［230］王其藩．系统动力学［M］，北京：清华大学出版社，1994

［231］钟永光，贾晓菁，李旭．系统动力学［M］．北京：科学出版社，2009

［232］王其藩．系统动力学理论与方法的新进展［J］．系统工程理论方法与应用，1995，4（2）：6-12

［233］Wang Qifan, Robert Eberlein, Eds. Proceeding of the 1987 International Conference of System Dynamics Society［M］. System Dynamics Society. International Conference，China Shanghai，1987

［234］［美］丹尼斯·L·米都斯著．李宝恒等译．增长的极限—罗马俱乐部关于人类困境的报告［M］．长春：吉林人民出版社，1997

［235］［美］彼得·M·圣吉著．张成林译．第5项修炼：学习型组织的艺术与实务［M］．北京：中信出版社，2009

［236］苗丽娜．基于系统动力学的金融生态环境评价研究［D］．武汉：武汉理工大学，2007

［237］张球．金融生态演化的系统动力学研究［J］．生产力研究，2008（2）：31-33

［238］李旭．社会系统动力学［M］．上海：复旦大学出版社，2009

［239］李旭．社会系统动力学—政策研究的原理、方法与应用［M］．上海：复旦大学出版社，2009

［240］贾仁安，丁荣华．系统动力学—反馈动态性复杂分析［M］．北京：高等教育出版社，2002

附　录

附录 A　商业银行核心竞争力状况及影响因素调查情况

附录 A1　调查问卷设计模板

商业银行核心竞争力状况及影响因素调查问卷

问卷编号：＿＿＿＿＿

尊敬的商业银行：

　　您好！为切实了解我国各商业银行对核心竞争力的实际认知情况，从中寻找影响培育和提升核心竞争力的关键因素、提出针对性建议，现向贵行银行从业人员发出问卷，对商业银行核心竞争力状况及影响因素进行相关调查。调查结果将被用于向相关部门提出适当对策建议。您的回答对商业银行树立竞争优势、提升综合实力具有非常重要的意义，期望能够得到您的支持。

　　调查问卷不记名，您的观点也没有正确与错误之分，只是表明您对某一（些）问题的看法或认识。调查问卷仅做研究资料使用，不对外和其他金融机构公开。

　　非常感谢您的配合！祝您工作顺利，身体健康！

[北京理工大学工商管理博士后站]

一、受调人基本信息（请在选项后面划"√"或填写相关内容即可）

a1. 您所在银行名称：＿＿＿＿＿＿＿＿＿＿银行＿＿＿＿＿＿（总）分行

a2. 您的性别：

　　A. 男＿＿＿　　　　B. 女＿＿＿

a3. 您的年龄：

    A. 29 岁以下_____   B. 30-39 岁_____   C. 40 岁以上_____

a4. 您的学历：

    A. 研究生及以上_____   B. 本科_____

    C. 专科_____   D. 其他_____

a5. 您本人专业：

    A. 金融_____   B. 经济管理_____   C. 工商管理_____   D. 会计_____

    E. 保险_____   F. 人力资源_____   G. 其他（请说明）_____

a6. 您的职称：

    A. 高级职称_____   B. 副高职称_____

    C. 中级职称_____   D. 初级职称_____

    E. 暂无职称_____

a7. 您从事金融工作年限：

    A. 5 年以下_____   B. 6-10 年_____

    C. 11-15 年_____   D. 15 年以上_____

a8. 您对企业竞争力及银行核心竞争力内涵是否熟悉？

    A. 很熟悉_____   B. 比较熟悉_____

    C. 不太了解_____   D. 基本不了解_____

二、比较选项题

一般而言，商业银行核心竞争力是商业银行组织在复杂金融环境下，为应对金融竞争和实现经营目标，有效整合内部优势资源，并吸收外部有益资源，转化为可使银行组织获得显著竞争优势的一种系统性能力。

您认为，哪些是影响商业银行核心竞争力的重要影响因素：

_____

以下表格主要包含人力资源管理、金融服务创新、经营管理水平及金融市场竞争等四个层面的商业银行核心竞争力影响因素。

请您根据自己的银行工作感受，判断各层次中影响因素的相对重要程度，用"1~5"五个数字，在表中对每一层中的不同影响因素根据其重要程度进行排序打分（注：请不要打相同分），即：最重要的为 5 分、其次重要的为 4 分、再次重要的为 3 分、然后重要的为 2 分，最后重要的为 1 分。

人力资源管理	核心竞争力影响因素	评分	金融服务创新	核心竞争力影响因素	评分
	员工综合业务素质			软硬件技术领先性	
	员工客户服务意识			科技投入重视程度	
	高级人才引进力度			金融产品业务种类	
	员工个人发展前景			客户营销服务模式	
	专业技能培训效果			银行总体服务环境	
经营管理水平	核心竞争力影响因素	评分	金融市场竞争	核心竞争力影响因素	评分
	银行公司治理结构			内外部银行监管环境	
	风险管理内部控制			企业文化及企业责任	
	经营发展战略规划			市场和策略竞争定位	
	信息沟通途径机制			客户资源保有及拓展	
	绩效考核激励机制			银行社会形象及声誉	

您认为以上四个层面中，哪个层面是银行业和银行管理层最需要加大关注力度和重视程度的，从而能够有效提升银行的核心竞争力水平（单选）（　　　　）。

1. 人力资源管理　　2. 金融服务创新　　3. 经营管理水平　　4. 金融市场竞争

三、单项选择题（请在相应选项下划"√"或在（）中填写选项）

1. 请问您认为，银行员工的综合素质高低对银行综合实力的影响程度究竟有多大？（　）

①非常大　　　　②比较大　　　　③一般　　　　④不太大　　　　⑤很小

2. 请问您在日常工作中，是否重视并能够主动进行相关业务或管理方面的学习，以提升自身的综合素质？（　　）

①非常重视　　　②比较重视　　　③一般　　　④不太关注　　　⑤不关注

3. 请问您认为，所在的银行分支营业机构对于客户的服务意识和总体服务水平如何？（　　）

①非常好　　　　②比较好　　　　③一般　　　　④不很好　　　　⑤不好

4. 请问您认为，所在的银行总行、分行管理机构对于银行内部员工的服务意识和总体管理水平如何？（　　　）

①非常好　　　　②比较好　　　　③一般　　　　④不很好　　　　⑤不好

5. 请问您认为，积极引进高层次的管理人才或技术人才，对提升银行自身的管理水平和业务水平的帮助程度如何？（　　　）

①非常大　　　　②比较大　　　　③一般　　　　④不太大　　　　⑤没有作用

6. 请问您认为所在银行，已经引进的高层次的管理人才或技术人才目前发挥的作

用情况如何？（　　　）

①非常大　　②比较大　　③一般　　④不太大　　⑤没有作用

7. 请问您所在的银行，是否重视并有明确针对员工的个人职业规划或发展培养计划？（　　　）

①非常重视　　②比较重视　　③一般　　④不太重视　　⑤不重视

8. 请问您认为，目前您在所在银行的工作，是否符合自身的职业规划预期或个人未来发展，能否提供一个良好的平台？（　　　）

①完全能够　　②基本能够　　③一般　　④不太能够　　⑤不能够

9. 请问您所在银行是否会经常组织专业管理技能或业务技能方面的知识培训？（　　　）

①很多　　②比较多　　③一般　　④比较少　　⑤从不

10. 请问您感觉通过所在银行的培训，是否真正提升了自身的管理水平或业务水平？（　　　）

①很大程度　　②较大程度　　③一般　　④比较少　　⑤基本没有

11. 请问您所在银行使用的业务系统和管理系统软硬配置及运行效率是否能够满足员工使用和客户使用要求？（　　　）

①完全能够　　②基本能够　　③一般　　④基本不能　　⑤完全不能

12. 请问客户对您所在银行的网上银行、ATM、电话银行或其他服务设施投诉率情况如何？（　　　）

①非常低　　②不很高　　③一般　　④比较高　　⑤非常高

13. 请问您所在银行对科技方面的重视程度和投入程度如何？（　　　）

①非常重视　　②比较重视　　③一般　　④不太重视　　⑤很不重视

14. 请问您所在银行对科技方面的投入和产出匹配效果如何？（　　　）

①非常好　　②比较好　　③一般　　④不很好　　⑤很不好

15. 请问您所在银行的主要金融产品是否能够符合客户的需求，具有定制化、个性化服务等特点或优点？（　　　）

①完全能够　　②基本能够　　③一般　　④基本不能　　⑤完全不能

16. 请问您所在银行的主要金融产品（包含对公和对私）的销售情况如何？（　　　）

①非常好　　②比较好　　③一般　　④不很好　　⑤非常不好

17. 请问您认为，在激烈的银行竞争中，客户营销服务模式是否应该根据客户需求而进行变革？（　　　）

①完全应该　　②基本应该　　③一般　　④不太应该　　⑤不应该

18. 请问您所在银行是否在客户营销模式方面能够做到不断创新？（　　　）

①完全能够　　　②基本能够　　　③一般　　　　④不大能够　　　⑤不能够

19. 请问您认为，不断改善的银行服务环境是否对潜在客户具有吸引力？（　　　）

①完全具有　　　②基本上具有　　③一般　　　　④不大具有　　　⑤不具有

20. 请问您认为，您所在银行的银行服务环境改善程度如何？（　　　）

①很好　　　　　②比较好　　　　③一般　　　　④不太好　　　　⑤不好

21. 请问您认为所在银行的公司治理结构及管理层组织架构是否能够满足经营和管理要求？（　　　）

①完全满足　　　②基本满足　　　③一般　　　　④不太满足　　　⑤无法满足

22. 请问您认为所在银行的公司高级管理层面在经营管理及发展战略方面的重视程度如何？（　　　）

①很重视　　　　②比较重视　　　③一般　　　　④不太重视　　　⑤不重视

23. 请问您认为，银行的风险管理水平与内部控制有效程度是否直接制约和影响银行的总体竞争状态和竞争效果？（　　　）

①肯定是　　　　②基本是　　　　③一般　　　　④基本不是　　　⑤完全不是

24. 请问您对所在银行的风险管理总体水平及内部控制有效程度满意吗？（　　　）

①很满意　　　　②比较满意　　　③一般　　　　④不太满意　　　⑤不满意

25. 请问您认为所在银行在业务产品设计及经营策略规划方面是否具有长远视野和先进理念？（　　　）

①完全具有　　　②很大程度具有　③一般　　　　④基本没有　　　⑤完全没有

26. 请问您所在行现有的业务流程、信息沟通渠道，是否合理并有助于提高业务操作水平和处理效率？（　　　）

①很合理　　　　②基本合理　　　③一般　　　　④不太合理　　　⑤很不合理

27. 请问您所在银行的信息沟通渠道、上下级汇报线路在传递管理和经营信息方面是否合理？（　　　）

①非常合理　　　②基本合理　　　③一般　　　　④不太合理　　　⑤很不合理

28. 请问您所在行现有的业务流程、信息沟通渠道，是否能有助于提高业务操作水平和处理效率？（　　　）

①非常有效　　　②基本有效　　　③一般　　　　④不太有效　　　⑤很无效

29. 请问您认为银行薪酬绩效激励制度合理与否，对于提升银行总体经营管理水平的影响程度有多大？（　　　）

①非常大　　　　②比较大　　　　③一般　　　　④比较小　　　　⑤很小

30. 请问您认为，银行如果较大幅提高薪酬及福利水平，是否能激励员工提高技能水平和工作积极性？（　　　）

①肯定能　　　　②基本上能　　　③一般　　　　④基本上不能　　⑤不能

31. 请问您认为，银监会日益严格的合规检查和经营监管是否会有效避免和减少商业银行之间的某些不正当竞争现象（如高息揽存），从而创造公平竞争的环境？（   ）

    ①肯定会   ②基本上会   ③一般   ④基本不会   ⑤不会

32. 请问您认为，加强内部和外部银行的监管是否会抑制银行的创新驱动力，从而影响商业银行的竞争优势？（   ）

    ①肯定会   ②很大程度上会   ③一般   ④基本不会   ⑤根本不会

33. 请问您认为，良好的企业文化和企业责任感对提升银行自身的竞争力影响程度如何？（   ）

    ①完全影响   ②很大程度影响   ③一般   ④基本不会   ⑤完全不影响

34. 请问您认为，您所在银行的企业文化和企业责任感的建立和践行情况如何？（   ）

    ①非常良好   ②比较良好   ③一般   ④不很好   ⑤很差

35. 请问您认为所在的银行，对于树立和贯彻市场合理竞争意识的重视程度如何？（   ）

    ①很重视   ②比较重视   ③一般   ④不太重视   ⑤不重视

36. 请问您认为所在的银行，在同业竞争中的市场竞争定位（如目标客户、目标区域等）是否合理？（   ）

    ①很合理   ②比较合理   ③一般   ④不太合理   ⑤不合理

37. 请问您认为，您所在银行是否重视现有客户资源（包括对公、对私）的维持和稳定？（   ）

    ①很重视   ②比较重视   ③一般   ④不太重视   ⑤不重视

38. 请问您所在的银行客户资源保有及拓展总体情况如何？（   ）

    ①很理想   ②比较理想   ③一般   ④不太理想   ⑤不理想

39. 请问您所在的银行，在处理紧急事件（如客户纠纷、外部欺诈）等方面的应对能力或水平如何？（   ）

    ①非常好   ②比较好   ③一般   ④不太好   ⑤很不好

40. 请问您认为您所在银行，社会公众形象及声誉情况如何？（   ）

    ①良好   ②比较好   ③一般   ④比较差   ⑤很差

四、补充问题：您认为，在目前商业银行在提升自身综合实力和核心竞争力的过程中，还存在哪些问题？应该从哪些方面改善和提高（您的建议对研究工作非常有价值，非常感谢！）

_____

_____

_____

附录 B　商业银行核心竞争力影响因素作用关系 SEM 模型

附录 B1　影响因素协方差矩阵表

1

0. 307093635　1

0. 460252421　0. 293658831　1

0. 470215657　0. 341252361　0. 456513963　1

0. 326057691　0. 280656789　0. 331692518　0. 421501388　1

0. 34256545　0. 21452906　0. 467447387　0. 413256669　0. 357151095　1

0. 224516881　0. 088038207　0. 20582363　0. 122721847　0. 053261204　0. 16183282　1

0. 385469749　0. 242235572　0. 405920986　0. 462059507　0. 392561626　0. 413716391　0. 145089814　1

0. 230902092　0. 231640471　0. 262127125　0. 291086385　0. 231678355　0. 222350293　0. 340521366　0. 275497096
　　1

0. 313856115　0. 232706073　0. 424099345　0. 328369438　0. 321321243　0. 42053536　0. 172005649　0. 364312436
　　0. 370725972　1

0. 2192654　0. 081217473　0. 250344942　0. 216065462　0. 089838967　0. 262196751　0. 234768407　0. 140841218
　　0. 198542053　0. 217458859　1

0. 29511674　0. 2556105　0. 23123926　0. 309037726　0. 175965723　0. 262493485　0. 277982286　0. 240068131
　　0. 33180808　0. 270324995　0. 374082041　1

0. 371010444　0. 287504641　0. 327696382　0. 344732415　0. 309375825　0. 343862299　0. 235704311　0. 326618495
　　0. 28582772　0. 456744405　0. 309055692　0. 36375421　1

0. 309691973　0. 348172551　0. 348944134　0. 342165547　0. 296147925　0. 345438814　0. 200785432　0. 33565693
　　0. 277158483　0. 444469116　0. 200837094　0. 296935148　0. 538656073　1

0. 375003221　0. 22683166　0. 328320503　0. 347513343　0. 251866168　0. 338308565　0. 237430303　0. 341059991
　　0. 260786744　0. 315713403　0. 263383621　0. 286439897　0. 357131875　0. 373260142　1

0. 391124214　0. 232967431　0. 3621882　0. 420157325　0. 344560127　0. 433568468　0. 149308719　0. 382231138
0. 269449191　0. 283399096　0. 264485755　0. 343961331　0. 311105618　0. 380009773　0. 461157828　1

0. 424004094　0. 219493504　0. 395493826　0. 431021222　0. 383419539　0. 361684928　0. 087481078　0. 416184629
　　0. 226758789　0. 268713522　0. 22143475　0. 305530438　0. 356546363　0. 378464058　0. 40793881
　　0. 473421839　1

0. 387032752　0. 244110541　0. 270901839　0. 418706161　0. 325474964　0. 265811063　0. 131716464　0. 377241767
　　0. 156046637　0. 209170596　0. 112313723　0. 228259508　0. 240037761　0. 288932207　0. 351536404
　　0. 393789365　0. 565866433　1

0. 345767433　0. 221192546　0. 326813422　0. 268897821　0. 277311718　0. 352166139　0. 221817582　0. 301222172
　　0. 333178764　0. 360818226　0. 197731663　0. 268632861　0. 345342162　0. 298016874　0. 252713002
　　0. 293517795　0. 362570053　0. 336911986　1

0. 408123936　0. 327062795　0. 355854298　0. 440404919　0. 37136055　0. 358684588　0. 096603144　0. 387634391

0. 229139569   0. 297184204   0. 173752126   0. 285184647   0. 223681886   0. 311827017   0. 300986348
0. 393311953   0. 446661997   0. 445688904   0. 399971614   1

0.436122464   0. 344959975   0. 43185264   0. 440727276   0. 386500743   0. 403491061   0. 217757712   0. 418131914
0. 375910141   0. 42714661   0. 131015185   0. 391366667   0. 405334473   0. 393363764   0. 358265987
0. 448545262   0. 407699783   0. 343865666   0. 323866043   0. 392306719   1

0. 33223485   0. 250850455   0. 350227111   0. 347140432   0. 387030284   0. 345115653   0. 213482284   0. 421552921
0. 265873074   0. 383798575   0. 186424381   0. 261777284   0. 277112235   0. 334798966   0. 2707886
0. 368533132   0. 215952305   0. 309934962   0. 32167071   0. 348394676   0. 375879736   1

0. 294349642   0. 223932695   0. 246426961   0. 252598938   0. 276939686   0. 19176954   0. 224568629   0. 294929383
0. 26519366   0. 262513503   0. 19740761   0. 201331604   0. 337657398   0. 246159383   0. 239037548
0. 218646958   0. 207894269   0. 23482519   0. 193069716   0. 219351197   0. 262695454   0. 359056958   1

0. 336496699   0. 27087899   0. 304266502   0. 378310201   0. 349348765   0. 317755741   0. 17804187   0. 435258494
0. 284557021   0. 350408027   0. 1320257   0. 233441604   0. 31573662   0. 311496661   0. 316125024
0. 340860384   0. 358412805   0. 30225432   0. 298719548   0. 329410373   0. 444635551   0. 411830528
0. 345186835   1

0. 346606312   0. 230958989   0. 380856983   0. 448515235   0. 40963093   0. 373442105   0. 103532977   0. 447935256
0. 315197337   0. 370328434   0. 137345919   0. 237530947   0. 367984703   0. 31852293   0. 286714954
0. 447068289   0. 396675776   0. 335482674   0. 292194688   0. 347256807   0. 427627917   0. 39008125
0. 276631134   0. 411264966   1

0. 433449052   0. 305288195   0. 358283755   0. 395842988   0. 335009084   0. 284695284   0. 147894903   0. 408188902
0. 238660654   0. 335962829   0. 098385766   0. 223140681   0. 287071568   0. 315702448   0. 327296775
0. 398064465   0. 416367767   0. 390134936   0. 288816488   0. 37139185   0. 395201642   0. 349591934
0. 269520707   0. 390257886   0. 488166999   1

0. 401201486   0. 295505355   0. 312132997   0. 439007388   0. 373844203   0. 337499984   0. 196916383   0. 430269123
0. 270614535   0. 298663898   0. 124548987   0. 292212523   0. 274426769   0. 389772821   0. 415195905
0. 412830404   0. 399772229   0. 385012123   0. 277465741   0. 450221423   0. 49652664   0. 363973518
0. 259561743   0. 43858376   0. 453630674   0. 54632625   1

0. 424102122   0. 285832471   0. 379910987   0. 427565358   0. 338071418   0. 342857316   0. 19883389   0. 361881807
0. 232289836   0. 338931783   0. 141283533   0. 27044249   0. 322722391   0. 305167848   0. 263324405
0. 384131779   0. 40445468   0. 303898136   0. 279220577   0. 393693491   0. 51801568   0. 249594362
0. 203653514   0. 347616716   0. 404396676   0. 500794242   0. 508695907   1

0. 264309875   0. 212283981   0. 230604386   0. 34695365   0. 270257879   0. 252228287   0. 18448353   0. 251868772
0. 254108915   0. 327625399   0. 192644697   0. 254849344   0. 329510636   0. 282719892   0. 201639969
0. 304420416   0. 236650326   0. 175878643   0. 213220825   0. 21630765   0. 316894998   0. 29482778
0. 238664886   0. 287577919   0. 30350371   0. 260595981   0. 273654542   0. 340932205   1

0. 153983059   0. 080017017   0. 167391748   0. 219746554   0. 138073954   0. 113815116   0. 23007486   0. 177721447
0. 310666043   0. 237343279   0. 206942823   0. 272027764   0. 310809202   0. 185706085   0. 132593833
0. 133205922   0. 08426254   0. 00241597   0. 16599209   0. 062775823   0. 166049081   0. 120756248
0. 241655868   0. 158413047   0. 142231408   0. 138679107   0. 158786165   0. 250839474   0. 344568186   1

0. 232766579   0. 257338435   0. 204535204   0. 282885398   0. 200517562   0. 147309564   0. 23448136   0. 240716126

0. 316013436　0. 255794062　0. 098004004　0. 285915052　0. 281692558　0. 292276897　0. 260285974
0. 227726135　0. 264763158　0. 239163816　0. 141981357　0. 180787121　0. 352701017　0. 301178508
0. 244153021　0. 331548172　0. 2219467　0. 348436302　0. 340939589　0. 26593524　0. 264902385
0. 264564915　1
0. 176215519　0. 169167607　0. 148195203　0. 290832225　0. 258511312　0. 186163032　0. 034790429　0. 170736494
0. 161045187　0. 17328045　0. 129349862　0. 167792963　0. 186766815　0. 238512162　0. 193455515
0. 249951289　0. 281364506　0. 209447558　0. 224563418　0. 256716123　0. 229904413　0. 187753176
0. 225563541　0. 239602633　0. 274788968　0. 382266257　0. 298194864　0. 2042972　0. 215894595
0. 154175694　0. 311733324　1
0. 200642329　0. 193486591　0. 252243511　0. 207384206　0. 229072295　0. 236696989　0. 22744221　0. 239743745
0. 339548866　0. 287927176　0. 151111082　0. 271036211　0. 262238896　0. 275884373　0. 249566625
0. 225307033　0. 173059425　0. 115620902　0. 248428955　0. 140364573　0. 310382123　0. 222472025
0. 276811549　0. 304703265　0. 230288888　0. 23909617　0. 286941612　0. 279873704　0. 293997656
0. 309680224　0. 316203879　0. 213808844　1
0. 32997338　0. 336937682　0. 341456141　0. 363871167　0. 31047578　0. 345822608　0. 187412601　0. 397256871
0. 286031872　0. 336558932　0. 187262509　0. 282236473　0. 357559007　0. 326438878　0. 324679474
0. 336870125　0. 343294364　0. 417287957　0. 345391552　0. 419310837　0. 358153339　0. 360557597
0. 30674362　0. 381804359　0. 368993198　0. 350504349　0. 365922535　0. 33476006　0. 206908914
0. 223049826　0. 294516942　0. 262230569　0. 289781545　1
0. 295259133　0. 222081933　0. 30501244　0. 342108635　0. 326475024　0. 297237526　0. 214706226　0. 401472025
0. 270263099　0. 344891246　0. 179355449　0. 279388687　0. 352206655　0. 334234328　0. 306914107
0. 295518179　0. 308770724　0. 297674316　0. 28024866　0. 296961565　0. 404806366　0. 381934967
0. 31320469　0. 360045733　0. 326232123　0. 320549474　0. 355083714　0. 385687426　0. 259003986
0. 2378918　0. 287009888　0. 172714375　0. 366838056　0. 457178063　1
0. 347019293　0. 219714646　0. 283758238　0. 309858744　0. 310740179　0. 32511493　0. 201472522　0. 381389311
0. 243824821　0. 441821421　0. 183034634　0. 308677639　0. 374531358　0. 349873214　0. 250783562
0. 331631715　0. 325110293　0. 318688234　0. 328962742　0. 327713151　0. 406859411　0. 38073042
0. 307692683　0. 396245906　0. 424121176　0. 435388606　0. 389457697　0. 435842888　0. 282317324
0. 209122392　0. 316888548　0. 239623327　0. 26728036　0. 43055691　0. 502771952　1
0. 312976284　0. 274659575　0. 320291886　0. 339885916　0. 299848616　0. 323764676　0. 192604447　0. 344327749
0. 318062293　0. 379469752　0. 287804692　0. 336817808　0. 392398743　0. 359619564　0. 316327739
0. 275813129　0. 330516228　0. 22986302　0. 280138229　0. 283080733　0. 374776585　0. 369800888
0. 352241387　0. 341578125　0. 375922468　0. 372450974　0. 356771173　0. 420077458　0. 269635471
0. 250415　0. 282688302　0. 223121042　0. 339934297　0. 387527559　0. 49861597　0. 461723749　1
0. 319979905　0. 263536906　0. 311656962　0. 395232665　0. 356214598　0. 389363483　0. 073039593　0. 426382886
0. 244903671　0. 375526315　0. 244025146　0. 306469335　0. 372629328　0. 381387581　0. 284599167
0. 358841076　0. 401066907　0. 359766841　0. 253747818　0. 32348514　0. 415750655　0. 317742327
0. 255244282　0. 324236109　0. 399523197　0. 387921291　0. 396725202　0. 398659344　0. 258715033
0. 162799127　0. 274424834　0. 257156829　0. 245469655　0. 475341373　0. 4321628　0. 495018821
0. 439346535　1

0. 375940817　0. 272794464　0. 297609453　0. 360585603　0. 347169088　0. 306191598　0. 198391143　0. 341543192

　　0. 255647875　0. 334933821　0. 19652199　0. 303971375　0. 371244404　0. 359381117　0. 278562584

　　0. 25482379　0. 262198591　0. 232380426　0. 279601317　0. 301328151　0. 360839334　0. 358730116

　　0. 306328089　0. 321970724　0. 31153416　0. 33547223　0. 374856414　0. 383006906　0. 36790973

　　0. 311734132　0. 2897146　0. 249252341　0. 256894384　0. 37108072　0. 463977988　0. 413441979

　　0. 513245454　0. 412275234　1

0. 294608233　0. 230151048　0. 241329541　0. 341265338　0. 295769703　0. 296534134　0. 117613525　0. 30496573

　　0. 192657418　0. 364710088　0. 092966771　0. 128099893　0. 411803524　0. 305053499　0. 272253933

　　0. 206664945　0. 24089401　0. 208150167　0. 208419187　0. 285847498　0. 325279554　0. 285546675

　　0. 26255041　0. 285733049　0. 320187543　0. 337040564　0. 284791389　0. 318645539　0. 253903191

　　0. 268299925　0. 266360346　0. 213588244　0. 277908974　0. 425414332　0. 467419182　0. 413821343

　　0. 441827244　0. 432723924　0. 427973059　1

附录 B2　SEM 初始模型源程序

Full model

Original Model ORMC

DA NI＝40 NO＝595 MA＝CM

CM SY FI＝F：\ \ CCCM02. txt

MO NY＝10 NE＝5 NX＝30 NK＝15 PH＝SY，FR PS＝SY，FI TD＝DI，FR TE＝DI，FR BE＝FU，FI

PA LY

2（1 0 0 0 0）

2（0 1 0 0 0）

2（0 0 1 0 0）

2（0 0 0 1 0）

2（0 0 0 0 1）

PA LX

2（1 0 0 0 0 0 0 0 0 0 0 0 0 0 0）

2（0 1 0 0 0 0 0 0 0 0 0 0 0 0 0）

2（0 0 1 0 0 0 0 0 0 0 0 0 0 0 0）

2（0 0 0 1 0 0 0 0 0 0 0 0 0 0 0）

2（0 0 0 0 1 0 0 0 0 0 0 0 0 0 0）

2 (0 0 0 0 1 0 0 0 0 0 0 0 0 0 0)
2 (0 0 0 0 0 1 0 0 0 0 0 0 0 0 0)
2 (0 0 0 0 0 0 1 0 0 0 0 0 0 0 0)
2 (0 0 0 0 0 0 0 1 0 0 0 0 0 0 0)
2 (0 0 0 0 0 0 0 0 1 0 0 0 0 0 0)
2 (0 0 0 0 0 0 0 0 0 1 0 0 0 0 0)
2 (0 0 0 0 0 0 0 0 0 0 1 0 0 0 0)
2 (0 0 0 0 0 0 0 0 0 0 0 1 0 0 0)
2 (0 0 0 0 0 0 0 0 0 0 0 0 1 0 0)
2 (0 0 0 0 0 0 0 0 0 0 0 0 0 0 1)

FI LY 1 1 LY 3 2 LY 5 3 LY 7 4 LY 9 5
FI LX 1 1 LX 3 2 LX 5 3 LX 7 4 LX 9 5 LX 11 6 LX 13 7 LX 15 8 LX 17 9
FI LX 19 10 LX 21 11 LX 23 12 LX 25 13 LX 27 14 LX 29 15

VA 1 LY 1 1 LY 3 2 LY 5 3 LY 7 4 LY 9 5
VA 1 LX 1 1 LX 3 2 LX 5 3 LX 7 4 LX 9 5 LX 11 6 LX 13 7 LX 15 8 LX 17 9
VA 1 LX 19 10 LX 21 11 LX 23 12 LX 25 13 LX 27 14 LX 29 15

PA GA
1 0 1 0 1   1 1 1 1 0   1 0 0 1 1
1 1 1 0 1   1 1 1 1 1   1 0 1 1 1
1 1 1 0 1   1 0 1 0 1   1 1 1 1 0
1 1 1 0 1   1 1 1 1 0   1 1 1 1 0
1 1 0 1 1   0 0 1 0 1   1 1 1 1 1

FR BE 1 2 BE 2 3 BE 3 1 BE 4 5 BE 5 2
FR PS 1 1 PS 2 2 PS 3 3 PS 4 4 PS 5 5

PATH DIAGRAM
OU SS SC EP=0. 00001 ME=ML RC=0. 001 IT=8000 RO AM MI AD=OFF ND=4 NS

附录 B3　SEM 修正优化后模型源程序

Full model

Original Model ORMC

DA NI = 40 NO = 595 MA = CM

CM SY FI = F：\ \ CCCM02. txt

MO NY = 10 NE = 5 NX = 30 NK = 15 PH = SY，FR PS = SY，FI TD = DI，FR TE = DI，FR BE = FU，FI

```
PA LY
2 (1 0 0 0 0)
2 (0 1 0 0 0)
2 (0 0 1 0 0)
1 (0 0 0 1 0)
1 (0 0 0 1 1)
1 (0 0 0 0 1)
1 (0 0 0 1 1)

PA LX
2 (1 0 0 0 0 0 0 0 0 0 0 0 0 0 0)
1 (0 1 0 0 0 0 0 0 0 0 0 0 0 0 0)
1 (0 1 0 0 0 0 0 1 0 0 0 0 0 0 0)
1 (0 1 1 0 0 0 0 0 0 0 0 0 0 0 0)
1 (0 0 1 0 0 0 0 0 0 0 0 0 0 0 0)
2 (0 0 0 1 0 0 0 0 0 0 0 0 0 0 0)
1 (0 0 0 0 1 0 0 0 0 0 0 0 0 0 0)
1 (0 1 0 0 1 0 0 0 0 0 0 0 0 0 0)
2 (0 0 0 0 0 1 0 0 0 0 0 0 0 0 0)
2 (0 0 0 0 0 0 1 0 0 0 0 0 0 0 0)
2 (0 0 0 0 0 0 0 1 0 0 0 0 0 0 0)
2 (0 0 0 0 0 0 0 0 1 0 0 0 0 0 0)
1 (0 0 0 0 0 0 0 0 1 1 0 0 0 0 0)
1 (0 0 0 0 0 0 0 0 0 1 0 0 0 0 0)
```

2 (0 0 0 0 0 0 0 0 0 1 0 0 0 0)
1 (0 0 0 0 0 0 0 0 1 0 1 0 0 0)
1 (0 0 0 0 0 0 0 0 0 0 1 0 0 0)
2 (0 0 0 0 0 0 0 0 0 0 0 1 0 0)
2 (0 0 0 0 0 0 0 0 0 0 0 0 1 0)
1 (1 0 0 0 0 0 0 0 0 0 0 0 0 1)
1 (0 0 0 0 0 0 0 0 0 0 0 0 0 1)

FI LY 1 1 LY 3 2 LY 5 3 LY 7 4 LY 9 5
FI LX 1 1 LX 3 2 LX 5 3 LX 7 4 LX 9 5 LX 11 6 LX 13 7 LX 15 8 LX 17 9
FI LX 19 10 LX 21 11 LX 23 12 LX 25 13 LX 27 14 LX 29 15
VA 1 LY 1 1 LY 3 2 LY 5 3 LY 7 4 LY 9 5
VA 1 LX 1 1 LX 3 2 LX 5 3 LX 7 4 LX 9 5 LX 11 6 LX 13 7 LX 15 8 LX 17 9
VA 1 LX 19 10 LX 21 11 LX 23 12 LX 25 13 LX 27 14 LX 29 15

PA GA
1 0 1 0 1   1 1 1 1 0   1 0 0 1 1
1 1 1 0 1   1 1 1 1 1   1 0 1 1 1
1 1 1 0 1   1 0 1 0 1   1 1 1 1 0
1 1 1 0 1   1 1 1 1 0   1 1 1 1 0
1 1 0 1 1   0 0 1 0 1   1 1 1 1 1

FR BE 1 2 BE 2 3 BE 3 1 BE 4 5 BE 5 2
FR PS 1 1 PS 2 2 PS 3 3 PS 4 4 PS 5 5

PATH DIAGRAM
OU SS SC EP = 0. 00001 ME = ML RC = 0. 001 RO AM MI AD = OFF ND = 4 NS

附录 C 商业银行核心竞争力提升机制仿真数据

附录 C1 国有商业银行与股份制商业银行核心竞争力体系仿真数据（10 年）

国有商业银行仿真期（季）	0	1	2	3	4	5	6	7	8	9	10
商业银行内在核心竞争力	0.0006	0.0024	0.0047	0.0071	0.0096	0.0123	0.0152	0.0178	0.0213	0.0254	0.0301
商业银行外显核心竞争力	0.0005	0.0009	0.0015	0.0022	0.0030	0.0039	0.0049	0.0059	0.0071	0.0083	0.0096
商业银行竞争资源整合能力	0.0004	0.0014	0.0032	0.0064	0.0115	0.0190	0.0295	0.0434	0.0606	0.0831	0.1131
团队层次资源整合能力	0.0174	0.0173	0.0238	0.0314	0.0409	0.0529	0.0684	0.0699	0.1026	0.1703	0.2644
个体层次资源整合能力	0.0176	0.0174	0.0268	0.0388	0.0553	0.0782	0.1118	0.1127	0.1847	0.3597	0.6419
股份商业银行仿真期（季）	0	1	2	3	4	5	6	7	8	9	10
商业银行内在核心竞争力	0.0006	0.0026	0.0051	0.0077	0.0105	0.0135	0.0167	0.0196	0.0234	0.0280	0.0333
商业银行外显核心竞争力	0.0004	0.0008	0.0014	0.0021	0.0029	0.0039	0.0049	0.0060	0.0072	0.0084	0.0098
商业银行竞争资源整合能力	0.0004	0.0014	0.0033	0.0068	0.0126	0.0211	0.0330	0.0491	0.0687	0.0947	0.1296
团队层次资源整合能力	0.0285	0.0283	0.0403	0.0535	0.0698	0.0900	0.1161	0.1158	0.1730	0.2947	0.4631
个体层次资源整合能力	0.0333	0.0330	0.0531	0.0779	0.1113	0.1568	0.2234	0.2184	0.3661	0.7373	1.3378
国有商业银行仿真期（季）	11	12	13	14	15	16	17	18	19	20	
商业银行内在核心竞争力	0.0352	0.0405	0.0459	0.0513	0.0569	0.0626	0.0684	0.0744	0.0804	0.0866	
商业银行外显核心竞争力	0.0110	0.0124	0.0140	0.0156	0.0173	0.0190	0.0209	0.0228	0.0247	0.0267	

国有商业银行 仿真期（季）	11	12	13	14	15	16	17	18	19	20
商业银行竞争 资源整合能力	0.1518	0.2006	0.2592	0.3281	0.4077	0.4989	0.6028	0.7215	0.8582	1.0150
团队层次资源 整合能力	0.3875	0.4934	0.5867	0.6764	0.7750	0.8836	1.0487	1.3008	1.6191	2.0381
个体层次资源 整合能力	1.0698	1.4794	1.8686	2.2667	2.7265	3.2675	4.1381	5.5543	7.4945	10.3005
股份商业银行 仿真期（季）	11	12	13	14	15	16	17	18	19	20
商业银行内在 核心竞争力	0.0390	0.0449	0.0508	0.0569	0.0631	0.0694	0.0758	0.0823	0.0889	0.0957
商业银行外显 核心竞争力	0.0112	0.0127	0.0143	0.0160	0.0177	0.0195	0.0214	0.0233	0.0254	0.0274
商业银行竞争 资源整合能力	0.1749	0.2321	0.3009	0.3817	0.4750	0.5818	0.7031	0.8417	1.0011	1.1836
团队层次资源 整合能力	0.6822	0.8656	1.0229	1.1693	1.3273	1.4989	1.7634	2.1730	2.6906	3.3717
个体层次资源 整合能力	2.2447	3.0902	3.8715	4.6439	5.5180	6.5271	8.1663	10.8610	14.5455	19.8540
国有商业银行 仿真期（季）	21	22	23	24	25	26	27	28	29	30
商业银行内在 核心竞争力	0.0929	0.0992	0.1055	0.1118	0.1180	0.1242	0.1303	0.1364	0.1423	0.1482
商业银行外显 核心竞争力	0.0288	0.0309	0.0331	0.0354	0.0377	0.0401	0.0425	0.0450	0.0475	0.0500
商业银行竞争 资源整合能力	1.1945	1.4016	1.6309	1.8797	2.1465	2.4302	2.7298	3.0446	3.3736	3.7160
团队层次资源 整合能力	2.6729	3.0198	3.1827	3.2308	3.2045	3.1269	3.0118	2.8683	2.7033	2.5227
个体层次资源 整合能力	14.8023	17.4477	18.7536	19.1782	19.0193	18.4578	17.6076	16.5474	15.3385	14.0332
股份商业银行 仿真期（季）	21	22	23	24	25	26	27	28	29	30
商业银行内在 核心竞争力	0.1026	0.1096	0.1165	0.1234	0.1302	0.1370	0.1437	0.1504	0.1570	0.1635
商业银行外显 核心竞争力	0.0296	0.0318	0.0340	0.0364	0.0388	0.0412	0.0437	0.0463	0.0489	0.0515

续表

国有商业银行仿真期（季）	21	22	23	24	25	26	27	28	29	30
商业银行竞争资源整合能力	1.3927	1.6337	1.9006	2.1904	2.5013	2.8321	3.1818	3.5496	3.9346	4.3357
团队层次资源整合能力	4.4122	4.9816	5.2521	5.3379	5.3050	5.1910	5.0177	4.7995	4.5468	4.2684
个体层次资源整合能力	28.4556	33.5166	36.0447	36.9209	36.7126	35.7602	34.2736	32.3949	30.2324	27.8770
国有商业银行仿真期（季）	31	32	33	34	35	36	37	38	39	40
商业银行内在核心竞争力	0.1540	0.1597	0.1652	0.1707	0.1760	0.1812	0.1862	0.1911	0.1959	0.2005
商业银行外显核心竞争力	0.0527	0.0553	0.0580	0.0607	0.0635	0.0663	0.0691	0.0720	0.0749	0.0779
商业银行竞争资源整合能力	4.0706	4.4365	4.8125	5.1973	5.5897	5.9884	6.3922	6.7997	7.2097	7.6210
团队层次资源整合能力	2.3318	2.1353	1.9376	1.7428	1.5542	1.3745	1.2060	1.0503	0.9081	0.7801
个体层次资源整合能力	12.6777	11.3130	9.9747	8.6925	7.4897	6.3829	5.3829	4.4944	3.7175	3.0482
股份商业银行仿真期（季）	31	32	33	34	35	36	37	38	39	40
商业银行内在核心竞争力	0.1699	0.1762	0.1824	0.1884	0.1943	0.2001	0.2058	0.2113	0.2167	0.2219
商业银行外显核心竞争力	0.0542	0.0569	0.0597	0.0625	0.0654	0.0683	0.0712	0.0742	0.0772	0.0802
商业银行竞争资源整合能力	4.7520	5.1822	5.6252	6.0796	6.5441	7.0173	7.4979	7.9845	8.4758	8.9703
团队层次资源整合能力	3.9722	3.6654	3.3545	3.0455	2.7438	2.4537	2.1789	1.9220	1.6850	1.4688
个体层次资源整合能力	25.4094	22.9020	20.4183	18.0127	15.7293	13.6014	11.6520	9.8944	8.3331	6.9653

附录 C2　国有商业银行与股份制商业银行竞争资源要素仿真数据（10 年）

国有商业银行 仿真期（季）	0	1	2	3	4	5	6	7	8	9	10
人力及人才 资源要素	1.7817	2.5529	2.6687	2.8374	3.0202	3.2050	2.7296	4.1311	5.5140	6.4141	7.1985
信息及科技 资源要素	0.6456	0.6656	0.6916	0.7203	0.7466	0.7676	0.7898	0.8152	0.8414	0.9197	0.9992
经营及管理 资源要素	0.3548	0.3746	0.4793	0.5930	0.6958	0.7613	0.8117	0.8564	0.8999	0.9403	0.9796
市场及客户 资源要素	0.8650	0.8875	0.9145	0.9377	0.9649	0.9913	1.0119	1.0317	1.0579	1.0842	1.1097
股份商业银行 仿真期（季）	0	1	2	3	4	5	6	7	8	9	10
人力及人才 资源要素	2.2031	3.1375	3.2611	3.4488	3.6527	3.8584	3.2721	4.9328	6.5608	7.6069	8.5123
信息及科技 资源要素	0.4486	0.4686	0.4928	0.5190	0.5435	0.5640	0.5854	0.6089	0.6329	0.6963	0.7608
经营及管理 资源要素	0.3843	0.4041	0.5153	0.6354	0.7434	0.8112	0.8628	0.9084	0.9527	0.9939	1.0339
市场及客户 资源要素	0.9452	0.9678	0.9956	1.0190	1.0469	1.0739	1.0946	1.1146	1.1415	1.1686	1.1949

国有商业银行 仿真期（季）	11	12	13	14	15	16	17	18	19	20
人力及人才 资源要素	7.3224	7.4354	7.5368	7.6260	7.7024	7.7656	7.8151	7.8507	7.8722	7.8793
信息及科技 资源要素	1.0451	1.0828	1.1500	1.2223	1.2929	1.3397	1.3534	1.3677	1.3721	1.3772
经营及管理 资源要素	1.0143	1.0471	1.0783	1.1085	1.1365	1.1545	1.1693	1.1812	1.1901	1.1955
市场及客户 资源要素	1.1343	1.1576	1.1801	1.2185	1.2558	1.3619	1.5286	1.6882	1.8792	2.1979

续表

股份商业银行仿真期（季）	11	12	13	14	15	16	17	18	19	20
人力及人才资源要素	8.6362	8.7492	8.8506	8.9398	9.0162	9.0794	9.1290	9.1646	9.1860	9.1932
信息及科技资源要素	0.7998	0.8323	0.8873	0.9463	1.0037	1.0424	1.0548	1.0673	1.0715	1.0757
经营及管理资源要素	1.0692	1.1025	1.1342	1.1651	1.1936	1.2119	1.2269	1.2390	1.2481	1.2537
市场及客户资源要素	1.2203	1.2443	1.2676	1.3081	1.3474	1.4606	1.6389	1.8095	2.0140	2.3554
国有商业银行仿真期（季）	21	22	23	24	25	26	27	28	29	30
人力及人才资源要素	7.8722	7.8507	7.8151	7.7656	7.7024	7.6260	7.5368	7.4354	7.3224	7.1985
信息及科技资源要素	1.3760	1.3724	1.3664	1.3581	1.3476	1.3348	1.3198	1.3028	1.2839	1.2632
经营及管理资源要素	1.1940	1.1894	1.1818	1.1712	1.1577	1.1413	1.1223	1.1006	1.0765	1.0500
市场及客户资源要素	2.1964	2.1918	2.1842	2.1736	2.1600	2.1437	2.1246	2.1029	2.0787	2.0521
股份商业银行仿真期（季）	21	22	23	24	25	26	27	28	29	30
人力及人才资源要素	9.1860	9.1646	9.1290	9.0794	9.0162	8.9398	8.8506	8.7492	8.6362	8.5123
信息及科技资源要素	1.0746	1.0710	1.0650	1.0567	1.0461	1.0333	1.0184	1.0014	0.9825	0.9617
经营及管理资源要素	1.2522	1.2476	1.2400	1.2294	1.2159	1.1996	1.1805	1.1588	1.1347	1.1082
市场及客户资源要素	2.3539	2.3493	2.3417	2.3311	2.3175	2.3012	2.2821	2.2604	2.2362	2.2096
国有商业银行仿真期（季）	31	32	33	34	35	36	37	38	39	40
人力及人才资源要素	7.0645	6.9211	6.7694	6.6101	6.4444	6.2731	6.0974	5.9184	5.7372	5.5548

国有商业银行仿真期（季）	31	32	33	34	35	36	37	38	39	40
信息及科技资源要素	1.2407	1.2167	1.1913	1.1647	1.1369	1.1082	1.0788	1.0488	1.0185	0.9879
经营及管理资源要素	1.0214	0.9907	0.9583	0.9243	0.8889	0.8523	0.8147	0.7765	0.7377	0.6988
市场及客户资源要素	2.0234	1.9927	1.9602	1.9261	1.8906	1.8539	1.8163	1.7780	1.7392	1.7001
股份商业银行仿真期（季）	31	32	33	34	35	36	37	38	39	40
人力及人才资源要素	8.3783	8.2350	8.0832	7.9240	7.7582	7.5870	7.4113	7.2323	7.0510	6.8686
信息及科技资源要素	0.9393	0.9153	0.8899	0.8632	0.8355	0.8068	0.7774	0.7474	0.7170	0.6865
经营及管理资源要素	1.0796	1.0490	1.0165	0.9825	0.9471	0.9105	0.8729	0.8347	0.7960	0.7570
市场及客户资源要素	2.1809	2.1502	2.1177	2.0836	2.0481	2.0115	1.9738	1.9355	1.8967	1.8576

索　引

中国科协三峡科技出版资助计划
2012 年第一期资助著作名单
（按书名汉语拼音顺序）

1. 包皮环切与艾滋病预防
2. 东北区域服务业内部结构优化研究
3. 肺孢子菌肺炎诊断与治疗
4. 分数阶微分方程边值问题理论及应用
5. 广东省气象干旱图集
6. 混沌蚁群算法及应用
7. 混凝土侵彻力学
8. 金佛山野生药用植物资源
9. 科普产业发展研究
10. 老年人心理健康研究报告
11. 农民工医疗保障水平及精算评价
12. 强震应急与次生灾害防范
13. "软件人"构件与系统演化计算
14. 西北区域气候变化评估报告
15. 显微神经血管吻合技术训练
16. 语言动力系统与二型模糊逻辑
17. 自然灾害与发展风险

中国科协三峡科技出版资助计划
2012 年第二期资助著作名单
（按书名汉语拼音顺序）

1. BitTorrent 类型对等网络的位置知晓性
2. 城市生态用地核算与管理
3. 创新过程绩效测度——模型构建、实证研究与政策选择
4. 商业银行核心竞争力影响因素与提升机制研究
5. 品牌丑闻溢出效应研究——机理分析与策略选择
6. 护航科技创新——高等学校科研经费使用与管理务实
7. 资源开发视角下新疆民生科技需求与发展
8. 唤醒土地——宁夏生态、人口、经济纵论
9. 三峡水轮机转轮材料与焊接
10. 大型梯级水电站运行调度的优化算法
11. 节能砌块隐形密框结构
12. 水坝工程发展的若干问题思辨
13. 新型纤维素系止血材料
14. 商周数算四题
15. 城市气候研究在中德城市规划中的整合途径比较
16. 管理机理学——管理学基础理论与应用方法的桥梁
17. 心脏标志物实验室检测应用指南
18. 现代灾害急救
19. 长江流域的枝角类

发行部

地址：北京市海淀区中关村南大街 16 号
邮编：100081
电话：010-62103354

办公室

电话：010-62103166
邮箱：kxsxcb@ cast. org. cn
网址：http：//www. cspbooks. com. cn